货币政治

美元霸权的式微和人民币国际化的兴起

徐鸿◎编著

中国经济出版社
CHINA ECONOMIC PUBLISHING HOUSE
北 京

图书在版编目（CIP）数据

货币政治：美元霸权的式微和人民币国际化的兴起 / 徐鸿编著.
北京：中国经济出版社，2018.1
ISBN 978-7-5136-4840-0

Ⅰ.①货… Ⅱ.①徐… Ⅲ.①人民币—金融国际化—研究 Ⅳ.①F822

中国版本图书馆 CIP 数据核字（2017）第 209748 号

责任编辑 姜 静
责任印制 马小宾
封面设计 金刚设计

出版发行 中国经济出版社
印 刷 者 北京科信印刷有限公司
经 销 者 各地新华书店
开 本 710mm×1000mm 1/16
印 张 18.5
字 数 258 千字
版 次 2018 年 1 月第 1 版
印 次 2019 年 4 月第 2 次
定 价 68.00 元
广告经营许可证 京西工商广字第 8179 号

中国经济出版社 **网址** www.economyph.com **社址** 北京市西城区百万庄北街 3 号 **邮编** 100037

PREFACE 前言 货币即政治

近代以来，世界各国经济的发展、技术的升级和政治体制的改革，都不同程度地反映到本国货币上。货币是一国经济、政治、文化等综合实力的最深刻体现，一国是否在全球经济贸易中担当主角、是否在全球政治格局中举足轻重、是否在全球文化交会中不可或缺，最高表现形式就是其货币的全球影响力。一个大国崛起的历程，往往也是其货币国际地位不断上升的过程。因此，稳定坚挺、广为流通的货币对一个国家来说，既是国际地位的象征，也是其作为大国乃至强国的必要条件。可以说，国家竞争的最高表现形式就是货币竞争。

美元，从表面上看，仅仅是一张质量挺括的绿纸而已，充其量不过是一种设计精巧的经济工具。但在历史的火炬照射下，我们会发现，美元是美国“通吃”世界的国之重器，承载着美国繁荣富强的重大使命，是美国绝不许别人轻易触碰的“禁脔”。在北美崔哥的《军校毕业典礼现场》① 一文中，退役四星上将詹姆斯那句“美国用十美分一张的纸，换回别的国家一大堆东西，为什么别的国家咬牙接受这种不公平？——就因为你们，谁要敢挑战我们这张纸，你们就该去打仗了！”

① 见互联网北美崔哥博客。

说出了一个简单而朴实的道理，货币是政治的最高表现，军事是政治的压舱石。

“二战”后，凭借强大的军事实力做后盾，美国围绕美元设计国际金融规则，一方面给进入该规则的国家带来急需的资金，促进了经济的发展；另一方面给这些国家的经济带上金色的“镣铐”，使其再也离不开美元。在此过程中，美国悄无声息地实现了其经济、政治目的，完成了亘古未有的霸权伟业。

有些学者认为霸权是一个很负面的词，用它描述美国、美元不恰当。但美国许多学者承认美国是霸权国家，只是认为美国的霸权是一个良性霸权，不像历史上那些邪恶霸权滥用自己的力量，且能为国际社会提供彼此受益的公共秩序，因此，美国有必要在全球充当和平维护者和世界警察的角色。

美国霸权是否像他们说的那样，本书不做评判。但是，美国与历史上的霸权国家的区别是明显的：

首先，美国没有走其他霸权国家通过侵占别国领土、掠夺别国资源、奴役别国人民来积累财富的老路。

无论是伊拉克战争，还是阿富汗战争等，美国占领这些国家后，虽然没有像历史中的许多霸权国家那样掠夺它们的资源，奴役它们的人民，但是从别的国家获取的财富却是历史上任何一个霸权国家都无法比拟的。

其次，美国攫取任何与其有交往国家的财富。

美国有别于历史上的霸权国家，它主要通过交往（其中也有胁迫的成分）而非强夺，从别的国家攫取财富。无论是发达国家，还是发展中国家；无论是盟友，还是敌人，只要使用美元，就免不了向美国输送利益。

再次，被攫取国家主动向美国输送商品。

美国对其他国家的财富攫取，不仅没有明火执仗强抢，就连运输也都不用操心，各相关国家主动向美国输送，并且都是将产品中品质最好的运到美国，品质稍次的留给自己。一些国家政府把向美国输送物品的多寡作为一项重要政绩，因为唯有多多把质优价廉的物品出口到美国，才能换取宝贵的美元。有些国家尽管美元已经过剩，但为了保持较高的GDP增速，拉动国内就业等，还是想尽办法多向美国出口，把本国过剩的美元投放在美国金融市场获取稳定但低廉的收益。

最后，美国一边享受着他国送来的商品，一边却站在道德的制高点上，指责那些输送商品的国家。

中国有句古话，“吃人嘴软，拿人手短”。美国却不是这样，它一边享受着一些国家给它送去的商品，一边却站在道德制高点上，指责这些国家缺乏知识产权保护、缺乏人权民主等。其中，有的国家更是在美国支持的颜色革命中变了“颜色”。尽管这些国家“变色”后大都社会动荡，各项社会指标大幅下降，但美国认为是这些国家自身没处理好，与其无关，美国还是站在道德制高点上的美国，美国仍是世界的“灯塔”。

美国之所以能在获取人类历史上任何一个霸权国家所无法比拟的利益的同时，还可以站在道德制高点上指责别人，关键是其拥有世界上独一无二的美元霸权①，即美国凭借其强大的软、硬实力，以及各式老辣的阳谋、阴谋，把国际货币职能长时间绑定在美元上，为美国获取暴利。任何一个国家，只要打开国门、需要国际货币，就必须通过向美国输送商品来换取美元。由此，美国市场上充斥着来自世界各国的价廉物美的商品；美国则把它的人力、物力投放到创新型、高层次的经济领域，引领着世界经济的发展。一个引领世界经济发展的国家，自然有“资格”指责那些“后进生”了。

美国依靠美元霸权登上了人类历史上任何一个霸权国家都没有到

① 尽管有学者对美元霸权持否定态度，但本书认为美元霸权客观存在，并围绕美元霸权展开论述。在第四章的“三、从真实财富到财富分配器——美元霸权逻辑的实现”中，试着给出一个定义，并围绕美元霸权展开论述。

达过的高峰，可谓登峰造极。然而，盛极必衰是自然规律，美国尽管有一百个不愿意，也难以逃脱衰弱的命运。美国，盛也美元霸权，衰也美元霸权。为了维护美元霸权，对外，穷兵黩武，敌友通吃，让世界绝大部分国家对其心生反感，只是有的敢怒不敢言、有的敢言但无奈、有的敢干却无力，但这些最终将会合成强大的力量；在内，先辈制度的红利几乎耗尽，美元霸权在大量获益的同时，也把美国拖入了“帝国陷阱①”。美国已开始步入下行通道。

有衰弱就有兴盛。伴随美国衰弱的是哪一个国家的兴盛？历史选择了中国。经过几十年的筚路蓝缕、埋头苦干，久经磨难的中国已成为世界上唯一可以与美国比肩，并把其他国家越甩越远的国家②，且天时、地利、人和都处于一个绝佳的时期。

天时：进入万物互联时代，中国不落先机，与时偕行。

地利：“一带一路”倡议的推进，为中国营造出一个无限广阔的空间。

人和：人心更加凝聚，为中国勇立潮头奠定了坚实的基础。

美国的衰弱、中国的兴盛，尽管是历史的必然，但无疑是一个长期而复杂的过程，是一个波澜壮阔的历史画卷，其间既会有暗潮汹涌，也会有柳暗花明，两国货币的式微兴起、起起落落将把整个发展过程忠实记录下来。在这史诗般的盛衰转换过程中，如果能够对其中的来龙去脉、前因后果，有一个比较清醒、清晰的了解，应该是一件挺有意义的事情。

笔　者
2017 年 9 月于北京

---

① 见本书第十七章“一、‘帝国陷阱’难以避免”。

② 见第九章“一、美国将中国以外的国家越甩越远”。

目 录 CONTENTS

第一篇　前无古人：美元霸权的前世今生

第五篇 盛极必衰：美元霸权的逐渐式微

第六篇 春潮翻涌：人民币国际化的逐步兴起

第一篇

前无古人：美元霸权的前世今生

美元并非天生就拥有霸权。它没有任何的历史遗产，从1792年正式诞生到如今独步全球，经历了一个从小到大逐步发展的过程。其间，如果没有美联储的成立和两次世界大战对美元霸权形成的大力推动，美元可能至今还只是在美洲游走。

美元霸权虽然让人憎恶，但一种货币能够在如此短的时间内攀上世界货币的巅峰，助推美国经济长期稳定增长，定有其许多过人之处。美元的成长历程可谓前无古人，估计也后无来者。尽管其中有运气的成分，但机会（运气）只给有准备的头脑。

在人民币走向国际化的今天，美元成长过程中的很多东西都值得我们好好学习和研究。

“

只一年的时间，（殖民地的）情况就完全逆转了，繁荣时代结束了，经济严重衰退到大街小巷都站满了失业的人群。

——本杰明·富兰克林

”

第一章　缩手缩脚的区域美元

一、美元的诞生

最早到美洲大陆谋生的都不是富人，他们除了随身的简单行李，没有太多的财产。因为需要从外界购买相关物资，不久，他们所带的英国货币就花费殆尽。新移民的辛勤劳动产生了大量产品和服务，需要通过货币进行交换，在一个没有铸币厂或不允许设立铸币厂的殖民地，最现实的解决方案就是重新启用商品货币。殖民者曾使用贝壳串珠作为货币，诸如动物的皮毛、烟草、大米、小麦、玉米等接受程度较高的物品也被各地用来当作货币使用。马萨诸塞宣布玉米为法定货币，康涅狄格宣布小麦为法定货币，而弗吉尼亚则宣布烟草为法定货币，等等。政府和民间可用这些物品进行税务缴纳、公私债务偿还和商品服务买卖。当时，所有的替代货币都以英镑、先令作为会计结算标准，但在实际运作中，这些物品由于成色、规格、接受度和可保存性都相差很大，难以进行标准计量，所以虽然在一定程度上缓解了没有货币的燃眉之急，却成为了商品经济发展的重要瓶颈。

因此，在殖民地生活的人们还是偏好硬币。由于英国当局不允许殖民地运营铸币厂，所以只能通过出口其他商品获取英国硬币，但数量非常有限。虽然在西印度群岛，西班牙的墨西哥矿和秘鲁矿储量丰富，当地硬币数量充裕，多余的硬币通过走私途径流入殖民地，但流入量也远远满足不了需要。长期金属货币的奇缺和替代实物货币应用的不便，促使当地政府开发出信用票据，即以公债形式发行的纸币。这种纸币和欧洲流行的银行券最大区别就是，它没有任何金银实物做抵押，是一种完全的政府信用货币。所有人都需要向政府缴税，只要政府接受这种纸币作为缴税的凭证，它便具备了在市场上流通的基本要素。纸币的发行促进了社会经济的迅速发展，商品贸易日趋繁荣。

最初，英国当局允许发行这种纸币，后来却又出台禁令，规定自1751年起禁止在殖民地发行纸币。这一禁令更加剧了殖民者在经济上的不满，成为美国独立战争的导火索之一。1764年，英国议会通过《货币法案》（*Currency Act*），严厉禁止美洲殖民地各州印发自己的纸币，并强迫当地政府必须全部使用黄金和白银来向英国政府缴税。

1776年，本杰明·富兰克林在英国议会做证时表示反对这一禁令，他描述这个法案给殖民地各州带来的严重经济后果时称，“只一年的时间，（殖民地的）情况就完全逆转了，繁荣时代结束了，经济严重衰退到大街小巷都站满了失业的人群”。

殖民地发起独立战争在某种程度上是临时起意，在货币领域，这种临时起意表现得更为明显。由于参加大陆会议的代表并没有征税权力，为了维持战争的费用，他们只得筹划发行“欠条”（IOUS），即所谓的大陆票据，简称大陆币。在美国，除大陆会议授权发行的票据之外，还有各殖民地单独发行的票据。这些票据交易非常混乱，并且使得金银逐渐退出了流通领域。

经过一段较长时间的努力，这种混乱的货币局面才得以规范。1785年，美国国会通过一项决议，宣布“美利坚合众国的货币单位为美元”，而且根据托马斯·杰斐逊的强烈要求，美元的划分采用十进制而非当时英镑的十二进制。1786 年8 月，国会再次通过一项决议，规定 1 美元的 1%为 1 美分，1/10 为 1 美角。以格令计，金银比率为 1∶15.253。

1786 年 9 月，美国国会下令建立铸币厂，很多州也开始忙于铸币。1789 年3 月生效的《宪法》将铸币权授予国会，并由国会负责规范货币的价值，同时禁止各州铸造货币，禁止各州发行类似于货币的“欠条”。

在 1791 年 1 月提交给国会的《建立铸币厂的报告》中，汉密尔顿提出了建立铸币厂和统一货币的详细建议，表示这不仅有利于各州内部的商业交往，而且也有利于各州之间的商贸往来，使各州融为一体。汉密尔顿是复本位制的支持者，在复本位制下，金币用于大额贸易，而银币则用于小额交易。

1792 年通过的《铸币法案》（*Coinage Act*）标志着美元正式诞生，同时也标志着美元在北美 13 个州形成了货币区，也就是说，在金融方面，13 个州已联合建立美利坚合众国——一个只拥有 400 万人口的国家。谁也没有想到，100 年后它成为了世界上最强大的国家。

为确定美元中的纯银含量，汉密尔顿让财政部对西班牙元样品进行称重，由于在美国流通的这些西班牙元都存在不同程度的磨损和擦伤，所以其纯银含量只有 371.25 格令，而非官方所称的 377 格令。于是，务实的美国人最终将 371.25 格令作为美元纯银含量的标准，并且受牛顿 1717 年报告的启发，将金银比率确定为 1∶15。

图 1-1　美国 1793 年 1 美分样品硬币，曾拍卖出 258.5 万美元高价

由于新铸造的美元同早已流通的西班牙元颇为相似，所以很快就被市场所接受，而西班牙元，尤其是那些在墨西哥铸造的西班牙元，一直流通到19世纪中期。被广泛使用的西班牙硬币在美元符号上留下它们的印记，美元符号“$”源于比索（Peso），其中的两道平行竖线为字母“P”的竖线部分，而“S”则表示复数。

18世纪末19世纪初，美国开始了工业革命。其后，美国的工业革命发展极其迅速，到19世纪中期就已基本完成。工业革命激化了北方工业资产阶级和南方种植园主之间的矛盾，导致了美国内战的爆发。战争爆发后，为调动广大人民参与反对南方叛乱战争的积极性，林肯总统签署了《宅地法》。该法是美国西部开发中最具民主色彩的土地政策，它使大批贫苦百姓获得土地，对于促进西部开发具有划时代意义，也对美国的政治、经济生活产生了重大的影响。广大的西部土地被并入美国，使美国成为幅员辽阔、自然资源丰富的国家；对西部的开拓，带动了大规模铁路的建设和大批移民的流入，使美国形成了广大的国内市场。在此过程中，美元发挥了重要的作用，呈现“缤纷多彩”的使用史，但这种“缤纷多彩”基本上只局限在美国国内。

除美国之外，美元很少在海外流通，在美国自身的进出口贸易中，美元也基本上不扮演任何角色。当美国商人需要获得授信以购买进口产品或需要授信给美国商品的外国买家时，他只能去伦敦，偶尔也会去巴黎或柏林，但却不会去纽约，也就是说，用于款项结算的货币是英镑、法郎或马克，而不是美元。

二、“名不副实”的美元

作为世界上第一个实现工业化的经济体，同时也是世界上领先的贸易国，英国的金融市场发育得最早、最完善。到19世纪，伦敦已经成为世界上最重要的金融中心。19世纪中叶，英国已经拥有高度发达的银行系统，伦敦的清算机制已非常高效，而且也可以为其他国家提供服务。英国是当时世界上最大的境外投资国，其投资和信贷皆以英镑为单位。同时，它也是工业原材料和食品的主要进口国，所以最重要的商品交易所都位于英国，如曼彻斯特棉花交易所、利物浦玉米市场，当然还有伦敦黄金市场。此外，英国还拥有一流的贸易服务提供商，从事诸如航运和保险等业务。因此，世界上超过60%的金融、贸易、服务等都以英镑作为报价和结算货币。

英国是位于欧洲西北海岸的一个岛国，相比之下，美国则是一个大陆经济体。虽然1870年美国的商品和服务生产已经超过了英国，1912年美国的商品出口也超过了英国，但美国却仍依赖于伦敦的贸易金融，而且美元在国际上也没有任何地位。

之所以会出现这种反常现象①，原因之一是美国银行缺乏信息收集能力。在为外国商人授信之前，银行通常需要掌握他们的活动信息，但按照规定，美国的国民银行②不得在国外设立分支机构，甚至不能在州外设立分支机构，有的州还禁止银行设立分支机构，因此美国银行难以开展海外信贷业务。而英国银行基于其庞大的海外分支网络，完全有能力收集境外商人的有关信息，相较于美国银行具有巨大的优势。法国、德国和荷兰的银行也都有类似的境外分支网络。

原因之二是成本劣势。美国的私人银行倒是不受“在国外不得设立分支机构”的约束，像J. P. 摩根银行、布朗兄弟公司以及拉扎德银行等私人银行都在国外设有提供市场情报的姊妹公司和办事处——J. P. 摩根银行有摩根—格伦费尔公司（Morgan, Grenfell and Company），而拉扎德银行则在伦敦和巴黎设有办事处。但是相对于纽约，设在伦

① 以下参阅了巴里·埃森格林的《嚣张的特权：美元的兴衰和货币的未来》。

② 美国的商业银行可分为两大类：第一类是国民银行，即根据1863年《国民银行法》向联邦政府注册的商业银行，一般而言这类银行规模较大，资金实力较雄厚；第二类是根据各地银行立法向各州政府注册的商业银行，一般称之为州立银行，这类银行一般规模不大。

敦的银行拥有一个高度发展的投资者市场，银行持有的商业承兑汇票可以转售给投资者，这不仅可以减少自身风险，而且还可以降低利率。由于市场中的投资者数量庞大且异常活跃，所以以相对固定价格买入和卖出这些投资工具是完全有可能的，对于所取得的贴现票据，其价格基本上是可以确定的。受到伦敦金融市场稳定、低成本的激励，投资者大量涌入伦敦，市场流动性进一步提高，交易成本降低。因此，尽管美国私人银行可以设立分支机构，该机构也无法为美国金融服务中心的发展尽多大的力。

同理，充裕的市场流动性使得伦敦也成为各国政府和央行持有储备的首选地。在伦敦，市场上用以代替黄金的票据越多，其流动性就越充裕，并且这些票据无须支付利息，因此具有极大的优势。英镑"在位"国际货币的优势，即所谓的"先动优势"得到了充分的发挥，所以，即便已进入衰退期，英国也仍能保持其货币的国际地位。换句话说，虽然美国的经济科技等实力已超过英国，但是由于市场惯性、人们的使用习惯等，美元相对于英镑来说还是没有国际地位。

原因之三是美国的货币制度不稳定。美国采用金银复本位制，金银两种金属的市场价格处于持续变动之中，即便是在1879年正式实施金本位制后，在通货膨胀论者自由铸造银币运动的影响下，海外商人也会因为担心美国可能会铸造更多的银币而不愿意接受美元。而且，相较于其他与黄金挂钩的更坚挺的货币，美元有贬值的风险。

原因之四是美国没有用以稳定市场的中央银行。出于对金融大鳄的担心，美国一直没有中央银行，没有一个强有力的机构对经济进行统筹协调，因此美国的金融市场极不稳定。据一项统计数据显示，在第一次世界大战之前，美国共发生过14次金融危机，其中1907年的经济危机最严重。对很多借款人来说，由于利率过高，信贷已遥不可及。有鉴于此，人们在为其贸易融资时不会太多去考虑美国金融市场，而会更多考虑英国金融市场。因为当伦敦的银行需要现金时，它们可以向英格兰银行转售它们先前购买的部分证券。到 19 世纪末，英格兰银行已成为伦敦市场上最大的票据购买者，而且几乎在所有交易中都占据较大的份额。

美国则没有类似的机构，尽管 1791 年在费城建立美国第一银行（The First Bank of the United States）时曾考虑赋予其类似央行的功能。但由于托马斯·杰斐逊和詹姆斯·麦迪逊的竭力反对——他们担心这会导致精英控制美国的金融，美国第一银行最终虽然成立了，但却受到极大的限制，并且只被赋予了 20 年的运行权。一个只有 20 年寿命的机构，在国际市场上很难获得别人的信任。1811 年，20 年期限已满，由于实行地方垄断权，在其他金融机构的反对声中，重新为美国第一银行发放许可证的提案未获通过。1836 年，美国第二银行运行 20 年后试图申请延期许可证，成为宾夕法尼亚州美国银行，但因 1836—1837 年的金融危机也未成功。因此，美国金融的运行在很长一段时间内处于无政府状态，或许这正好体现了当时美国这个新成立国家的国家性格。

这种金融无政府状态又持续了大约 3/4 个世纪，直到 1913 年美联储成立，美国才再次拥有了一家中央银行，一家被冠以私人银行身份的中央银行。

图 1-2　英镑和美元的博弈

长时间处于金融无政府状态的一个后果就是，在国际货币体系中，美元毫无地位可言。对于各国中央银行和政府来说，“像黄金一样好”的是英国货币，而不是美元。在“一战”前夕，尽管当时美国早已是世界上最大的经济体，但在国际货币排序中，不仅英国英镑、法国法郎、德国马克、瑞士法郎和荷兰盾位列美元之前，连意大利里拉、比利时法郎和奥地利先令也都排在美元之前。在各中央银行和政府的外汇储备中，英镑约占50%，法郎占30%，德国马克占15%，也有少量的荷兰盾和瑞典克朗被作为外汇储备，但唯独没有美元。

第二章　一波三折终成世界美元

美元曾经的尴尬地位，使得美国越来越多的有识之士意识到不能因噎废食，不能因为对金融垄断的恐惧而使美元裹足不前，永远停留在美洲大陆。美元必须要勇敢地走出美洲，走向世界。美元由区域美元转变成世界美元，得益于三个重要事件的发生。如果没有这三个重要事件，美元可能不知何时才能走出美洲，美元霸权更无从谈起。

一、美联储成立完成世界美元的组织准备

（一）出于对被利益集团绑架的担心，美国迟迟未成立中央银行

美国最早是由 13 个独立的殖民地以邦联的形式组成的松散组织，其后各州也是以联邦的形式组织在一起，大部分的行政权力主要集中在州政府，而非联邦政府手中。因此，像当时欧洲各国那样成立一个隶属于联邦政府的中央银行或类似于中央银行的机构，都会引起各州政府的警觉，它们担心联邦政府想以此为名来削减州政府的权力，从而扩大联邦政府的权力。即使是在联邦政府层面，许多人对中央银行

也有非常多的顾虑。正如第一章“二、‘名不副实’的美元”中所述，历史上，美国曾多次试图成立一个像美联储这样的中央银行，但因为议员及总统担心央行权力过大或央行会被少数利益集团绑架而没有成功。美国第一银行尽管实际上并不是现代意义上的中央银行，而仍是一个私人性质的商业银行①，但国会仍只批准第一银行经营 20 年。20 年后，国会没有批准它继续存在，第一银行被迫关闭。

1812 年，英美再起战争冲突。由于缺乏一个有效的中央银行系统和全国统一的金融市场，美国各州内银行陷入混乱。为了恢复银行秩序和处理战争债务，美国再次考虑成立一个类似第一银行的中央银行。1816 年，由美国国会投票通过，麦迪逊总统签署法案成立了美国第二银行（The Second Bank of the United States）。

与第一银行类似，第二银行更接近一个全国性的商业银行，而不是现代意义的中央银行。同样，国会也只给第二银行颁发了 20 年执照，执照到期后，必须经过国会批准才能继续存在。由于商业竞争关系，第二银行的成立遭到许多州内银行的强烈反对，它们批评第二银行只帮助美国东部经济发达地区的商人和富豪，而不为当时占美国人口多数的农民服务。这种情况下，第二银行的执照在 20 年期满后也没有通过国会的审批。1836 年，美国第二银行重蹈第一银行覆辙，被迫关闭。

（二）不断爆发的金融危机，呼唤对金融市场的适度监管

在美国第二银行关闭后的 70 多年里，美国政府没有再试图建立一个类似中央银行的机构，美国的金融市场经历了放任自流式的大发展。但随着金融市场的不断扩张，放任自流式银行体系的缺点也越来越多地暴

① 它和其他银行一样吸收储户的存款并发放商业贷款，唯一不同的是，其他商业银行属于州内银行，而美国第一银行是全国性质的银行，在全美国开展业务，并且是唯一为美国财政部提供服务的银行。

露出来，银行挤兑造成市场崩溃的情况时有发生。美国在 1873 年、1884 年、1890 年、1893 年都发生过由于挤兑造成银行大规模倒闭的金融危机。1893 年的危机使美国超过 500 家银行相继倒闭，很多人的毕生积蓄几乎在一夜之间付诸东流。金融危机不仅给个人和家庭造成巨大的财富损失，整个美国经济也由于金融业无法正常运转而陷入了长时间停滞，尤其是 1893 年的金融危机，给美国带来了空前严重的经济衰退。

1907 年 10 月，金融危机再度爆发。危机爆发的导火索是股票市场上一些投机者试图操纵美国联合铜业公司（United Copper Company）的股票，但没有成功。贷款给这些投机者的银行和信托投资公司因此损失惨重，其中纽约第三大信托投资公司尼克伯克（Knickerbocker Trust Company）被迫宣布破产。尼克伯克信托投资公司的倒闭令恐惧蔓延至整个纽约市的信托公司，区域银行从纽约市的银行提取储备，大量存款人在区域银行提款，恐慌扩大到全国各地。

紧要关头，J. P. 摩根自掏腰包带头融资，并强硬召集纽约银行家筹集资金，在纽约证券交易所因缺乏短期贷款营运资金而即将关门前的 15 分钟，向纽交所注入 2500 万美元，这才避免灾难向纵深发展。

频繁爆发的金融危机让公众逐渐意识到，放任自流式的金融市场存在很大问题，支持成立一个机构对金融市场进行适度监管的呼声逐渐高涨起来。1907 年的金融危机结束后，美国参议员尼尔森·威尔马斯·奥尔德里奇（Aldrich，Nelson Wilmarth）组织了一个委员会，专门负责调查和总结金融危机的成因和教训。专家们认为，之所以会出现 1907 年的大恐慌，主要是国家的银行系统有两大弱点：一是“无弹性”的货币特性，二是缺乏流动性。为了弥补银行系统的弱点，1908 年 5 月 30 日国会通过了针对 1907 年恐慌的《紧急货币法案》（*Aldrich-Vreeland Act*），允许国家银行额外增发州政府、城市、城镇和县级机构的债券以及商业票据，实行弹性的货币政策。而导致金融危机最根本的原因是美国缺乏中央银行向市场注入流动资金。1907 年的金融危机，尽管仍有将近 100 家银行因为挤兑倒闭，但与 1893 年的 500 多家银行倒闭相比，已经算是一个不错的结局。这主要得益于 J. P. 摩根带领其他金融机构挺身而出，为遭受挤兑的银行提供流动资金。但这种依赖金融市场上某个人的能力解决危机的方式存在很多不确定性，最好用法律形式赋予某个机构稳定金融市场的职能以缓解危机。因此，奥尔德里奇花了将近两年时间考察欧洲国家的中央银行，并对欧美金融市场进行了系统的比较分析。随后起草了被称为《奥尔德里奇计划》的提案，主张美国应该模仿欧洲国家成立一个统一的中央银行，以备再发生类似 1907 年的金融危机时，该中央银行可以向被挤兑的银行提供紧急贷款，稳定金融市场信心。

（三）权衡利弊，兼具政府和私人部门性质的中央银行终于诞生

像大多数美国人一样，奥尔德里奇也担心联邦政府权力过大，因此不愿意成立一个新的联邦政府机构来执行中央银行的职能，因此，《奥尔德里奇计划》中中央银行的各种角色完全由私人银行扮演，而不像欧洲国家的中央银行一样属于政府机构。即使这样，《奥尔德里奇计划》还是遭到强烈反对，反对者主要来自美国中西部的农业州。一方面，这些从事传统农业的人们担心银行业过于强大后会绑架整个经济；另一方面，这些州的低收入者认为，该法案主要服务于东部商业发达地区的富人，而不是美国大众。特别是，奥尔德里奇本人和 J. P. 摩根的关系非常密切，同时又是美国超级富翁洛克菲勒唯一儿子的岳父，让奥尔德里奇对这些指责有口难辩。好在时任总统威尔逊认为《奥尔德里奇计划》的整体框架存在很多优点，认真修改后可以对美国的金融市场起到很大的促进作用。在威尔逊总统的支持下，参议员欧文和众议员格拉斯以《奥尔德里奇计划》为蓝本，在 1913 年起草了《联邦

储备法案》。相对于《奥尔德里奇计划》，《联邦储备法案》加强了美国联邦政府在美联储中的影响，美联储由一个完全的私人机构转变为联邦政府机构，但美联储的 12 个联邦储备银行被定性为更接近于私人部门的非营利性机构。

图 2-1　尼尔森·威尔马斯·奥尔德里奇

1913 年 12 月 22 日，《联邦储备法案》以 298 对 60 票获得众议院通过。当月 23 日，以 43 对 25 票（27 人缺席）获得参议院表决通过。威尔逊总统签署了该法案，正式宣告美联储成立。

在组织形式上，美联储采用的是联邦政府机构加非营利性机构的双重组织结构（位于华盛顿的联邦储备局是美国联邦政府的一部分，但 12 家联邦储备银行不属于联邦政府机构，而是非营利性私营组织），从而避免了货币政策完全掌握在联邦政府手里。美联储把 12 个联邦储备银行设立成非营利机构，而不是政府机构，初衷就是希望制定货币政策时能同时考虑政府和私营部门的声音。但需要强调的是，联邦储备银行不同于一般的私营组织，它并不以盈利为目的，而是与联邦储备局一起承担美国中央银行的公共职能。

美联储货币政策的最高决策者包括7名联邦储备局的执行委员（Members of the Board of Governors）和12名联邦储备银行的主席（Presidents of the Federal Reserve Banks）。这7名执行委员必须全部由总统提名，经过国会确认后才能上任。每名执行委员的任期为14年，到期后不能连任。执行委员上任后，总统没有权力罢免这些委员，如果需要罢免他们，必须有国会2/3的成员投票通过。同时，《联邦储备法案》规定，这7名执行委员的任期需要互相间隔两年，因此在美国总统4年的任期内，最多只有2名执行委员的任期结束，需要由总统重新提名。

美联储之所以被看作独立的中央银行，因其决议无须获得美国总统或者立法机关任何高层的批准，它不接受美国国会的拨款，其成员任期也跨越多届总统及国会任期。由于有对政府公债的所有权，其财政独立有巨大的营利性保证。当然，美联储也必须受美国国会的监督，在政府建立的经济和金融政策的总体框架下工作。

美联储的成立表明美国人对金融危机的恐惧终于压倒了对资本集团绑架联邦政府的担心。美国资本集团由此可以操控联邦政府。本书后面出现的“美国”，实际上往往是“美国资本集团”的代名词。

二、“一战”奠定世界美元的经济基础

对于新成立的中央银行来说，它的使命就是提供一种“弹性货币”，并对信贷供应进行监管，一方面避免出现利率暴涨的现象，另一方面防止市场危机，如1907年的金融危机再次发生。它所采取的措施之一就是买卖贸易承兑汇票，国家货币委员会的研究表明，英格兰银行就是采取这一方法保持了利率的稳定。

当然，购买以美元为货币结算单位的贸易承兑汇票，前提条件是存在该汇票，要想满足这一前提条件，美国银行就必须“走出去”，而不能仅仅将业务局限于国内。基于此，《联邦储备法案》授权国民银行在国外开设分支机构，允许它们购买贸易承兑汇票。

（一）“一战”使欧洲各国资本匮乏，债台高筑

考虑到伦敦所拥有的成本优势和声誉优势，美元要在这一市场中发展壮大起来是一件非常困难的事，仅有一个《联邦储备法案》是远远不够的。但是美元的好运来了，1914 年 7 月《联邦储备法案》通过半年后，“一战”爆发。在“一战”期间，美国出口贸易急剧扩张，成为世界工厂和世界粮仓，美国跨国公司纷纷在拉丁美洲和亚洲设立运营机构，并逐步从债务国转变为债权国。

此外，“一战”也扰乱了欧洲的贸易信贷市场。由于各国政府忙于战争动员，贸易金融资本日益匮乏，为满足客户的进口需要，德国和英国的银行转而接受纽约的背书票据。这些进口地并不只包括北美洲，还包括拉丁美洲和亚洲。对于纽约的银行来说，它们所熟悉的货币自然是美元，所以德国和英国的银行收到的信贷均以美元为货币单位。

同时，由于英国深陷战争，自 1915 年起，相对于标准量度的黄金，英镑的价值一直处于剧烈波动状态。谁都不愿意以一种未来价值并不确定的货币作为合同中的约定货币，即使是英国商人也希望寻求一种更加稳定的货币作为合约货币。此时的美国身处远离战场的北美洲，一方面，《联邦储备法案》的通过确保其货币依然与黄金紧紧挂钩，币值稳定；另一方面，美国的银行在欧洲设有大量的分支机构，流通便捷，于是美元就成了英镑最佳的替代品。

1916 年 1 月，在美国的支持下，英国政府宣布英镑与美元挂钩，由于庞大的战时预算赤字和快速上涨的国内物价，英国当局即便能够

暂时稳定英镑的价值，也难以维持人们对英镑的信心。在战争结束时，美国撤回了对英国的支持，不出所料，英镑的价值开始下降，一年时间里贬值1/3，比1815年拿破仑从厄尔巴岛返回时下跌的幅度还要大。由此可见，美国进出口商将美元视为一种更具吸引力的货币合情合理。事实上整个拉丁美洲和亚洲的进出口商也都认为，美元是一种更具有吸引力的货币。

（二）大量全球业务使美元逐渐取代英镑成为结算货币

可以自由交易承兑汇票后，美国银行纷纷远赴欧洲及世界各地开展业务，其中，国民城市银行再次成为美国银行海外扩张的急先锋，先后在阿根廷、巴西、智利和古巴设立了分支机构。1915年，美国国民城市银行并购了国际银行公司（International Banking Corporation），并以其作为平台，在欧洲和亚洲开设分支机构。在未设立分支机构的地区，美国国民城市银行则派驻代表，以收集当地的市场情报，并招揽业务。

紧随美国国民城市银行之后，其他美国银行也都纷纷进军国外市场。到1920年底，美国银行已在国外开设了181家分支机构。在这181家国外分支机构中，有100家是美国7家从事正常银行业务银行的分支机构。

基于这些在国外运营的美国银行所能提供的服务与保障，当地的进口商乐于接受美国出口商的美元汇票，而有商品出口美国的外国人同样也乐于接受美国银行的美元，而不是伦敦的汇票。如此一来，不仅美国的进出口商选择了纽约这个新的承兑汇票市场，而且国外商人也通过美国银行的分支机构与该市场建立了联系，但由于缺少投资者，美国银行必须自己持有其所发行的汇票，这导致了运行成本的增加。为此，在时任纽约联邦储备银行主席本杰明·斯特朗的坚持下，联邦储备委员会下发通知，要求联邦储备系统各地区分支机构购买承兑汇票以稳定和降低贴现率，而稳定和降低贴现率的行为反过来又有利于承兑汇票市场的发育。在联邦储备银行分支机构的示范效应下，其他一些颇有见识的投资机构也被吸引到了这一市场，其中最主要的就是持有大量美元盈余的外国银行（也包括外国中央银行），很快，承兑汇票就成了它们热衷的投资品。渐渐地，专门从事承兑汇票业务的交易商开始出现，其中最大的一家就是由保罗·M. 沃伯格担任董事长的国际承兑汇票银行（International Acceptance Bank）。

自 1913 年美联储开始运行，在不到 3 年的时间里，美元便取代英镑成为美国与欧洲、拉丁美洲和远东国家之间的贸易结算货币，同时也为美国成为新的“世界银行”，以及在全球金融格局中占据霸主地位奠定了坚实基础。

图 2-2　“一战”时拍摄的由美国士兵组成的美国之鹰①

① “一战”期间，美国政府为了鼓舞军队士气、为战争筹款，雇用摄影师 Arthur S. Mole 和 John D. Thomas 拍摄了一系列由成千上万人组合而成的“美国符号”，并将这些照片公开售卖。参与合影的人都是美国士兵，“美国符号”包括自由女神像、山姆大叔、美国之鹰、美国盾等。美国之鹰的拍摄大约用了一周的准备时间，而实际拍摄时间仅为 30 分钟。

"一战"后，美国成为世界第一经济强国。当时，欧洲各国债台高筑，美国却从债务国变成债权国。欧洲工业在战争期间遭到严重破坏，美国却因为战争需求的拉动，其军需品、钢铁、车辆、通信工具、铁路设施、船只等工业行业处于高速发展状态。在制造业方面，美国很快将包括英、法、德在内的欧洲列强远远抛在后面。到 1929 年，美国的工业总产量至少占世界的 42.2%，这一数据超过包括苏联在内的所有欧洲国家的总和。实际上，"一战"后，欧洲已经没有任何一个国家可以与美国的经济实力相抗衡，失去了世界工厂的工业地位。相反，与战前相比，美国则强大得多。

在战争需求的拉动下，美国呈现出的巨大投资机会，吸引了大量投资，以及不少金融交易从业者移民美国。在强大需求刺激下，华尔街迎来了历史上最大的一轮牛市。1914—1915 年，通用汽车的股价从 81.5 美元涨到 500 美元；美国冶炼公司的股价从 56.25 美元涨到 108.125 美元；伯利恒钢铁则因为接受大量外来订单，股价一度从 46.125 美元涨到 600 美元。经此一役，伦敦金融城没落，华尔街成为世界金融中心，全世界各大投资者齐聚华尔街——一方面，这里远离战争，非常安全；另一方面，这里充满着投资机会。

美国还成为世界上最大的债权国和最大的资本输出国。到 1919 年，欧洲17 个国家欠美国的债务总数已达 100 多亿美元。美国的海外投资从 1913 年的大约 20 亿美元增加到 1930 年的 150 亿美元，其中 30% 投放在欧洲。黄金储备从1913 年的 7 亿美元增加到 1930 年的 45 亿美元。美国已经取代欧洲成为世界银行和世界工厂。

纽约联储银行①在战争中向盟军提供贷款，扩大了美元在欧洲的流

① 纽约联储银行是美联储 12 家银行之一，监管"联储二号区"，包括纽约州、新泽西州北部 12 个郡、康涅狄格州的 Fairfield 郡、波多黎各以及美属维京群岛。

纽约联储银行除了其他 11 家联储银行都具有的职责外，还独有以下职责：执行公开市场操作，调控外汇市场，替国外中央银行、政府和国际机构存放其黄金储备。

通范围。许多美国金融机构也利用战争的机会，纷纷在欧洲开设分行，大力扩展业务，到“一战”结束时，美元已超过英镑，在全球占统治地位。

英国的经济因过重的战争负担和维持帝国统治的费用，已被拖累得越来越不稳定，而其他潜在的竞争对手面对本国货币国际化的问题都皱起了眉头。德国认为，德国马克在海外被使用会对其控制货币膨胀造成威胁，所以政府实行了资本管制，阻止德国马克在国外流通。日本政府也采取了类似的措施。截至1928年，世界各地的主要国家央行拥有近6亿的美元储备，而其他所有货币储备为26亿美元，美元已具备了称霸的实力。

三、“二战”扫清美元称霸世界的障碍

（一）“一战”后美元“泛滥成灾”

虽然英国在“一战”后没有垮塌，但其曾经拥有的霸权已经消失殆尽。整个欧洲在“一战”后都很虚弱，而美国则由“一战”前欠欧洲国家36亿美元变成“一战”后拥有欧洲国家168.2亿美元债权。

整个“一战”期间，为了逃避战火，大量资本以黄金的形式流入美国，使美联储需要发行大量的美元来支持相应的兑付。与此同时，黄金的大量流入引起美元泛滥。为解决该问题，美国政府一方面发行大量的国债来吸收美元的多余流动性；另一方面把大量的资金贷给德国，以扶持德国经济，使其有能力向英、法支付战争赔款。因为只有英、法收到了德国的战争赔款，才会归还欠美国的债务。

1924—1931年，德国得到的外国贷款及投资为250亿马克，其中绝大部分都是美元形式，而同期德国偿还的赔款只有110亿马克（当时设定的偿还赔款总时限为66年）。这些钱一半来自华尔街，另一半

则大部分来自伦敦金融城，它们再次唤醒了德国军事工业，为其发动“二战”奠定了坚实的物资基础。

（二）命悬“大萧条”的美元危机

尽管美元在欧洲金融领域不断扩张，但最终却是徒劳一场，“喧嚣的20年代”很快便让路给“大萧条”。引起“大萧条”的原因众说纷纭，但作为有史以来最大规模的一次经济萧条，它的影响是全球性的，波及了每一个国家，美元作为新兴货币受影响最为严重。

美元需求大幅下滑。随着产出和消费的急剧下滑，贸易不可避免地出现萎缩。由于消费大幅下滑，各国政府为将消费集中于国内生产的产品，纷纷提高关税，使得国际贸易进一步萎缩。1929—1932年，全球初级产品和制成品的生产下降了20%，国际贸易量下降了36%。如此一来，在贸易融资和结算方面，对美元的需求也就相应地出现下滑。

长期国外贷款几近崩溃。美国投资者所持新的长期外债，从1927年和1928年高峰时的每年12亿美元降至1931年的不足2亿美元，到1932年更是只有区区70万美元。外国人用以购买美国进口商品的美元已不再唾手可得，所以他们也就不愿意再将所持的美元存在纽约。

银行系统的稳定性遭到严重破坏。美国银行不仅为外国政府和公司提供贷款，而且也为本国的公司、农场主和自治市提供贷款，而今，它们发现这些投资都已成为呆账坏账。随着银行资产负债表情况的恶化，储户纷纷涌向银行，以取回自己的存款。在1930年的最后几个月里，第一波银行挤兑潮爆发，到1931年，银行挤兑事件在美国各地不断上演。

美元外汇储备锐减。受危机影响，美元和英镑作为储备货币的重要性已经下降，而在各国央行卖出的外币中，美元占多数。到1931年末，在全球剩余外汇储备中，美元占40%，而英镑则占近50%。这一结果看起来似乎有些奇怪，因为美联储一直在不遗余力地捍卫美元，而英格兰银行对英镑则未采取措施，由于美国的萧条更严重，持续时间也更长，美国贸易所受的冲击也就更为严重，纽约承兑汇票业务的萎缩自然也更为明显。

同时，英联邦国家和英帝国成员仍习惯将储备存在伦敦。比如，澳大利亚和新西兰等英联邦国家，把储备放在伦敦而不是纽约既符合经济逻辑，也是一种政治团结的表现；英帝国成员，则必须按照外国办公室或殖民办公室的指令去做。美国并没有这样一种帝国特权，所以美元受到“大萧条”的冲击比英镑更大。

“大萧条”被后来者形容为“屠杀百万富翁的日子”，并且“把未来都吃掉了”。以 1929 年 10 月 29 日华尔街股市崩盘为标志，美国经济大萧条正式拉开序幕，到 1932 年，工业生产总值降低了 45%，人均收入减少了 40%，1300 万人失业，200 万人无家可归，5000 家银行倒闭，900 万个账号被冻结。这样的浩劫是美国历史上绝无仅有的。

当然，当时的美国政府并没有坐视不理。胡佛总统在任期内颁布了一系列刺激经济的政策，如提高关税的《斯穆特—霍利关税法》和刺激住房建设的《联邦住房贷款银行法》，可惜的是，经济形势并没有因此而好转，这也导致了胡佛连任的失败。

1932 年罗斯福上任后，也为拯救美国经济而颁布了新政，包含了一系列救济百姓和改革工农业的政策。比如，在整顿财政金融体系方面，下令银行暂时休业整顿，经营状况不佳的被勒令清盘。通过成立联邦储蓄保障公司，保证存款人的存款，以恢复银行信用。银行信用的恢复，促进了金融体系的正常运作，它为工农业生产的恢复提供了前提保证。到 1933 年 4 月，存回银行的通货已达10 亿美元，同时禁止黄金出口，并宣布美元贬值 40. 9%，以刺激生产和对外贸易。新政的实施对摆脱“大萧条”的影响起到了最直接的作用，也使美国经济实力逐渐恢复。然而，就当一切都在慢慢好转的时候，1937 年美国经济又一次极速下滑，失业率重新回到了 1932 年的水平。

图 2-3　1935 年，新泽西州卡姆登失业者游行

（三）绝处逢生的美元运气爆棚

当人们陷入绝望的时候，美元的好运又来了，“二战”爆发。

世界经济危机不仅使美国深受影响，对德国的打击也非常沉重。危机最严重的 1932 年，德国工业产量比 1929 年下降将近一半。危机期间，德国失业者用废旧物品搭成住房，而统治阶级实行征收新税、削减工资、削减救济金和养老金等政策，力图把危机转嫁到劳动者身上，致使社会矛盾激化。

在这种情形下，法西斯党的影响迅速增长，最终促使希特勒上台将德国带向了一条战争不归路。1936 年 3 月，希特勒政府废除《洛迦诺公约》，德国成为“二战”在欧洲战场的策源地，1939 年 9 月 1 日，德国开始进攻波兰。到“二战”结束时，美国经济奇迹般地复苏了：失业率从“二战”初期的19%左右下降到1.9%，GDP增长为“二战”初期的两倍，美国再次成为世界顶级的经济强国，且影响远超“二战”以前。

“二战”对美国经济的影响之一是它增加了需求和生产，尤其是军火和食品。“一战”后，美国大多数人都厌倦了参与欧洲的争端，而且国内正值经济“大萧条”时期，所以没有立即参与“二战”。但当战火在欧洲和亚洲持续蔓延时，美国政府开始为战争做准备。除了加强军事力量、招兵买马外，政府还将工业向军事领域转型，很多汽车生产流水线都开始生产战斗机零件，渔业码头也停泊了军舰，越来越多的曾被废弃的美国工厂又重新开始生产。1941年不列颠之战后，美国政府颁布了《租借法案》，以中立国身份向外出口军用物资，从而进一步增长了军用物资的需求和生产。在之后的4年中，美国通过《租借法案》向英国和苏联等国提供了价值325亿美元的物资。珍珠港事件之后，美国正式向轴心国宣战，进一步促进了工业的发展。1944年，美国的名义GDP达到174.84亿美元，比1943年的136.44亿美元增长了28.14%。

随着市场对军用物资需求的增长，劳动力需求也相应增长。“二战”期间，美国失业率持续下降，战后即恢复到正常水平（如表2-1所示）。

表2-1　1940—1945年美国失业率　　单位：万人

年份		1940	1941	1942	1943	1944	1945
平民劳动力人口	总人数	5564	5591	5641	5554	5463	5386
	占总人口的百分比（%）	55.70	56.00	57.20	58.70	58.60	57.20
失业人口	总人数	812	556	266	107	67	104
	占劳动力的百分比（%）	14.60	9.90	4.70	1.90	1.20	1.90

失业率下降的原因有很多，其中最明显也是最重要的原因就是劳动力需求的增长，很多废弃的工厂重新开始生产，很多因经济萧条而

失业的人返回了工作岗位。不仅如此，据统计还有近105万本来找不到工作的人（如未成年人）或者不会去找工作的人（如家庭妇女）也因战争而进入了劳动力市场。

从表2-1中可以发现，平民劳动力总人数的下降也轻微地影响了失业率。1943年，美国开始进攻德国领地，很多年轻力壮的男子应征上战场，这无疑是劳动力市场的一大损失，需要挖掘更多的劳动力资源，于是妇女劳动力市场显示出巨大的挖掘潜力。1890年时，只有5%的妇女进入了劳动力市场，而“二战”期间，妇女劳动参与率突然出现了显著的增长，而且这个增长趋势一直持续到了1990年。

起初，劳动市场雇用妇女似乎只是权宜之计，但人们很快就发现女性并不比男性逊色。当时民间还兴起了“铆工罗西”——一个身穿工作服、手持铆钉的强悍女性形象流行热潮。即使是战争之后，女工人依然受到尊敬和信任，女性的就业率也直线上升并持续到现在。

图2-4 美国“二战”时期海报上出现的女郎——杰拉尔丁·多伊尔（“铆工罗西”）

战争不仅使女性在就业市场上得到了好处，一直在美国社会处于弱势的黑人群体也因“二战”获益。在战争期间劳动力短缺时，市场应该尽可能地开发人力资源，但在雇用黑人的问题上很多人还会因为偏见和蔑视而犹豫不决。为了解决这个问题，1941 年，时任美国总统罗斯福建立了公平佣工委员会，确保所有人都可以在军事工业公平就职，无论肤色、种族和国籍。到 1943 年，该委员会已经在 16 个城市建立了办事处，负责安排黑人就业并处理针对黑人的不公平待遇问题。1940—1950 年，一系列政策的发布使黑人在就业市场上所占的比重从 16. 2%升至 23. 9%。从 20 世纪 40 年代开始，黑人在美国的地位越来越高，可以说，“二战”加速了美国黑人社群的经济发展，并促使更多的就职领域向黑人开放。

此外，战争使得美国吸引了全世界大量优秀的人才，超越欧洲成为世界科技中心。到 1945 年，美国占有西方世界工业总产量的 60%、对外贸易的 25%、黄金储备的 75%，成为世界最大的资本输出国和债权国。与此同时，以美元为中心的国际金融体系在全世界范围内正式形成。

当然，美国崛起的背后，还有其他重要的原因，比如美国人永不停息的创新精神、发达的教育体系以及巨大的包容能力等。对此，本书会在以后的章节里做详细阐述。

（四）命运多舛的美元华丽转身

1945 年 4 月，美国历史上唯一一位连任了四届的总统富兰克林·罗斯福去世，5 个月后，“二战”结束。

新任总统杜鲁门宣称：美国已经获得了世界领导地位。

两次世界大战，不仅重创了新兴大国德国和日本，同时也使传统大国英国和法国失去了对世界格局的支配权。当时的世界，除了美国和苏联，其他工业化国家都风光不再。美国在战后的工业总产值占到了世界总量的一半以上，并且在全世界范围内建立了以美元为中心的国际金融体系，同时还向世界50个国家和地区派驻了军队。

“二战”成为美国历史新的转折点。独一无二的综合实力，使美国摆脱了“一战”后企图安排世界秩序却无果而终的尴尬①，开始按照有利于自己的方式主导国际秩序，并最终在20世纪后期成为一个超级大国。作为国家综合实力的集中反映，美元彻底走出了英镑的阴影，成为世界主导货币，实现了由区域美元到世界美元的华丽转身，开始了其长期的霸权之路。

---

① “一战”结束后，时任美国总统威尔逊参与谈判，希望帮助受压迫国家获得主权并确保一个公正的和平。1918年1月8日，威尔逊发表了14条和平原则，具体如下：

（1）公开订立和平条约，无秘密外交；

（2）无论战时与和平时期，公海航行绝对自由；

（3）取消国家间的经济障碍并订立贸易平等条约；

（4）必须互相保证将军备各国减少至保障本国内部安全的最低水平；

（5）调整对殖民地的要求，平等对待殖民地人民；

（6）德军撤出俄国，解决俄国问题；

（7）德军撤出比利时，恢复比利时之独立性；

（8）德军撤出法国，阿尔萨斯—洛林也归还法国；

（9）根据民族性原则，重新调整意大利边界；

（10）奥匈各族自治，允许独立；

（11）同盟国撤出罗马尼亚、塞尔维亚和黑山；

（12）奥斯曼帝国民族自决；

（13）恢复波兰之独立性；

（14）成立国际联盟以维护世界和平。

威尔逊打算凭上述14条原则结束这场战争，并实现一个所有国家共享的、公正的和平。为了参加巴黎和会，他在巴黎待了6个月，这也使得他成为首位在任期内出访欧洲的美国总统。他在会上乐此不疲地推销他的计划，最终实现了在《凡尔赛条约》中加入关于创建国际联盟的章节。

但在国际上，由于欧洲在战后仍具有一定实力，尤其是英国虽然受了打击，但帝国的主体没有变化，不列颠制下的世界格局并未从根本上被瓦解。英国政治家尼柯尔森这样形容威尔逊倡导下的巴黎和会：“我们初来巴黎时，对即将建立的秩序满怀信心；离开时则已觉悟，新秩序不过比旧秩序更加纠缠不清。”

在美国国内，由于美国的孤立主义政策在两院中的巨大影响，两院议员以绝对多数否决了威尔逊提出的美国加入国际联盟等一系列使美国跨入世界支配大国行列的议案。

由于美国在政治、经济、军事等方面的实力还不足以主宰欧洲，战后又开始实行孤立主义政策，最终导致其只能退回北美大陆。

第三章 捆住手脚的世界美元

一、“怀特”完胜“凯恩斯”

两次世界大战之间的20年中，国际货币体系分裂成几个相互竞争的货币集团，各国货币竞相贬值，动荡不定。

“二战”后期，美、英两国政府出于本国利益的考虑，分别构思和设计了战后国际货币体系，并在布雷顿森林会议上提出“怀特[①]计划”和“凯恩斯计划”。

“怀特计划”是指美国财政部部长助理怀特提出的“联合国平准基金计划”，其主要内容如下：

第一，以基金制为基础。基金至少为50亿美元，由会员国按规定的份额缴纳。份额的多少根据会员国的黄金外汇储备、国际收支及国民收入等因素决定。

第二，基金货币与美元和黄金挂钩。基金使用的货币单位为“尤

---

① 怀特的一生充满了神秘色彩：1944年他是财政部的官员，1946年被发现是苏联间谍，最后于1948年离奇死亡。

尼它”（Unita），每一“尤尼它”等于10美元或纯金137格令（1格令=0.0648克纯金）。

第三，表决权取决于会员国缴纳的基金份额。各会员国在基金组织里的发言权与投票权同其缴纳的基金份额成正比。

第四，稳定货币汇率。会员国货币都要与“尤尼它”保持固定比价，不经会员国3/4的投票权通过，不得贬值。

第五，取消外汇管制、双边结算和复汇率等歧视性措施。

第六，调节国际收支。向会员国提供短期信贷，以解决国际收支逆差。

第七，办事机构设在拥有最多份额的国家。

“怀特计划”企图由美国控制“联合国平准基金”，通过“基金”使会员国的货币“钉住”美元。该计划立足于取消外汇管制和各国对国际资金转移的限制。

“凯恩斯计划”是指英国财政部顾问凯恩斯拟定的“国际清算同盟计划”，其内容主要如下：

第一，建立国际清算同盟，相当于世界中央银行。

第二，会员国中央银行在国际清算同盟开立往来账户，各国官方对外债权债务通过该账户用转账方法进行清算。

第三，顺差国将盈余存入账户，逆差国可按规定的份额向国际清算同盟申请透支或提存。

第四，国际清算同盟账户的记账单位为“班科”（Bancor），以黄金计值。会员国可用黄金换取“班科”，但不可以用“班科”换取黄金。

第五，各国货币以“班科”标价，非经国际清算同盟理事会批准不得变更。

第六，会员国在国际清算同盟中的份额，以战前 3 年进出口贸易平均额的 75%来计算。

第七，国际清算同盟总部设在伦敦和纽约，理事会会议在英、美两国轮流举行。

“凯恩斯计划”是基于英国当时的困境，意图尽量减小黄金的作用，进而与美国分享国际金融领导权。该计划主张恢复多边清算，取消双边结算。

“怀特计划”和“凯恩斯计划”同是以设立国际金融机构、稳定汇率、扩大国际贸易、促进世界经济发展为目的，但运营方式不同。当时（1944 年），“二战”接近尾声，很多国家，特别是一些西方的发达国家，基础设施损毁严重，并且已没有任何经济基础。要重建，必须有大量的资金，资金从哪儿来呢？一是积累，二是借款。接连的战争已经使得欧洲各国一贫如洗，无法通过积累来满足资金需求，只有采用借款的方式，而借款要有信用，当时状况下，信用的来源只有两个：一是未来信用的折现，二是他国信用的担保，显然，战后的现状使大家对未来信心不足，未来信用的折现难度很大，最现实的就是他国的信用担保。当时唯一可以提供信用担保的国家就是美国，因为当时全世界的黄金大部分在美国，美国经济没有遭受战争的影响，反而因战争而发展壮大。

凯恩斯根据英国的实际情况，提出“凯恩斯计划”，即建立世界中央银行，做全球清算和结算，由世界中央银行给那些需要信用的国家提供信用，或者直接向其提供贷款。这样，这些获得世界中央银行信用额度的国家，就可根据所获信用额度发行自己的钞票。“凯恩斯计划”最核心的问题是世界中央银行的信誉来自哪里？如果美国同意建立世界中央银行并为其提供信用支持，那么凯恩斯的方案就可行。

可惜，美国人不同意，他们提出了“怀特计划”。“怀特计划”体现了美国人完整的帝国思路，其核心就是美联储作为世界的中央银行为各国央行提供信用担保，各国认可美元准国际货币的职能。一是美元与黄金挂钩，普通民众不能再用美元兑换黄金，但是与会的44个借用了美国信用的国家政府可以兑换；二是这44个国家可以根据美国给予的信用额度发行自己的货币，且这些在额度内发行的货币，美国用美元背书，也就是凭这些国家的货币到美国银行即可兑换相应的美元，意味着这44个国家的货币成为美元兑换券，成为美元信用的延伸。由于“怀特计划”，既保证了美元不会贬值，又“无偿”地给予了这44个国家相应数量的信用额度，自然得到了大多数人的支持。“怀特计划”的施行终于使美元变相成为国际货币，美国人也终于如愿获得了英镑把持良久的货币霸权。

二、美元遭遇“特里芬难题”

在布雷顿森林体系建立20年之后，美国人却发现他们根本没有拿到真正的货币霸权，因为黄金捆住了美国人的手脚，成了美元执掌霸权的障碍。由于美元的发行量受到了黄金的制约，因此美国人不能随心所欲地印制，每多印35美元就要在金库里多储备1盎司黄金；否则，一旦别的国家知道美国多印了钞票，就会到美国的银行去兑换黄金。44国央行可以用美元在美国银行自由兑换黄金是“怀特计划”的一个基本点，但美国黄金再多也毕竟有限。然而，美国既然要把全世界纳入它所主导的布雷顿森林体系，就必须承担起责任，这个责任就是为全世界提供通用货币，向全世界输出美元。输出美元意味着输出黄金，每35美元的输出就意味着1盎司黄金随时可能流出；输出美元意味着美国的商贸公司进口各国的商品，从而使美国的资产负债表呈现为逆差。不断输出美元，不断从海外拿回商品，美国的资产负债表就不断呈现逆差，由此产生了经济学上的一个新问题——“特里芬难题”①。

“特里芬难题”使世界上不少国家对美元产生了疑虑。比如，法国总统戴高乐在得知美国大量印制美元后，把财政部长和央行行长找来问道：“美国人既然承诺无论我们手里有多少美元，都按比例给我们兑换成黄金，那么法国现在有多少美元的外汇储备?”财政部长回答说：“我们大概有 22 亿~23 亿美元。”戴高乐说：“把它们统统取出来，全部交给美国人，然后把黄金拿回来。”结果由于承诺在先，美国人不得不把法国人手里的美元兑换成黄金。这就产生了一个示范效应，荷兰等北欧一些外汇顺差国纷纷表示，也要把美元兑换成黄金。美国人马上慌了，因为他们在“二战”之后又接连参与了两场战争：第一场是朝鲜战争，美国铩羽而归，几乎一无所获；第二场是越南战争，结果更惨，损失了 8000 亿美元、上万架飞机，阵亡的官兵超过 4.9 万人。8000 亿美元是什么概念？20 世纪 60 年代美国每年的 GDP 刚刚接近 2 万亿美元，8000 亿美元相当于其年 GDP 的 2/5，这绝对是个天文数字，规模如此巨大的战争消耗意味着大量黄金的流失，美国人扛不住了。

三、黄金美元终难修成正果

在戴高乐的示范下，欧洲各国出于对美元将大幅贬值的预期，开始大量抛出美元储备而兑入黄金。为了抑制黄金价格的上涨，保持美元与各国货币的汇率稳定，同时减少本国的黄金储备流失，1961 年 10

① 这是一个叫特里芬的经济学家发现的问题：1960 年，美国经济学家罗伯特·特里芬在其《黄金与美元危机——自由兑换的未来》一书中提出：“由于美元与黄金挂钩，而其他国家的货币与美元挂钩，美元虽然取得了国际核心货币的地位，但是各国为了发展国际贸易，必须用美元作为结算与储备货币，这样就会导致流出美国的货币在海外不断沉淀，对美国来说就会发生长期贸易逆差；而美元作为国际货币的核心前提是必须保持美元币值稳定与坚挺，这又要求美国必须是一个长期贸易顺差国。这两个要求互相矛盾，因此是一个悖论。”这一内在矛盾被称为“特里芬难题”(Triffin Dilemma)。

月，美国联合英国、瑞士、法国、西德、意大利、荷兰、比利时共八个国家建立了“黄金总库”，八国央行共拿出2.7亿美元的黄金，由英格兰银行作为黄金总库的代理机关，负责维持伦敦黄金价格，并采取各种手段阻止外国政府持美元外汇向美国兑换黄金。

但美国由于战争导致的政府财政赤字实在太巨大，国际收入情况急剧恶化，美元的信誉极度受损。所采取的种种措施都未能减缓各国政府与民众抛售手中的美元，抢购黄金。到1968年，美国官方储备的黄金仅存2.96亿盎司（约合9200吨），而战后的1945年时曾有7亿盎司（21770吨）之多。美国黄金储备的大幅减少更加强了市场对美元即将大幅贬值而金价将会继续上涨的预期，进一步促使欧洲各国纷纷抛出美元从美国买进黄金，维持美元同黄金的可兑换性越来越困难。1968年3月，美国黄金储备十几天内就减少了124吨（约折合14亿美元），仅3月14日一天，伦敦黄金市场的成交量就达到了350~400吨的破纪录数字。如此大的黄金需求量，使美国政府再也没有维持黄金官价的能力。

美国与黄金总库成员国协商后，宣布不再按每盎司35美元官价向市场供应黄金，黄金市场金价自由浮动，但各国政府或中央银行仍按官价结算，从此黄金开始了价格双轨制阶段，黄金市场被分割为官方部分和自由部分（由此可以看出价格双轨制并不是中国首创）。在官方市场中以固定价格进行政府间结算及储备计值；在自由市场中金价自由浮动，由供需关系决定，这成为当前世界市场化黄金交易的基础。

显然，黄金价格双轨制并不能解决问题，其漏洞极容易被市场力量所利用，因为只要取得低价的官方储备黄金，就可以在黄金自由市场上抛出，轻而易举地获得暴利。世界各地的美元持有者（包括央行和私人）争先恐后地把手中的美元兑换成黄金，尤其是各国央行可以通过布雷顿森林体系低价兑换美国国库的储备黄金，导致美国黄金储备出现了急剧的缩减。

1971年8月，金融市场上盛传法国等西欧国家要以大量美元兑换美国政府储备黄金的消息，美国政府于8月15日不得不宣布停止履行对外国政府或中央银行以美元向美国兑换黄金的义务。美国政府放弃了在建立布雷顿森林体系时的承诺，不肯再将它剩余的黄金出售给西方各国，也不肯再用剩余的黄金兑换回它自己发行的纸币——美元。从此，黄金窗口再没有打开，但美国人由此却无意间登上了货币霸权的巅峰。在此之前，历经“一战”“二战”，美国迫使英国交出货币霸权，但并没有真正掌握货币霸权要义，弄得很狼狈；与黄金脱钩后，美国人终于找到了货币霸权的真谛。

第四章　肆无忌惮的霸权美元[①]

美国被迫关闭了黄金美元的大门。但关上这扇门，却无意中推开了另一扇窗，一扇需求美元的窗。在美国政府预感到美元不得不与黄金脱钩后，美国政府拿出一笔钱，交给迈克尔·赫德森，让他研究美元和黄金脱钩究竟会带来什么结果。几个月之后，迈克尔·赫德森提交了报告《黄金非货币化的影响》，报告中指出，美元与黄金脱钩，从短期来看，只要运作得好，对美国有好处，因为这意味着美国人可以不受黄金的羁绊，按需求印刷美元了。但从长期来看，这对美国无异于饮鸩止渴，因为如果一个国家具有了无限印刷货币的权力，而完全不考虑它对应的锚定物的话（美元当时对应的锚定物是黄金，现在与黄金脱钩了，它没有了锚定物可对应），其结果是灾难性的，最终会毁了美国。

美国政府官员们拿到这份报告后，没有像赫德森那样悲观，而是如释重负——终于不用因黄金美元的寿终而担忧美元国际货币功能的丧失了。以后美元还可以是准国际货币，且发行不再依赖国库的黄金，

---

① 本章较多借鉴了中国棉花的博客文章。

而是根据世界的需求。“至于长期”，只要每个短期都运作得好，相加不就是“长期”了吗？何况两党竞争体制中的政府官员，只要把任期内的事情应付过去就好，长期效果不是他们要认真考虑的。何况凯恩斯说过：“从长期来看，我们都将死去。”美国就此开始了对需求美元的运作，美元也因此发生了其历史上最革命性的转变，彻底挣脱了捆住手脚的黄金“绳索”，成为肆无忌惮的霸权美元。

一、从“金银本位”到“需求本位”——美元印刷逻辑的调整

要按世界的需求发行美元，关键是要建立全世界对美元的需求。针对如何把对国际货币的需求绑定在美元上，当时的国务卿基辛格博士提出了著名的“石油战略”，即通过美国在世界产油区的军事存在等多种方式，使得国际石油市场以美元作为主要结算货币，这样任何一个国家只要有石油需求，就要去获取美元，由此形成一种“国家现代化离不开工业化，工业化离不开石油，石油离不开美元”的世界现代化链条。最终实现黄金美元向石油美元的转变。

石油美元的出现，标志着国际货币的功能尽管仍滞留在美元上，但各国已由对美国的信赖，演变为“不得不用”的无奈。“不得不用”已成为现今美元信用的核心来源。之所以不得不用，主要是还没有比美元更好的货币，更重要的是出于对美国强大的军事实力和手段（部署在产油区的军队，与核心产油国等进行的政治交易，以及对挑衅石油美元者的毁灭性打击①等）的忍气吞声，这意味着，美国实际上是在用军事暴力等作为后盾，胁迫世界建立对美元的需求。

需求美元之前，所有纸币都是以实际财富作为抵押的，因此曾经作为金银符号的黄金美元也是以实际财富黄金作为抵押的。现如今，

① 请参阅本书第十五章“二、第二类战争：借口消除大规模杀伤性武器”。

美元印刷依赖的不是国库的黄金，而是世界对美元的需求，美元的印刷逻辑实现了由“金银本位”向“需求本位”的转换，其背后的抵押物也不再是实际财富（如黄金或石油），而是其强大的军事实力等，即美元信用来源已实现从“实际财富抵押”向“暴力抵押”的转换。而建立在“暴力抵押”基础上的现代美元，本质上已属于政治经济学范畴，而非传统的经济学范畴。

在实现了把全世界对国际货币的需求绑定在美元上后，美国开始为全世界大量地印刷美元。虽然为了维持美元的长期信用，不会无节制想印多少就印多少，但再也不用受黄金的羁绊，更不用担忧印出来的美元会被用来兑换国库里的黄金。世界各国要想得到它们所需的美元，就得用它们最好的产品到美国来换。印刷逻辑的转变，使美元的印刷量大大增加①。

图 4-1　印刷厂中已印好待切的海量美元

① 据美国地质调查局（USGS）有关世界黄金存量的数据，1966 年世界黄金存量约为 76000 吨，2015 年，世界黄金存量约为 15 万吨，50 年大约增加了 1 倍。而美国的基础货币（Money Base）供应量，从 1980 年 12 月的 1445 亿元增长到了 2015 年 12 月的 40060 亿美元，35 年就增加了 26.7 倍。

二、从“符号性”到“媒介性”——美元价值逻辑的转换

在美元还是黄金美元的时代，美元仅是黄金的符号，美元的价值在于既可以衡量财富又可以储备财富，即“存美元=存财富”，财富的内涵是积累性，美元的特征主要体现为“符号性”，这时的美元是真正的国际货币，它具有国际货币的四大特征。而在美元与石油挂钩，成为需求美元以后，美元的价值在于实现市场交换，自身已不代表财富本身，更无法用于战略储备，即“存美元≠存财富”，美元的特征体现为“媒介性”，即财富要通过货币交换而非货币本身来获得。也就是说，财富不再是美元本身，而必须通过美元的流动来获取，即“财富=美元的全球流动性获取”。这时的美元只是准国际货币，因为它缺失了储备功能。由此，当今世界利益的体现，很大程度上从实物性资源的积累过渡到对虚拟性资产的掌控，全球利益博弈已表现为世界金融的博弈，对全球美元流动性的控制成为获取全球财富的制高点，而这个制高点在美国人手中，美国在这个制高点上具有独一无二的排他性地位。

美元印刷逻辑和价值逻辑的转换，可谓“革命性”的变化，它使得当今世界逐渐走上一个新的发展模式：财富的内涵由传统积累性转化为现代流动性；财富的获取模式由传统“存钱”转化为现代的“流动性获取”；全球范围内，美元成为流动性控制的制高点，谁控制了美元流动就等于控制了全球财富分配的主导权。

至此，美元终于由黄金符号“蝌蚪”，成长为全球财富分配器“蟾蜍”，美元霸权的时代终于到来。

三、从真实财富到财富分配器——美元霸权逻辑的实现

没有了黄金的羁绊，美元的发行可谓无所顾忌。美国是如何通过美元的发行控制全球财富分配的主导权，进而实现其霸权逻辑的呢？

主要是利用了美元作为准国际货币的特殊性，即美元发行机制的“国债货币化”和美元“暴力抵押”的信用来源模式，从而对世界利益博弈秩序进行以美国利益为中心的重构。

（一）“国债货币化”使得美元升贬具有周期性

在第一章中，笔者已谈到美国在发行美元时，联邦政府几乎是一个空架子，没有自己的资产，不像另一些发生革命的国家，有没收的资产作为发行货币的信用基础。唯一可以作为保障的就是政府将来可以得到的税收，因此，美元的发行只能以美国未来的收益为信用基础，即把长期的国债折现成可以即期使用的美元。这决定了美元的双重性：在一定意义上美元就是美国国债，美国国债就是美元（当前近90%的美元发行仍通过购买国债的方式进行），就如同一枚硬币的正反面。这种不可分割性形成了美元独特的自我循环机制，即美元与美债走势的反向性和起伏的平衡性。美元与美债具有的反向性和平衡性所形成的美元自我循环机制，为当今信用美元实现对全球流动性的控制奠定了基础。

1. 美元与美债的走势反向性

美元印得多意味着国债发得多；美元印得多，美元自然贬值，由此国债发得多，其交易价格就会降低，相对来讲购买国债的收益就会高。反之，美元收缩，美元的价格就会上升，国债相对也就发行得少，其交易价格就会走高，到期兑现收益自然下降①。综合正反两面，美元与国债二者之间具有走势上的反向性。

① 国债价格与国债收益率负相关，价格越高收益率越低；反之，价格越低收益率越高。例如，1张一年期国债面值是100元，到期赎回也是100元，还有2元的利息，即收益率为2%（2÷100×100%=2%）；如果买的人多了，价格上升为101元，但到期还是只能兑现100元和利息2元，那么收益率就变为0.99%，即（100+2−101）÷101×100%=0.99%；如果买的人少了，价格下降为99元，到期还是兑现100元和利息2元，那么收益率就变为3.03%，即（100+2−99）÷99×100%=3.03%。

2. 国债与美元的起伏平衡性

国债与美元之间除了反向性之外，还有一个重要特性就是平衡性，根源就是购买美国的国债必须要用美元，抛售美国的国债也只会收到美元。如上段所述，当美元大量发行时，国债自然也大量发行，美元因发行过多，预期贬值时，国债因发行过量，预期收益高涨，随着美元的不断贬值，国债预期收益逐渐上升，国债避险的吸引力越来越大，而买国债必须要用美元，因此，国债收益越高意味着对美元的需求越大，市场上美元逐渐变得稀缺而停止贬值。美元停止贬值，国债避险价值消失，收益上升预期也随之消失，国债收益到达最高点。

反之，当美元收缩，美元预期升值，美元升值意味着国债避险功能减弱和国债预期收益下降，这使得投资者会大量抛售手中的国债，持有美元现金。国债抛得越多，价格就会越低，购买国债的未来收益就会越高，高到一定程度就意味着国债具有吸引力了，其价格也停止下跌，避险价值开始显现，持有国债的收益率开始高于美元现金，美元将失去升值动力，达到最高点。

综上所述，“美元—美债”形成了一个平衡杠杆（如图 4-2 所示）。

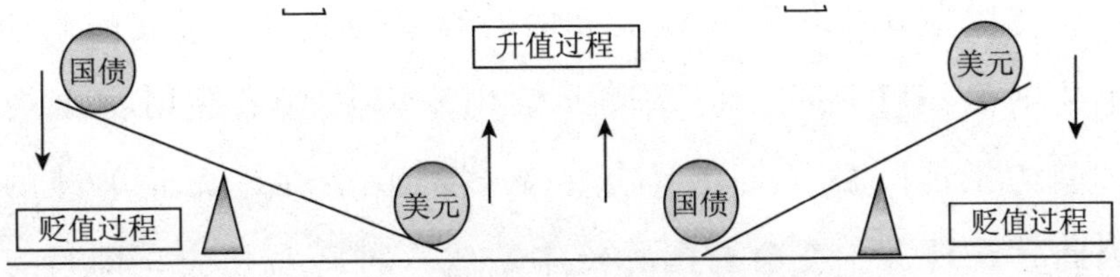

图 4-2　“美元—美债”杠杆示意图

美元和国债二者逻辑上具有的走势反向性和起伏平衡性，使得美元不会无休止升值或无休止贬值，总是升值一定程度后就贬值，贬值到一定程度后就升值。简言之，美元的价值波动具有周期性。

以上是理论分析过程。现实中，美元走势确实存在周期性。从图 4-3 中可以看出，美元价值大约每 17 年为一个“升—贬”长周期，1973 年以来已经历了三个长周期。

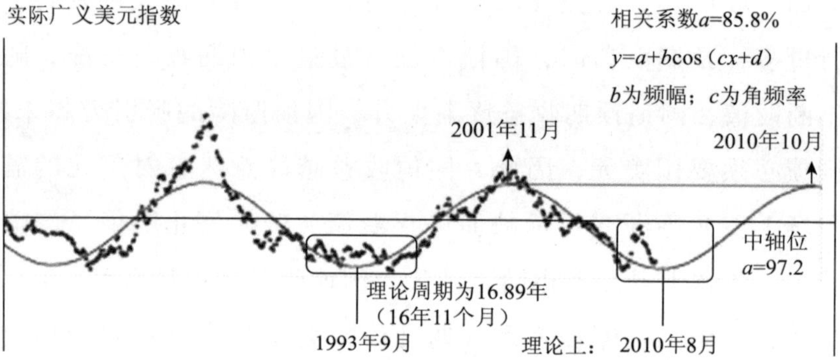

图 4-3　1973 年 1 月至 2009 年 12 月美元指数变化

这三个长周期的波长和波幅是根据美元和美债周期原理，主要由美国等通过“美元—美债”杠杆、“美元—全球资源”杠杆和“美元—非美货币”杠杆等共同决定的。

（二）美元信用来源的“暴力化”加剧了美元的升贬预期和幅度

仅从“国债货币化”造成美元的升贬周期来看，美元的周期性是一个单纯的经济性活动。但是美元信用来源从“实际财富抵押”转变为“暴力抵押”后，美元具有了更多的政治性，而非单纯的经济性。因此，在现实中就会对国际资本造成一种客观压力，即持有或者储备信用美元已不像黄金美元那样可靠了。当美元变得不可靠时，为了避险，国际资本就会更多地追逐美元现金以外的资源；而资本的集中追逐又必然导致全球资源的高涨，当全球资源高涨到一定程度时，就会形成价格泡沫；当泡沫破裂时，资本为避险，又会去储备和持有现金；如此反复。也就是说，在全球范围内也形成了一个“美元—全球资源”杠杆（如图 4-4所示）。

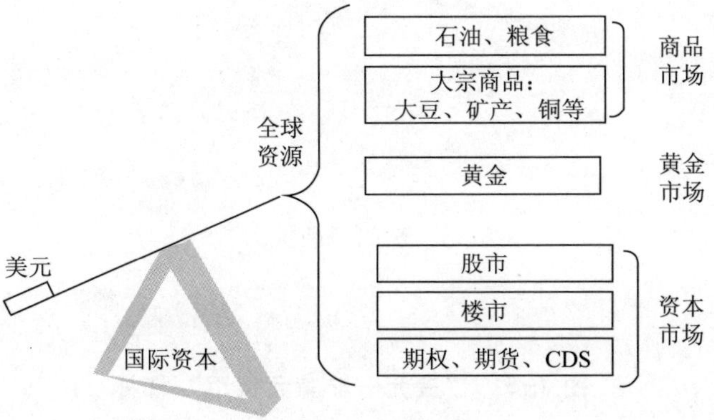

图 4-4　“美元—全球资源”杠杆

在该关系中，美元不可靠，全球资源价格高涨；美元可靠，全球资源价格暴跌。这就是当今世界的美元在完成其信用来源转换之后形成的第一个新格局。

此外，美元的升贬对美元和非美元货币的汇兑关系产生影响。美元信用来源的“暴力化”也使得基于美元标准的世界汇率概念被纳入政治经济学范畴，而非纯经济学范畴。因为，美元准国际货币的地位使得非美货币与美元发生的汇兑，大都建立在各国对美元的需求上，而全球对美元的需求很大程度上美国可以操控（如通过发动区域战争、制造战争预期等），或者通过政府间的胁迫、施压等（如通过广场协议控制美元与日元的兑换比例、通过各种手段逼迫人民币升值等）实现，从而形成有利于美国的美元与非美货币的价值波动，形成“美元—非美元货币”杠杆（如图 4-5 所示）。

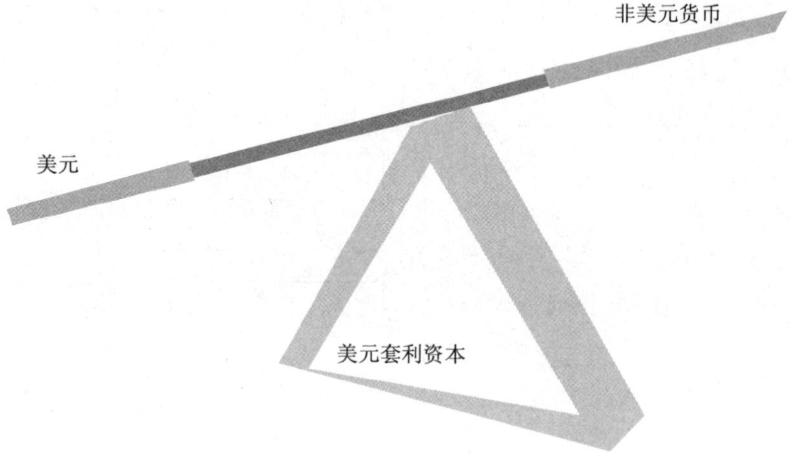

图 4-5 “美元—非美元货币”杠杆

在美元与非美元货币的关系中，往往是美国需要借入外债时美元会升值，而当美国需要归还外债时美元贬值，贵借贱还，从中谋利。这成为当今美元在完成其信用来源转换之后形成的第二个新格局。

有人认为美国是个完全市场化的国家，美国的货币政策由美联储决定，并非由美国政府控制；美元汇率更是全球国际市场交易的产物，说美国操控货币汇率有失偏颇，中国等国家才由政府操控汇率。从上面的分析可以看出，其实只有美国才最有手段操纵、影响美元与其他国家货币之间的汇率，其他国家操纵汇率的手段相对于美国那真是小巫见大巫。

（三）美国实现对世界利益秩序的构建

1. 通过三个杠杆引导美元循环

美国正是通过把“美元—美债”杠杆、“美元—非美元货币”杠杆和“美元—全球资源”杠杆组合在一起进行综合操控，来引导美元循环，进而掌控全球经济的（如图 4-6 所示）。

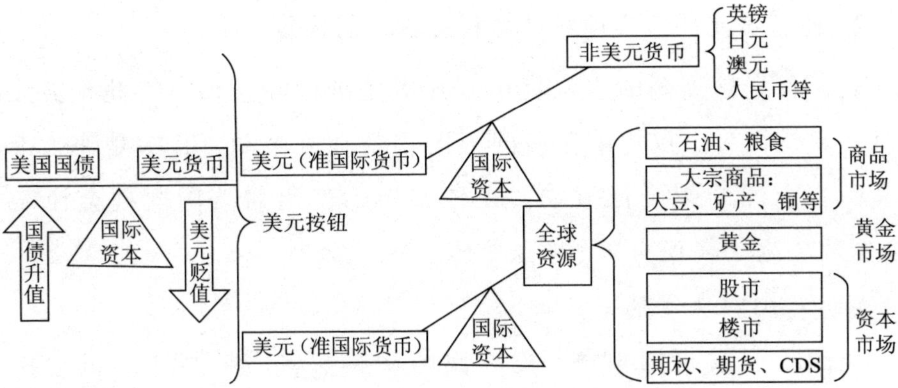

图 4-6　美元的 3 个杠杆组合

在此组合中，“美元—美债”杠杆是核心按钮，而这个杠杆完全由美国控制，美国利用美元准国际货币的特性，通过这个杠杆撬动“美元—全球资源”杠杆和“美元—非美元货币”杠杆。在世界经济逐步走向全球化的今天，这两个杠杆往往能决定某些国家的兴衰荣萧。

“美元—全球资源”杠杆影响着全球格局。资源主要分布在俄罗斯、中东、澳大利亚、巴西等国家或地区；生产主要分布在中国、东南亚等国家和地区；美元则主要在美国。美元的价值波动通过杠杆的传导，往往决定着这些国家是繁荣还是萧条。

“美元—非美元货币”杠杆决定了非美元货币的走势和价值起落，而非美元货币的价值起落，常常决定着这些国家的兴衰。

同时，在国际资本市场上游走着的大量美元套利资本，为获取“美元套利交易”收益以及抄底全球资源和资产带来的丰厚利润，扮演着“助纣为虐”的角色，甘愿接受甚至积极配合美国（美国背后的资本集团与这些资本原本就是一体的）的操纵驱使，顺应美国的意图进行着全球性、职业化的操作，从而引导美元按照美国的需要进行循环，实现对世界利益秩序的构建。

2. 通过美元环流实现对世界利益秩序的构建

美元首先是美国的主权货币，其次是准国际货币。因此，美元的循环首先是作为主权货币在美国国内的现金流流动，其次是作为准国际货币在全球的现金流流动。在现实中，美元的“国内现金流”与“全球现金流”表现为两个圈层结构。

（1）“国内现金流”

美国政府发行国债——美联储印钞购买——美元进入银行体系（商业银行→实体经济、投资银行→虚拟经济）——美元进入投资者手中——税收流向政府。

（2）“全球现金流”

银行体系——“全球对冲资本+美元套利资本+国际贸易结算”——美元流入全球四大市场（大宗商品、黄金、资产、外汇）——利息和本金流向银行。

在这两个圈层中，全球美元的数量布局约为：国内美元流动占30%，全球美元流动占70%（如图4-7所示）。

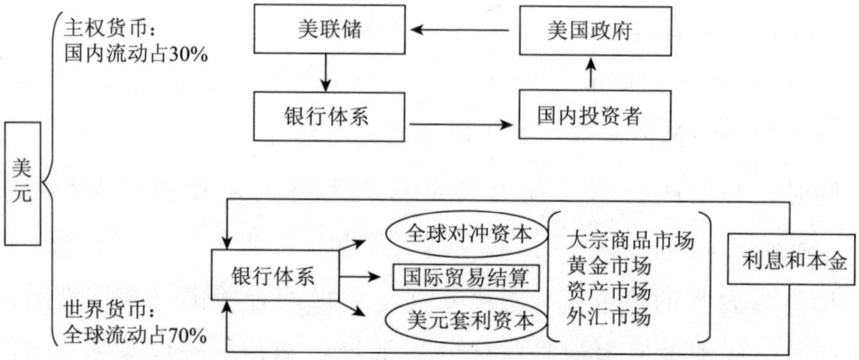

图4-7 美元的国内、国际环流

美元作为一种货币，其价值的变化主要体现在两个方面：一是直接的价格标志：利率；二是相对的价格标志：汇率（相对于其他货币的升贬）。这两者对于美国来讲都是可控变量。因此，当美元在“国内现金流”与“全球现金流”这两个圈层中流动时，美元循环可以有以下四种组合形式：Ⅰ.“高利率+美元贬值”；Ⅱ.“高利率+美元升值”；Ⅲ.“低利率+美元贬值”；Ⅳ.“低利率+美元升值”。这四种组合形式对美国可能造成的影响各不相同（如表 4-1 所示）。

表 4-1　美元环流的四种组合形式对美国可能造成的影响

价值 利率	贬值	升值
高	境内：美国国内的美元被吸引到银行	境内：美国国内的美元回到银行
	境外：全球资源、非美元货币吸引力强，境外美元不愿意回国	境外：全球资源、非美货币价值下跌，境外美元无利可图，被迫回国
	结果：社会资金匮乏，经济缺血萧条，高失业“压死”政治家	结果：美国国内资金充裕，但美元流动有序，有利于美国经济起飞
低	境内：国内美元被赶出银行，流向社会	境内：国内美元都被赶出银行
	境外：资本被迫避险、保值、套利，从而在全球流动	境外：全球资源、非美元货币无吸引力，境外的美元无利可图，被迫回国
	结果：境内市场资金趋紧，境外美元获利丰厚	结果：一则国内美元大量流向社会；二则境外美元回国，同时又不愿意进银行。美国国内货币泛滥，资金在社会上无序流动，美国通胀严重，政治家下台

由表 4-1 可知，Ⅰ和Ⅳ组合，即“高利率+美元贬值”和“低利率+美元升值”，在美国现有政治体制下没有任何存在空间，出现这种情况，政治家只有死路一条。因此，只剩下Ⅱ和Ⅲ组合——Ⅱ.“高利率+美元升值”，即“境内美元回银行”→“全球资源、非美元货币价值下跌，境外美元回国”→“美国资金充裕，美元流动有序”；Ⅲ.“低利率+美元贬值”，即“境内美元出银行”→“全球资源、非美元货币升值，境外美元获利丰厚不回国”→“美国国内资金趋紧，但美元流动有序”。

Ⅱ和Ⅲ组合共同构成美元全球流动性内容。这其中，美元是升值还是贬值，决定了世界是繁荣还是萧条：美元贬值，资源高涨，资产火爆，非美元货币升值，相应地，资源类国家有利，资产繁荣，非美货币相对升值，全球产业、资产、货币欣欣向荣；反之，美元升值，资源和资产暴跌，非美元货币相对贬值，美元回流，非美国家美元现金短缺，产业萧条，资产崩盘。

而美元的升贬，正如前面我们所分析的，虽有自身的规律性，但更多地取决于美国的操控。美国正是在利用美元的这些特性，通过三个杠杆，按照美国发展的节奏，利用美元环流完成了对整个世界利益秩序的构建，实现了美国国家利益的最大化。在这个过程中，美国并不顾及其他国家的利益，甚至更多的是在损害其他国家的利益，被黄金捆住手脚的世界美元，由此变成了肆无忌惮的霸权美元。

从上面的分析，我们可以看出，霸权美元的运行有一整套制度安排，这种制度安排笔者认为就是美元霸权。结合学术界的观点，本书尝试对“美元霸权”做如下界定：1971 年美元与黄金脱钩后，美国利用石油美元发行机制的“国债货币化”和信用来源化的“暴力抵押”，通过美元环流对世界利益秩序进行构建，以实现本国最大利益，而不顾甚至损害其他经济体利益的金融制度安排。

四、自由的超中心货币——美元霸权的现实表现

美元霸权表现在诸多方面，作为一种以货币表现出来的霸权，我们可以从货币的四大职能，即货币的价值尺度、流通手段、支付手段、储藏手段对其加以考察。通过考察，我们会发现，美元作为美国自行印发的本国货币，已获取了准国际货币的超中心地位。

职能一：美元在“价值尺度”上的超中心地位

美元在“价值尺度”上超中心地位体现在三个层面：首先，国际

贸易与国际金融市场的计价职能。在国际贸易市场上，美元于1973年成为石油的计价货币，此后又成为其他大宗商品的计价货币；现今，石油、铁矿石、有色金属等重要的能源和原材料都是以美元计价的，小麦、大豆等农产品交易也主要采用美元计价。在国际金融市场上，大多数金融产品特别是金融衍生产品也以美元计价。其次，外汇市场的关键货币职能。多数外围国家以美元作为关键货币制定基本汇率。最后，汇率制度中的“锚币”职能。不少国家，特别是新兴国家采用某种形式的钉住汇率制度，而且大多以美元为“锚币”，保持本币汇率与美元汇率的相对稳定。

职能二：美元在“流通手段”上的超中心地位

该职能主要体现为美元是日常生活中的媒介货币，以及外汇市场中的交易货币。日常生活中的媒介货币方面，根据美联储及相关学者的统计，截至2007年底，美联储共发行美元现钞7743亿美元，其中60%的美元现钞（约4500亿美元）在美国境外流通，这构成了美元现钞的“体外循环”，而在外汇市场中的交易货币里，美元更是毫无争议的霸主（如表4-2所示）。

表4-2　美元在外汇市场交易中的比重

年份	1992	1995	1998	2001	2004	2007	2010	2013
占比（%）	82	83.3	87.3	90.3	88.7	86.3	84.9	87

注：由于是双边统计，所以合计为200%。

资料来源：http：//www.bis.org/publ/rpfx13fx.pdf.

职能三：美元在“支付手段”上的超中心地位

该职能主要体现为美元在商品与金融市场中的结算货币地位。现今，世界贸易中用美元结算的比重远比其他币种要高，涉及美国的进出口几乎都是以美元结算，许多不涉及美国的进出口也广泛采用美元来结算。与此相比，以欧元结算的贸易基本局限于欧元区，而日本的对外贸易中相当部分是以美元计价结算的。

职能四：美元在“储藏手段”上的超中心地位

现代信用美元尽管不具备国际货币的储备职能，但各国政府和民间为了获取必要的流动性，还是会储藏美元以备不时之需。具体体现在两个层面：外国居民持有美元资产，外国官方持有美元储备。以官方储备资产为例，美元作为外汇储备货币占国际储备货币的比重从 20 世纪 70 年代中期的 80%左右持续下降到 90 年代初的 50%左右，然后又开始缓慢上升，到 2001 年第二季度升至 73%；此后又缓慢下降，2015 年为 64.0%（如表 4-3 所示）。

表 4-3　1970—2015 年各国主要外汇储备中美元所占比重

年份	占比（%）	年份	占比（%）	年份	占比（%）
1970	77.0	1997	62.4	2010	61.8
1976	80.0	2000	68.2	2011	62.3
1982	71.0	2006	65.4	2012	61.3
1987	69.0	2007	63.9	2013	61.0
1991	51.3	2008	64.0	2014	63.1
1994	56.6	2009	62.0	2015	64.1

各国货币百花齐放，但只有美元“一枝独秀”。实际上，美国占全球商品和服务出口的比例只有 13.6%（2010—2014 年，5 年平均值），占全球进口的比例是 13.8%，但这并不妨碍美元充斥整个世界。

第二篇

敌友通吃：美元霸权的国际影响

美元霸权是美国的护国神器，它对世界的影响是深刻而深远的。一方面，美国通过它获得了铸币税、通货膨胀税和事实上不用归还的海量债务收益，以及通过美元周期一轮轮“剪来的羊毛”；另一方面，美国通过它对石油、粮食、大宗商品、金融产品等进行价格操控，打击对美元霸主地位形成挑战或有潜在威胁的国家。

欧洲国家、日本、中国、俄罗斯、南美国家、东南亚国家，无论是美国的盟友还是战略对手，只要美国感觉到它们可能威胁其核心利益，就会对它们予以毫不留情的打击。在打击过程中，可能会造成“伤敌一千，自损八百”的局面，甚至是打击某个目标的同时使另一个目标受益，这就要看美国的权衡了。

虽然钱穆老先生“地球上有文明的国家，却没有文明的世界”的论断可能有些消极，但却是对本篇最好的概括。

> 美元是我们的货币，是你们的麻烦！
>
> ——约翰·康纳利

第五章　美元霸权的收益

美国源自美元霸权的收益是巨大的，主要表现为以下几个方面：国际铸币税收益；国际通货膨胀税收益；事实不会归还的存量收益；国际收支结构性失衡带来的利差收益；美元周期带来的超级利润，等等。

一、国际铸币税收益

铸币税是指货币发行者通过发行货币而取得的收入，是利用其法定货币发行权力所取得的一种特殊税种。在金属货币流通时代，铸币税是指造币者从铸造成色不足的金属货币中得到的额外收入。而对于纸币来说，一般情况下，一国铸币税的总量近似地等于该国中央银行投放的基础货币量，即国家强制流通的纸币面值有多少，就相当于政府向使用货币的百姓征收了多少铸币税（印制纸币的微小费用可以忽略不计）。由于美元是国际公认的储备、支付和结算货币，美联储就成为“世界中央银行”，这样，美国就拥有了在全球范围内攫取铸币税的权力。美国在购买别国的商品、劳务或进行对外投资时，其中可以通过印发美元来支付。这部分美元就是由美联储投放出来并输往国外的基础货币量，是美国获得的最基本的国际铸币税。

目前，在全球流通的美元现钞超过9000亿美元，2/3左右在美国体外流通，这意味着美国征收的铸币税至少为6000亿美元，平均每年能获得大约250亿美元的铸币税收益，“二战”以来累计收益在2万亿美元左右。由于目前人民币不具有国际支付货币的地位，中国在进行国际贸易时不得不大量借助美元计价和支付，目前以美元计价的贸易约占中国对外贸易总额的80%，因此，中国对美国获取的铸币税做出了很大贡献。

二、国际通货膨胀税收益[①]

凯恩斯曾说：“通过一种持续不断的通货膨胀过程，政府能够秘密地和不被察觉地没收其公民的大量财富。”由于美元是国际通用货币，美联储在很大程度上扮演着世界中央银行的角色，因此，借用凯恩斯的话，美国通货膨胀、美元贬值，其实质就是美国秘密地和不被察觉地没收世界各国的财富，美元通过贬值获取的巨额利益被称为国际通货膨胀税收益。

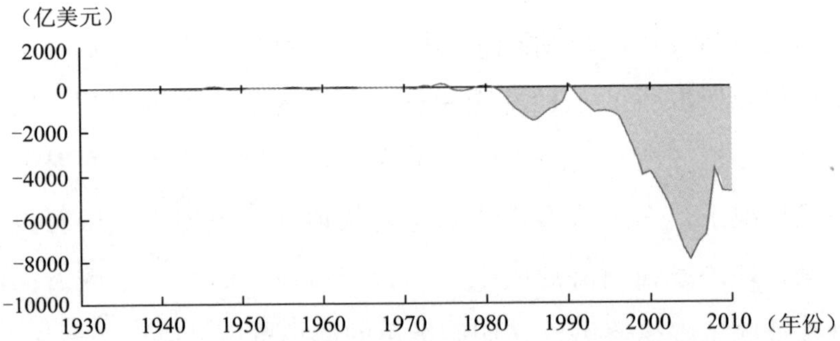

图5-1 1930—2010年美国经常项目收支变化情况

资料来源：美国商务部。

① 本节参考了知乎网冷哲的文章。

图5-1是美国1930年到2010年的经常项目收支（Current Account Balance）变化情况，经常项目收支一般指的是商品和服务贸易的进出口情况。从图5-1中可以看到，在20世纪70年代以前，由于美元与黄金挂钩，美国经常账户基本还是维持在出入相抵的水平上，但是从70年代中期开始有了较大的波动；从80年代起，甚至出现一般国家想都不敢想的持续、大规模经常性项目赤字；90年代以后更是愈演愈烈。

经常性项目赤字，意味着美国的进口大大高于出口，美国显然是拿印出来的美元买了这些商品和服务，这就相当于赊账，但这种赊账，却是带有负利率的。即便是在美元与黄金挂钩的27年中，美国总体通货膨胀率也有130%，换句话说，1944年1美元卖给美国的东西，到1971年必须花2.3美元才能买回来。美元与黄金脱钩以后，美元的通货膨胀更厉害，同样是经过27年，1971年1美元卖掉的东西，到1998年花4美元都买不回来。当然，同期其他国家的货币也在贬值，并且可能比美国更甚，但因为一般只在国内流通，所以是本国百姓在替政府买单，而美元却在全世界流通，让其他国家百姓替美国政府买单。

国际市场上的美元每时每刻都在经历通货膨胀、都在贬值，有的年份美元的购买力甚至能降低10%以上。这种通货膨胀，使得美国在对外国持有的美元进行兑现时，不必支付原来从该国获取的那么多的商品和服务。根据杨多贵、周志田的《霸权红利：美国不劳而获的源泉》中的估算，1967—2006年美国的外债平均约为3万亿美元，那么通过美元贬值90%，美国因减轻外债负担而获取的国际通货膨胀税即为2.7万亿美元，年均获益675亿美元。因此，美国可以比一般国家进口更多的东西，进口货物相对而言更便宜，生活水平更高。

三、国际收支结构性失衡带来的利差收益

美国为了维护美元霸权，除了通过各种手段使得美元充当计价货

币外，还使贸易收支长期保持赤字，从而保证源源不断地输出美元，而外国政府和企业只有接受美元，并无奈地用美元购买美国的金融资产。

贸易赤字通常被一般国家认为是困境，但美国凭着美元的优势地位，却把这种别人眼中的困境，变成让自己获利的工具。美国通过不断加印美元让对美贸易国都保持贸易盈余，美国则一直保持贸易赤字。别国可以保留贸易盈余，但若想拿贸易盈余购买美国的优质资产，美国总是想方设法予以阻挠，它会在那些高新技术和能源等利润高、战略性强的行业内以各种理由设置障碍。过去，西欧国家对美国形成了巨额顺差，但当欧洲向美国市场直接投资时，就会遇到各种各样的障碍，美国外交官曾公开说，美国不允许他国央行使用美元购买美国公司。据报道，当石油输出国组织成员 1973 年提议要向美国直接投资、购买美国企业时，美国财政部通知它们，这被认为是一种战争行为①。

美国希望别的国家大量地去购买他的农产品等商品或劣质资产，最欢迎大家去购买美国的国债，或把美元存到美国的银行里拿点利息。于是，从 1982 年至今，美国始终保持着贸易逆差，且几乎是逐年扩大；同时，资本和金融账户却由于美元的回流而一路顺差。就这样，美国的资本无论是在国内还是在国外，都从事着最有利可图的行业，而别国的美元外汇只能获取微薄的利息。按 2015 年 7 月的平均值计算，美国 10 年期债券的名义利率是 2.37%，减去同期国内通货膨胀率 0.2%，实际支付的利息在 2.1%左右；而美资跨国公司在国外直接投资的平均回报率在 10%左右。美元的一进一出，一来一去，便又让美国获利。

2001 年诺贝尔经济学奖获得者斯蒂格利茨说：“发展中国家在自己也非常需要美元的时候，几乎零利率借给美国数万亿美元，这反映了

① [美] 迈克尔·赫德森. 美元霸权与美国对外战争融资 [J]. 国外理论动态，2005 (8).

问题的实质。从某种意义上说，这是对美国的净转移，是颠倒的对外援助形式。”估计美国以此手段每年从世界各国获取的财富数额约占美国新增 GDP 的 30%，从而成为世界上最大的食利国。

四、事实不会归还的存量收益

无论是铸币税收益、通货膨胀税收益，还是利差收益，它获取的都是变量收益或称之为增（减）量收益。除此之外，美国发行的，事实上可能永远都不会归还的海量外债[①]等存量收益，已成为美元霸权的一项重要收益。

由于美元在全世界通用，美元的金融市场规模很大，资金流动性很强，而且世界上很多金融市场都用美元进行定价和交易，因此美国发行美元债券成本低、卖价高、利润大。美国金融机构以此为基础大搞金融创新，无限制地滥发各种美元债券。美国政府很多时候就是靠着这种不用归还的存量收益，支撑起了超越其国家 GDP 支撑能力的军事力量与人民生活水平。

以 2014 年为例，当时美国 GDP 为 17.15 万亿美元，中国 GDP 为 10.38 万亿美元，但是 2014 年美国军费开支为 6100 亿美元，占全球军费开支的 34%，相当于其 GDP 的 3.5%，而中国 2014 年国防开支为 2160 亿美元，占 GDP 的 2%。即便在“9·11”事件发生以前，美国军费占其 GDP 的比重也常年在 3%以上。美国的海军力量比世界所有其他国家的海军加起来还强，凭的就是美国政府无与伦比的举债能力。

① 戴旭在《中国的昨天、今天和明天》中写道：“金岩石博士给我讲的另一个故事证明了我的推论：有一天巴菲特在一个经济学家和政府官员参加的会上说，美国经济的运转，就是靠不停地借钱。一个美国小孩问他说：‘巴菲特爷爷，您这辈子借的钱，将来是不是要让我们去还？’巴菲特说：‘孩子，好好学习！让你的孙子替你还！’那我们就看看，未来美国小孩的孙子要怎么还这笔天文数字的钱吧！而且门蒂斯先生在演讲中，也回答了我之前对这个问题的质疑：他说，当初我们欠英国人的钱，我们把它打跑了。我们也欠过荷兰人的钱，我们也把它打跑了。我们现在也欠中国人的钱。本质上这没有什么不同，只是 8000 万和 8000 亿的区别。”

根据美国传统基金会统计，美国各级政府的税务收入占 GDP 比例为 26.9%，以美国的财政政策（低税收、低福利）来说，美国的政府收入比例已经不低了。但美国政府现在的财政模式，要支撑起美国人现在的生活水平和军事开支，在正常情况下是不可能的，而把这种不可能变为可能的，就是外债。美国政府可以不断举债，然后借新债还旧债，从而保持超出自己能力的财政开支。

美国之所以能不断借到新债还旧债，主要源于美元的准国际货币地位，世界各国仍然需要储备美元，用美元交易，美国的通货膨胀则刺激各国积极寻找手中美元的保值途径。当资本数量高到了一定程度，想要寻找保值途径其实很难，唯一能够接纳海量美元资本的获利途径只有美国国债。因此，拥有大量美元储备的国家，如中国、日本，都不得不购买美国国债来寻求保值。然而，因为美国国债的利率通常低于通货膨胀率，所以这样做只能让海量美元资产稍微减少一点损失。尽管如此，美国国债的需求仍然很旺盛，因为这几乎是减少损失的唯一途径。

五、美元周期带来的超级利润①

在第四章已经论述过，美国把“美元—美债”杠杆、“美元—非美货币”杠杆和“美元—全球资源”杠杆组合在一起，通过综合操控，引导美元循环。当美国需要美元流出美国时，美元指数开始走低，就如同美国人打开泄洪闸放水，让全世界的土地都得到了充分的灌溉，于是各国经济形势变好；当美国需要美元回流美国时，便启动杠杆使美元指数开始走强，吸引全球资本购买其金融资产，对全球经济产生抽血效应。

40 多年来，美国人在每次打开闸门向全球放水一段时间之后，一

① 参阅乔良《金融与战争——美元霸权与中美棋局》。

般都会有一个关下闸门收窄流动性的过程。在开闸放水和关闸收水之间，就出现了美元指数的涨跌，呈现一个波峰波谷的美元周期律。每个周期都由一只“看不见的手”（杠杆效应），以及一只“看得见的手”（美联储）联合操纵：让美元下跌一段时间，向全世界“放水”，待各国经济由于“灌溉”充足而长势良好，且美国的经济形势也随之变好时，再收窄流量，让原来“灌溉”充足的地方出现经济危机。此时，美联储就会趁机吹响加息的号角，各色食利资本纷纷顺从美国的召唤从危机地区撤出，转而回到美国。其实，这时的美国早已经是产业空心化的帝国，大量实体经济已经转移到其他国家和地区，留在美国的主要是些高科技产业和军工企业，而其经济主体则是虚拟经济，所以，全球的资本回流后大部分都进了美国的三市——证券市场、债务市场、期货市场，给美国带来又一个大牛市。当美国人觉得资本积蓄得差不多了，就会杀个回马枪，去扫荡那些由于美元流动性收窄、经济情况变坏国家的优质资产，此时这些国家的许多优质资产大都已经由于经济环境变坏而跌到了地板价。

除了上文所述以外，美元霸权创造出的利益还有很多。一是美国企业在进出口中采用本国货币支付，不存在本币与外币之间的结算，因而也不存在汇率变动的风险，美国不用储备大量的外汇；二是美国金融机构因为美元是国际本位货币而在全世界从事融资和中介服务，从而获得丰厚的营业收入；三是美国可以较少地考虑美元与其他货币的汇率变动影响，因而能够独立地执行国内的货币和财政调控政策；四是美国通过美元在国际货币体系中举足轻重的地位，谋求制定国际金融秩序和经济规则的主导地位，并竭力使之倾向有利于自己的方向，等等。

第六章　美元霸权对中国的影响

美元霸权对所有美元涉及的国家都会产生重大的影响。改革开放前，中国几乎是游离在世界市场之外，尽管报纸上有很多针对"美帝"的文章，但美元霸权对我们的实际影响很小。改革开放后，中国开始大量地与外资打交道，由此，美元霸权对中国的影响才逐渐大起来。正如笔者在前言中所论述的，美元凭借围绕其设计的国际金融规则，一方面给进入该规则的国家带来急需的资金，另一方面也给这些国家经济带上金色的镣铐。

任何一个发展中国家都渴望资金，资金短缺是这类国家的通病，但它们却通常注意不到随之而来的"金色镣铐"，如拉美、东南亚等国家和地区就曾因此深受其害。但这些伤害相较于被美国视为战略目标的伤害还是轻的，苏联就因为被美国视为其战略目标而应对失策最终分裂，日本尽管一直对美国唯命是从，被美国一度视为战略目标后，也是失去了一个十年又一个十年。

由于地域等多方面的原因，在美国与其主要战略目标交手时，也有一些国家和地区"搭便车"而获益，如澳大利亚、新加坡、中国台湾，以及一段时间内的东南亚国家和地区等。

中国自改革开放进入世界市场后，大多数时间与美国关系良好，很长一段时间美国没有把中国作为头号战略目标，甚至在1979年2月17日对越自卫反击战开始到1989年结束这段时间，两国处于“中美蜜月期”，因为此时美国的头号战略目标是苏联，它还需要中国的帮助。“八九风波”后，美国为首的西方国家对中国实行制裁，到1992年中国基本打破了西方制裁。从1992年邓小平南方考察到2008年美国金融危机爆发，中美，从关系逐步恢复正常，到两国经济相互依赖加深，中国经济因此高速发展。美国此时的主要战略目标是日本，还没有明显感觉到中国会成为美元霸权的挑战者，只是从意识形态上把中国作为对手予以施压，表现为发生了诸如1999年的轰炸中国驻南联盟大使馆和2001年的南海撞机事件等。2001年，本·拉登的基地组织发动了“9·11”恐怖袭击，美国本土遭受了其建国以来首次外来打击，美国迅速调整策略，立刻与中国修好以共同对付基地组织。

2008年之后，随着基地组织实力的衰落，阿富汗形势渐趋平稳，日本失去了一个又一个十年，中国GDP总量却在不经意间超越德国位居世界第三。2009年奥巴马入主白宫后，首次提出美国要“重返亚洲”，实施亚太再平衡战略。2011年5月，本·拉登被击毙；2012年1月,在奥巴马总统亲自主持下，五角大楼推出美国“新战略报告”，正式提出将美国的全球战略重心东移至亚太地区。这时的亚太再平衡战略目标不是日本，而是中国，所谓的平衡就是平衡中国，因为中国已悄然成为美国的头号战略目标。

作为制造业大国的中国，国产原油远远跟不上工业发展的需要，严重依赖进口，高油价自然是阻击中国的最大杀器。由此，美国祭起了高油价的大旗，从2011年2月开始，石油价格（布伦特油价）创下了几乎连续42个月都在100美元/桶之上的历史纪录（其间，只有2012年6月略低于100美元/桶）。一时间中国物价高涨，民情沸腾，相关事件时有发生。当然这其中有很多原因，但美国的阻击应该是一个重要原因。

但高油价却使俄罗斯受益，普京凭借高油价强势崛起，并于2014年3月不顾西方的强烈反对，一举吞并克里米亚。面对俄罗斯的咄咄逼人之势，美国没有选择以硬碰硬，而是通过低油价逐渐断掉俄罗斯的“粮草”，以逼俄罗斯就范。为此不得不改弦更张，暂时放下对中国实行了40多个月的高油价围困之战。美国的战略家们一定仰天长叹，好不容易把中国“这锅水”煮到90℃，眼看就要沸腾了，但不得不釜底抽薪。一则心腹之患（中国）只能让位于燃眉之急（俄罗斯）；二则美国的两党竞争体制，即使是有远见的政治家认为应把中国放在首位，暂时与俄妥协，迫于在野党等压力也难以实现。只是下一次要烧中国“这锅水”不知要多用多少“柴火”，或者是根本就没机会烧了。

中国很幸运又获得了一个难得的发展战略机遇期。为此，一方面，中国要给俄罗斯提供尽可能大的支持，以便俄罗斯能长时间地坚持下去，俄罗斯坚持的时间越长，中国获得的相对宽松发展时间也就越长。中国与俄罗斯应该走近，但也不能近得让美国认为中俄联合起来对付它。因为今天的俄罗斯需要中国，中国也需要俄罗斯。另一方面，也要充分利用这个难得的机遇，加快推进全面深化改革，全面提升中国的综合实力。毕竟美国的经济军事科技等实力仍远高于中国，一旦美国重新将战略目标转移回中国身上，中国面临的困难很有可能远超今天的俄罗斯。

2008—2014年，美国将中国作为头号战略目标期间，中国受到了巨大影响，主要体现在以下三个方面：

一、外汇储备激增

外汇储备增加是好事，但是被动地接纳美联储QE的外部性安排，进而在国内大规模地进行投资扩张（制造资产泡沫）就未必是好事。

2007 年，当中国正在采取措施进行结构调整时，美国的次级按揭贷款引发了金融风暴，美国政府没有让那些金融机构由市场决定其命运（当然不会，因为美国政府后面就是资本集团），而是采纳了伯南克的解决方案，增加负债以承接金融机构的问题资产（该政策短期内减轻了次贷危机对美国的冲击，长期却进一步扩大了美国的贫富差距，加速两极分化），而债权人他们看中了中国政府。

中国政府此时正决定通过大规模投资托起迅速下滑的经济，因此顺势接纳了美联储 QE 的外部性安排，进而大幅度增加外汇储备（主要是大幅度增加美国债权）。外汇储备增加就意味着必须增加人民币基础货币投放，基础货币的大量投放，正好可以用于大规模的投资扩张（形成了资产泡沫），这就是后来广受诟病的“四万亿计划”。

外汇储备迅速上升，如何维护外汇储备的安全、保值就成了一个大问题。正如当时的政府领导所说：购买美国债券是中国实行外汇储备多元化的一个重要部分。“是否会继续买、买多少，那要根据中国的需要，根据外汇安全、保值的要求”，并提醒大家，中国的外汇储备是人民银行用（印刷的）人民币买下来的，是中国央行的负债（而不是资产）。在汇率制没有做调整的情况下，这的确是大实话。

其实，这段话里还有未曾出口的难言之隐：

第一，中国的外汇储备是“被逼”的。中国的外汇体制与日本、欧美国家不同，中国现行外汇制度决定了中国政府必须无限制地、被动地印刷人民币用以收购美元等外汇，以维持人民币汇率的相对稳定。结果就是，只要人民银行的“柜台”前出现了美元等外汇，人民银行就必须发行人民币加以收购，买入的美元等外汇则构成了中国的外汇储备。

第二，中国的外汇储备大部分是别人的。中国超过 3 万亿美元的外汇储备中包括外国商人来华投资的款项、实际贸易顺差，以及占相当大一部分的大家所熟知的“热钱”（国际游资）。

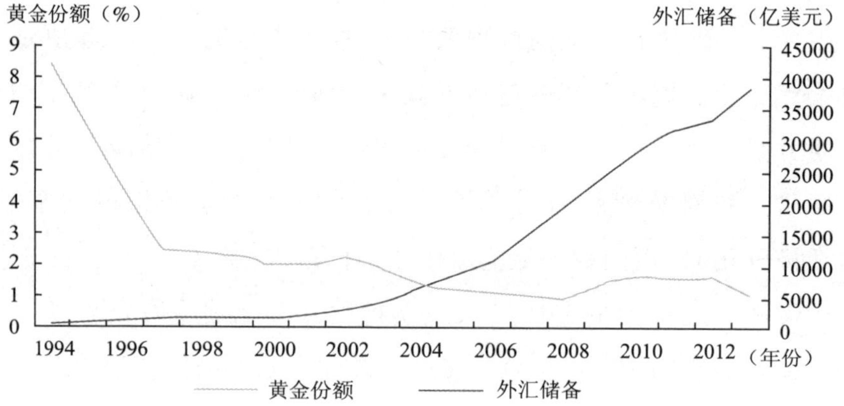

图 6-1　中国外汇储备变化

从图 6-1 中可以看出中国的外汇储备变化。2002 年底时只有 0.28 万亿美元，2008 年为 1.65 万亿美元，2012 年外汇储备超过 3 万亿美元。中国外汇储备在 2008 年后迅速增加，而同期的 GDP 增长速度却远小于外汇储备的增长速度，很显然，钱不都是挣来的，很大一部分就是所谓的“国际热钱”，这些钱是来中国淘金的，捞一把后随时会撤离，即使贸易顺差中挣来的钱，也并不全是中国人自己的，还有很大一部分属于国外的跨国公司。

第三，买美债是最理性的。中国之所以不存银行定期，而要买美国国债，主要有两方面的原因：其一，美国国债容量大，需求强劲，交易活跃，流动性强，收益也比较高；其二，美国国债比银行定期存款更保险和安全，符合中国外汇储备的“安全性、流动性、保值性”三个基本要求。

至于黄金、石油、矿产甚至小麦、大豆等期货或实物，作为外汇投资多元化的一部分，可以适当买一些，但是绝对不可能替代美国国债。一是这些战略物资的价格波动相当大；二是这些产品的交易容量难以容纳下 3 万亿美元的巨款；三是在国际市场上，往往中国买什么什么贵，卖什么什么便宜，很有可能当中国主权基金大量买进这些实物或期货时，价格被人为抬高，等中国急用美元时，又被狠狠压价，导致中国手里的大量外汇化为乌有。当然，若中国黄金拥有量达到一定的规模，黄金定价权就属于中国，但是，只要世界主要经济体之间的贸易仍然用美元、欧元或日元，而非黄金结算，那么一大堆黄金就形同“废铁”。

因此，在现有的汇率制没有做调整，也没有大手笔的资金池（如现在领导人开创的“一带一路”，亚投行、“丝路基金”等）创建的条件下，美国国债就是一大堆金融“烂苹果”里最不烂的那个。只要你手里有钱，只要你还想吃“苹果”，那么美国国债这个“苹果”目前是最好的选择。

也正是因为美国国债所具有的安全性、流动性和收益性，它才成了各国政府争相储备的资产。买进美国国债是自由的，抛售美国国债也是自由的，至于是买还是抛，一切皆由各国基于自身“趋利避害”本性做出抉择。

二、通货膨胀不止

次贷危机以后，美国连续三次实行量化宽松政策，但是美国没有发生通货膨胀，倒是给其他国家，特别是诸多发展中国家带来了很大的通胀压力。滥发货币的美国物价指数并未上升，来自美国劳工统计局的数据显示，剔除波动较大的食品和能源价格后，次贷危机最严重的 2009 年 10 月，美国核心消费价格指数同比仅上升 0.6%，远远低于 2%的通胀目标，食品涨幅仅为 0.1%。而同期，中国居民消费价格指数（CPI）却屡创新高，9 月同比上涨 3.6%，10 月同比上涨 4.4%，其中食品涨幅高达 10.1%。同时，韩国、英国、印度、澳大利亚等国也深陷通胀沼泽。

中国国家统计局发布的数据显示，2012 年 12 月，全国 CPI 同比上

涨 2.5%，涨幅比上月扩大 0.5 个百分点，食品价格同比上涨 10.5%

而据美国劳工部公布的数据显示，2012 年 12 月，美国能源价格经季节调整后环比下降 1.2%，为连续第三个月下跌，其中汽油价格下降 2.3%，燃油价格环比持平。当月食品价格环比上升 0.2%，涨幅与前一个月持平。

那么，美联储开动印钞机，为什么美国物价平稳，反而中国物价快速上涨呢？

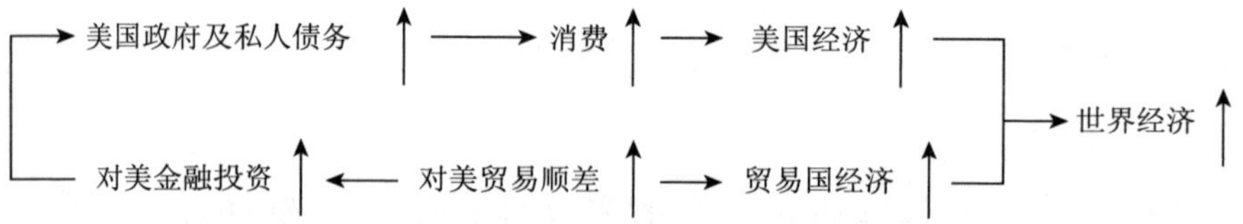

图 6-2　美元环流下的世界经济运行缩略图

根源在于美元循环，以图 6-2 为例，中国作为贸易国出口商品到美国形成大量贸易顺差，这些贸易顺差积累下的美元只能无奈地用于对美金融投资（主要是购买美国的国债），这时美元到了美国政府手中，中国政府拿到了美国国债。美国政府把手中的美元用到美国公民的身上，美国公民拿这些美元在美国市场购买中国产的商品，美元流入美国商人手中，美国商人拿这些美元到中国购买商品，美元又到了中国企业手中。根据外汇局的要求，企业除保留一部分进口必需的美元外，其余的美元都要在银行兑换成人民币，这时美元又回到了中国政府手中，与其等值的人民币到了企业手中，中国政府拿这些美元购买必要的美国商品后，余下的美元（贸易顺差）只能购买美国的国债，下一轮美元循环开始。

一轮轮美元循环的结果就是，中国政府手中的美国国债不断增加，在美国市场，中国商品源源不断地增加，在中国市场，人民币持续增加。由于商品大量输出，人民币大量增加，中国市场物价飞涨就是很自然的事。从货币化程度①看，2009年中国GDP总量为34.1万亿元，增速为9.1%；M_2余额为60.6万亿元，增速为27.6%；货币化程度达178%，相当于每1元GDP对应着1.78元人民币在流通。同年，美国GDP为14.1万亿美元，M_2余额8.55万亿美元，货币化程度仅60%。按当时人民币汇率1∶6.83计算，2009年中国GDP是美国的三成左右，但M_2余额却与美国相当（到2010年9月，M_2已比美国高出20%），货币化程度则是美国的近3倍。通俗地说，就是与相同的商品和服务对应的货币，中国是美国的3倍。

同时，有关数据显示，奥巴马的医疗改革、对失业者的救济，很大程度上靠的都是增发的货币。据悉，次贷危机后3年，美国政府直接发放的失业金就高达3600亿美元，而第二轮量化宽松货币政策中的6000亿美元，也主要用到了民生方面。

中国被动超发的货币许多被投放到“铁、公、基”等基础设施上，从而促使中国的基础设施建设突飞猛进地发展。

三、房价猛涨不停

房价猛涨是从上到下都普遍关注的一个事情。特别是北京、上海、广州、深圳四大城市在10年间最高涨了5倍。据中国指数研究院数据显示，2005—2014年，北京、上海、广州、深圳四大一线城市房价均暴涨超过189%。其中上海涨幅最为明显，2005年上海新建商品住宅成交均价仅为7767元/平方米，2015年上半年飙升至49022元/平方米，相比10年前上涨超过5倍。其次分别为北京和深圳，2015年上半年房价与2005年相比，涨幅均超过3倍。广州涨幅最低，但也达189.62%。

① 货币化程度是指一定经济范围内通过货币进行商品与服务交换的价值占国民生产总值的比重，也叫马歇尔K值。

表 6-1　北京、上海、广州、深圳 10 年间新建商品住宅成交价格对比①

城市	2005 年房价（元/平方米）	2015 年上半年房价（元/平方米）	涨跌幅（%）
北京	7173	29222	307.39
上海	7767	49022	531.16
广州	5117	14820	189.62
深圳	6964	28040	302.64

中国房价为什么过高？有观点认为，房价过高是房子的成本过高，政府性税费就占房价的 70%左右，根本原因是收入分配不够合理、投资面窄，以及税收制度不尽合理等。应该说这些都是客观事实，但当我们从全球资本流动的视角去观察，则会有另一个角度的解释。

建房成本高、收入分配不够合理、投资面窄等原因不是那几年才有的，而全国房价高企始自 2005 年，急剧变化却是在 2009—2012 年的事。因此，房价的急剧上涨可能不完全是上述几方面原因所致。

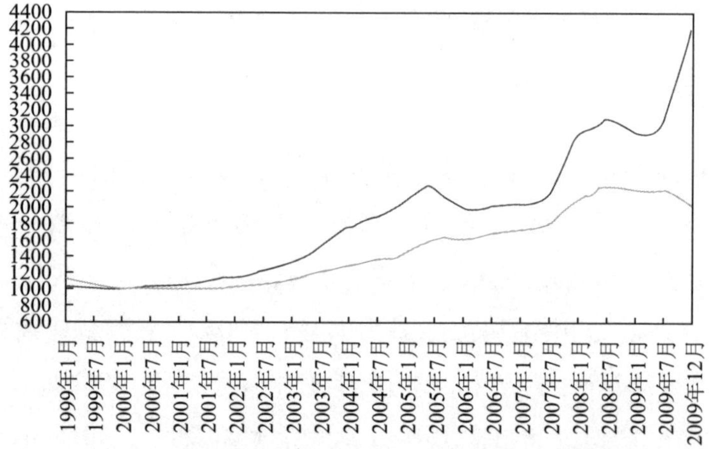

图 6-3　中房上海住宅指数和办公楼指数

① 由中国指数研究院整理广州搜房网房天下平台中心数据得到。

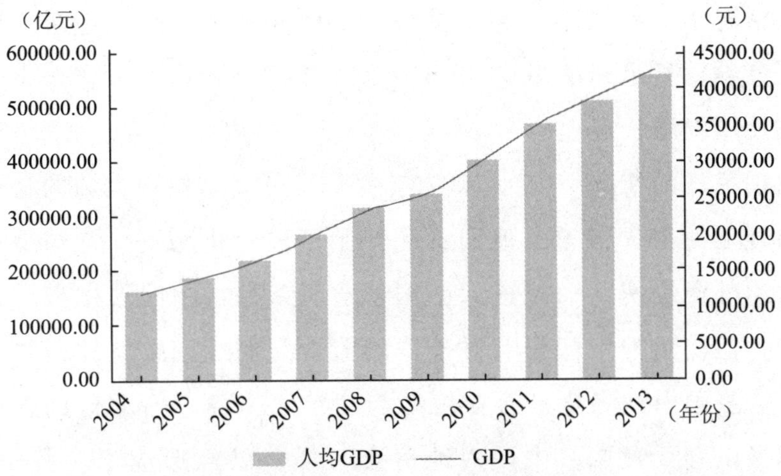

图 6-4　2004—2013 年国内生产总值（GDP）变化

从图 6-3 中可以看出，2005 年以后，住宅用房价格由平稳上涨转为猛涨态势，2009 年以后涨幅更大。当我们把住房价格变化曲线（如图 6-3 黑实线所示）与 GDP 的增长曲线（如图 6-4 所示）及外汇储备曲线（如图 6-1 所示）进行比较，发现住房价格曲线与 GDP 曲线的相似程度远不如其与外汇储备曲线的相似程度，住房价格曲线与外汇储备曲线拟合得非常好。在本章“一、外汇储备激增”中，我们曾说到我国外汇储备中相当一部分是“热钱”。由此，我们是否可以推断，国际金融大鳄发现了中国房地产市场的巨大缺陷，准备像当年拉升股价一样来拉升房价，然后金蝉脱壳，从中牟取暴利。

中国的外汇储备在近十年来迅速由一两千亿美元飙升到 3 万多亿美元，很重要的一个原因就是“国际热钱”涌入，其目的只有一个，就是取得高额回报。取得高额回报的途径之一是逼迫人民币升值，美元在人民币低价时进入、高价时兑出，获取汇率差；途径之二是“变身”人民币之后，通过进入中国房地产市场迅速增值，然后脱壳而去。

外资进入中国楼市是早已存在的事实。问题是，在楼市调控层层加码的情况下，外资不但毫不畏惧，反而变本加厉地加速进入。据商务部统计数据显示，从 2009 年 6 月起，中国房地产开发资金来源中的外资同比增幅增长迅速。

出现这样的情况是因为 2007 年主要通过紧缩银根实施的楼市调控让国内开发商损失惨重，他们从此开始了多元化融资，特别是海外融资，这给外资快速和大量进入中国创造了条件。中国的楼市对外资是开放的，但在调控中却鲜有对外资的监督与制约，致使外资如入无人之境。一些国内知名房产企业纷纷与“狼”共舞，希冀借助外资继续在中国楼市翻云覆雨，中国内地房企与外资已经形成了“我中有你，你中有我”的现状。

另外，有些外资通过代理人在国内大量地买房，曾出现过河北一个农村大娘在北京一次性买一个单元楼的现象，要深究类似现象可能广泛存在。这些无疑进一步增强了中国房企的“抗击打能力”，再严厉的金融调控手段也不能对它们产生太大的影响，这也进一步解释了为什么调控屡次成为“空调”。

如果“国际热钱”在其投资的中国房地产领域拿到了它们预期的点位，就会把房产全部变现，而此时人民币兑美元的汇率也在高位，这些由房产变现的人民币将通过各种手段被兑换成美元实现胜利大逃亡，国际资本大鳄们就这样从房价和汇率两方面掠夺走本属于中国人民的财富。

期间，美国不断地通过各种手段逼迫人民币升值，而中国政府则迟迟不升值或只是小范围地升值，这远远不能达到美国的预期，双方一直在博弈。

由于汇率制度未变，不管当时中国政府采用何种金融手段调控，房地产价格都调不下来，反而越调越高。最后，政府只好采用非常规手段——限购。

有许多人认为政府的限购政策很“臭”，归纳出“三不合理”：一不符合市场经济的伦理，二不符合法治国家的法理，三不符合经济学的基本原理，但这个“臭政策”终于对过热的房地产产生了较明显的降温效果。通过限购减缓房产的流通，进而降低资产的流动，逐渐缓和通货膨胀，再辅以上调准备金率和加息等柔性政策来调整中国的经济形态。这相当于用中国传统的八卦柳叶棉丝掌来化解美国资本大鳄的重拳，以绵柔克强刚，化千钧于无形，终于逐渐化解了房地产引起的中国经济虚热。

加之在此过程中，俄罗斯吞并克里米亚，美国把战略矛头转向了俄罗斯，国际资本大鳄也随之作出调整，在没有取得完胜的情况下继续抽身离开房地产市场，中国的住房价格终于没有像股市一样达到恐怖高价再暴跌。

倘若这场博弈以资本大鳄完胜而告终，那么中国经济将很可能步日本 20 世纪 90 年代持续下滑的后尘，即当房价上升到资本大鳄的预期后，外资撤走，房市赖以生存的支柱坍塌，房价一落千丈。到时候开发商和普通民众都将承受经济下滑之苦，当房价回归真实价值之时，就是一大批开发商崩溃之日，将不断有开发商逃离房地产业的角斗场，而跑得慢的就是最后的输家，大批投资房地产的中产阶级也将血本无归。这种境况是中国政府和中国人民都难以接受的。

没有完胜离场，或者现在还没有离场的资本大鳄们，会不会再次兴风作浪？笔者认为，只要中国的房地产业这个“大蛋”上的裂缝不修好，随时都有可能被再次乘虚而入，到时若没有重大的房地产政策落地，可能还只得再祭起限购的大旗。

第七章　美元霸权对其他国家和地区的伤害

美元霸权不仅对中国造成了巨大的影响，对其他国家也造成了巨大的伤害，有的一蹶不振，有的甚至亡国。美国利用美元准国际货币的身份，凭借各国离不开美元的无奈，针对目标国家和地区的经济体制等方面的缺陷，通过放松或收窄美元的供给，并辅以军事、信用评级等其他手段，引导美元在目标国家和地区的进出，操控目标国家和地区的资产价格，诱导目标国家货币的升贬，通过贱买那些由于美元流动性收窄、经济情况变坏国家的优质资产，获取超额暴利，打击目标国家的经济。

一、苏联最终解体①

苏联解体的主要原因肯定在国内，苏共忘了初心、脱离人民，因循守旧、失去活力，由内到外彻底腐朽。但苏联有如一幢宏大的建筑，尽管内部已经腐朽，若不施以外力，应不致于 70 年就垮塌。美国对苏联系

① 本节参阅了百度文库中金鸿的《国际金融战探密》。

统而缜密的打击，是加速苏联亡国不容忽视的一个外部因素。如美国利用巴黎统筹委员会来限制西欧对苏联的关键技术出口，包括先进计算机及其电子部件、光纤、半导体和各种冶金方法，限制西欧的公司把工厂迁入苏联境内，所有与苏联签订的价值超过1亿美元的合同都要自动交巴黎统筹委员会审批，扩大该委员会从成立以来制定的禁运清单等。

在能源方面，美国鼓励西欧国家利用各种替代能源，减少对苏联天然气供应的依赖。1983年春天，美国还将一项协议强加给国际能源机构，限制欧洲从苏联进口天然气的比例，规定西欧从苏联进口的天然气不得超过其能源需求量的30%。

最重要的还是金融武器，即利用美元的霸权地位，减少苏联从境外获得贷款以及提高贷款成本等。1983年3月，美国同西欧国家一道把苏联重新定义为“相对富裕的国家”，而不是原来的“中间借贷国”，并且停止对其贷款提供补贴。如此一来，苏联从西欧借的贷款利息从原来的7%~8%上升为17%。到1985年时，苏联的外汇收入锐减，原来指望从西欧获得的出口贷款、硬通货和技术全部泡汤，从西伯利亚通往西欧的天然气管道工程也因此被推迟，而原计划这条天然气管道可以从1985年起给苏联带来每年上百亿美元的收入，之后第二条天然气管道工程的建设也由于美国的介入而失败。

最致命的打击则是石油美元大量减少。笔者在第十四章“一、第一副药：操控石油”中对此会有比较翔实的论述。美国为了引诱苏联进入其精心设计的陷阱，先拉高石油的价格，塞满依靠石油生活的苏联钱袋，然后提出根本不存在的耗资巨大的“星球大战计划”，引诱手中有钱的苏联把大量资金投入到与其对抗发展空天武器的路径中。当苏联已经无法退出这一路径后，一方面指使沙特阿拉伯将每天原油出口量从200万桶增加到1000万桶，抛出让国际油价下跌的噱头；另一方面通过石油大鳄操纵石油期货价格，使得石油价格从每桶100美元一直跌至不到 10 美元，导致苏联每年损失超过 200 亿美元。1990 年，美国竟然还从自己的战略储备中疯狂抛售了 500 万桶石油，国际油价每桶再次下跌了 2 美元。而苏联 2/3 的外汇收入依赖石油出口，油价的暴跌使得苏联政权维持更加艰难。

到戈尔巴乔夫接手时，苏联国力已经严重透支，不得已祭出最后一招，拿出战略储备黄金换取外汇。基于此，在 1991 年 1 月和 2 月，美国的金融战专家在伦敦黄金交易市场上大肆做空黄金，金价一路下跌（如图 7-1 所示），苏联的出口换汇能力再遭重击。加之 1990 年 10 月美国金融战专家以高于黑市一倍的比价（28 卢布兑换 1 美元）买进的海量卢布在这时被集中抛售，卢布大幅贬值，贬值幅度最终甚至达到千倍以上，而金价的下跌就相当于在苏联棺木上打进的最后一枚钉子。

图 7-1　1991 年黄金价格走势图（伦敦定价）

在卢布汇率市场崩溃后，美国仅用少得可怜的美元就结清了原来的巨额卢布债务，并且低价买入了许多苏联的国有资产。

当然，如果在那个关键时刻苏联政府对金融进行国家管制，可能不致于出现这样悲惨的结果，但苏联没那样做，它太迷信“市场的力量”了。最终，苏联没有逃脱解体的命运。

二、俄罗斯深陷衰退泥淖

苏联解体后，石油助俄罗斯快速崛起。2000 年以后，石油价格从每桶不足 50 美元猛增到 100 美元以上，甚至一度高达 147 美元 。在这样的背景之下，在叶利钦时代陷入绝境的俄罗斯重获生机，普京成为俄罗斯英雄，开始活跃在国际政治舞台。

2013 年底，乌克兰危机爆发，俄罗斯武力拿下克里米亚之后，西方无人应战。看似俄罗斯胜出一筹，但美国随后暂时放下中国，开始对俄罗斯实行经济制裁。于是，俄罗斯掉头向东，进一步靠拢中国，这大大舒缓了它所面临的压力。因此，尽管西方的制裁对其影响很大，但它还有一定的招架之功，甚至开始底部回击——从 2014 年 8 月开始，俄罗斯力推石油卢布，要用卢布来结算石油，直接打击石油美元。但石油价格从 2015 年 6 月开启速跌趋势，在 10 月、11 月直接加速破位，跌穿几乎所有重要支撑线，进入暴跌模式。普京在美国通过高油价对付中国时，没有利用这一有利时机对俄罗斯的产业结构进行调整，改变俄罗斯漂在石油上的国家本质，而是利用丰厚的石油收入大力发展军事等以展示俄罗斯的大国形象，实在是俄罗斯民族的遗憾。因此，当油价腰斩甚至胸斩后，由于没有其他产业支撑，外汇收入大缩水，国际收支失衡，卢布大幅贬值，经济迅速衰退。

2015 年，俄罗斯国内生产总值降幅达到了 3.7%，而通货膨胀率达到了 13%，人均月工资为 3.3 万卢布（换算成人民币约 2800 元），这一数据显示，俄罗斯的经济衰退伤筋动骨，不容小觑。

在油价一路下跌的时候，美国继续大力推进页岩油产业以增加供给，公布各种经济不利的数据、库存升高的数据，以证明需求不振，美国的盟友、石油输出国组织的“老大”沙特阿拉伯则开足了马力增产继续提升供给，于是油价反复遭重击，继续下跌。即使在油价盘桓貌似要企稳的时候，也会有沙特阿拉伯等国出面表示决定不减产，使油价再次下滑。可以看出，这次美国不拖垮俄罗斯可能绝不会甘休，顺便还可以打击伊朗、委内瑞拉等美国不喜欢的国家。

但根据全俄社会舆论研究中心 2016 年 1 月的民调数据显示，有七成以上的俄罗斯人会在下一次总统选举中支持现任总统普京。此次民调是当月 23 日至 24 日在俄罗斯 130 个居民点的 1600 人中进行的，统计误差不超过 3.5%。从民调数据可以看出，俄罗斯这个“战斗民族”对其领导者的信任，但信任代替不了面包，如果俄罗斯经济长期不见起色，普京的高支持率难以维持。当然，我们衷心祝愿以普京为首的俄罗斯高层带领俄罗斯人民渡过难关。

三、阿根廷被困“拉美陷阱”

阿根廷可谓我们这个星球上最为命运多舛的国家之一。在“一战”之前的 1913 年，阿根廷人均 GDP 达到 790 美元，约为英国人均 GDP 的 75%，远高于日本的 332 美元（以上数据均按 1965 年的美元价格计算）。然而到 2011 年，阿根廷人均 GDP 为 9138 美元，仅为英国人均 GDP 的 25%，日本人均 GDP 的 21%。不难看出，一个世纪间，阿根廷在全球经济中的相对地位急转直下。

（一）地域位置和人的性格决定了阿根廷的处境

阿根廷为什么辛苦了 100 年还是没能进入高收入国家的行列，甚至倒退？原因是多方面的，内部的经济、政治、社会等方面的原因是主要的。经济学上用了一个专门的名词——“拉美陷阱”来描述阿根廷等国家发展停滞不前的现象，并对这一现象做出了各种解释。大部分观点认为，发展战略转型及经济政策调整延误与失误是“拉美陷阱”产生的主要原因；社会政策不当、城市化超速发展，以及传统社会制度与文化痼疾难除是“拉美陷阱”产生的重要原因；传统政治文化与政治体制改革不彻底、政府腐败盛行，以及政治民主化“水土不服”是“拉美陷阱”产生的根本原因，等等。这些原因导致阿根廷等国家失去了使经济持续增长的引擎（该引擎通常由人力资本或全要素生产率驱动），长期潜在增长率下滑。

这些肯定都没错，但当我们把视野放宽一点，把阿根廷的地域位置和阿根廷的性格特点纳入则会有新的发现。在1960年，拉美的巴西、阿根廷与东亚的韩国、中国台湾、新加坡等同属中等收入经济体，50年之后，韩国、中国台湾、新加坡成功地晋级高收入经济体，而巴西、阿根廷却依然停滞在中等收入经济体行列。

为什么是这几个东亚国家和地区，而不是其他国家晋级高收入经济体？当然，这些国家和地区的领导人励精图治、发展道路适当肯定毋庸置疑，但其他国家和地区的领导人也都想把自己的国家和地区治理好。因此，当我们认真寻找这两类国家的差别时会发现，它们所处的地域不同，这几个东亚国家和地区身居苏联（俄罗斯）和中国这两个美国战略对手的周边，阿根廷等南美国家与美国同处一洲。是否是东亚国家和地区的发展符合美国的利益，而阿根廷等拉美国家的发达则不符合美国的利益？毕竟美国凭借其超强的综合实力，可以通过美元霸权在某种程度上左右世界经济发展的版图。

中国有句古话：卧榻之旁岂容他人鼾睡。任何一个有霸权思想的大国都不希望边上有强大的邻居，作为唯一超级大国的美国肯定不希望周边国家对它不卑不亢，甚至还能与之进行一些小对抗；更不希望这些国家强大，让它花费人力物力提防；当然也不希望周边动荡，给它造成边境地区的麻烦，甚至带来难民潮。最好是一盘散沙，但又不生乱，以便美国全面渗透、牢牢控制、分而治之。当然，像加拿大一样，地广人稀、闷声生活、紧跟美国也无妨。加拿大人的聪明、实惠，以阿根廷等国人民的性格做不到，作为西班牙和意大利人的后裔，阿根廷人热情奔放，骨子里高冷、孤傲。由此，阿根廷等国家的宿命也就注定了，正如墨西哥流行的一句辛酸的谚语："我们离魔鬼（美国）太近，离上帝太远。"阿根廷又何尝不是如此。

美国如果连美洲的巴西、墨西哥和阿根廷都无法收服，是不能把政治、经济、军事力量投放到世界各个角落的。如果有一天巴西、墨西哥或者阿根廷成为哪怕是地区性强国，政治经济自立了，美国的全球霸权框架估计也支撑不住了。

（二）量身定制的基因武器让阿根廷"饮鸩止渴"

在20世纪80年代以前，阿根廷还是拉丁美洲生活水平最高的国家。当时，阿根廷的农业生产体系多样化，富饶多产，以小型家庭农场为主导，农民对土地的所有权几十年保持不变。直至80年代，阿根廷农业不仅能实现农产品的自给自足，还能产生大量剩余，农牧产品出口是阿根廷政府外汇收入的重要来源。

阿根廷通过进口替代模式着力构建工业体系，但是这一体系主要以初级农产品加工和轻工业部门等为主，而石油、化工、军工等重工业体系起步晚、品质低，还停留在进口加工装配阶段，产能规模受制于农牧业出口部门的创汇能力。

由于阿根廷工业发展不好，严重依赖农产品出口，因此，当美国发明了基因农业，可以大规模提高农产品的生产率之后，阿根廷政府对基因农业的渴望几乎是难以遏制的。

阿根廷的气候、土壤非常适合大豆的生长，因此，当美国描绘出转基因大豆对阿根廷经济社会发展的巨大好处，特别是巨大的创汇能力时，对转基因技术一切负面的东西，比如物种多样性消失、农药污染、粮食安全、转基因食品对人体的危害等，阿根廷政府领导都可以忽略不计。

1996 年，梅内姆总统痛快地向美国孟山都公司颁发许可证，允许它在阿根廷全国独家销售转基因大豆种子和与之配套使用的农达除草剂。在不到 10 年的时间内，这个国家的农业经济就被彻底改造了。20 世纪 70 年代，大豆在阿根廷的农业经济中所占比例微不足道，种植面积只有 9500 公顷；而在 2000 年，转基因大豆的播种面积超过 1000 万公顷。大规模单一机械化种植的确带来了较大的经济收益，因此，大土地所有者不断大量砍伐森林，以便为大豆种植提供更多的土地。到 2004 年，阿根廷全国农业用地的 48%被用于种植大豆，其中 90%~97%种植的是孟山都的转基因抗农达大豆。在改种孟山都大豆仅仅 4 年之后，阿根廷农业的多样性就被迅速改变成种植单一农作物，而传统的谷物、小扁豆、豌豆和绿豆田几乎消失殆尽。

与此同时，美元指数“恰好”处于低位阶段，阿根廷的单一化农业和缺乏经济基础的替代工业这一畸形经济结构，在海量廉价美元的推动下，发展得热火朝天。结果造成在城市尚不能提供足够就业机会的情况下，大量农业人口过早地被挤出农业和农村后盲目地涌入城市，导致城市人口爆炸，粮食供应不足，城市贫困加剧。

这时，美联储加息，美元开始走强，大量资本开始从阿根廷等经济逐渐恶化的国家中撤离，去追捧美国的债市、股市和期市。

当阿根廷经济开始恶化时，为了平息阿根廷人民的不满，加尔铁里决定用一次军事冒险转嫁危机，以转移民众的视线。他想到了马尔维纳斯群岛，他决定打一仗把它收回来，一则提振士气，二则留名青史。对美国来说，这正好是瞌睡碰到了枕头，因为地区军事冲突是最有力的资本驱逐器，可以轻易地把阿根廷国内的资本驱赶向美国。因此，当他向当时的美国总统里根征询收复马尔维纳斯群岛的意见时，里根内心是希望他打，更希望他败，回答自然是不偏不倚。因为偏阿根廷，以后支持英国不好面对世界舆论；偏英国，加尔铁里不敢打了。

有了里根的回答垫底，加尔铁里盘算着可以打。真一打起来，结果可想而知，美国人支持英国，阿根廷大败。阿根廷人不仅在战场上失败了，更重要的是全世界的投资人失去了对阿根廷经济稳定的信心，加快了从阿根廷撤出资本的规模和速度，引发了阿根廷的金融危机。

四、东南亚国家深跌难起

（一）东南亚国家的崛起与否取决于美国的战略利益

在冷战中，美国的同盟战略目标是以经济上的让步，换取盟国在安全战略上的配合，从而使自己身边形成一批经济发达、甘愿追随的盟国，共同对抗战略对手。此时，东南亚地区作为两极对抗的前沿阵地，其繁荣正如日本的繁荣一样符合美国利益。因此，当大量的日本资本进入东南亚，把东南亚作为日本的产能承接地、资源的来源地和产品的销售地时，美国不仅没有打压，反而跟进投入大量的美元资本以帮助该地区的发展。以日本为“领头雁”，以“四小龙”（中国香港地区、新加坡、中国台湾地区、韩国）和“四小虎”（马来西亚、泰国、菲律宾、印度尼西亚）为“尾随雁”的倒 V 形“雁阵”发展模型风靡一时。

冷战结束以后，经济竞争成为国际关系的潮流，日本与亚洲地区组成的经济圈是除欧盟之外对美国经济构成竞争和威胁的主要对手。20 世纪 80 年代到 90 年代前期，日本经济的飞跃式发展一度使美国盛行“日本威胁论”。美国通过广场协议遏制住日本以后，开始寻机对雁阵的“尾随雁”施以打击，使日本彻底失去东山再起的外围基础。加之东盟国家通过内部协调机制以及东盟地区论坛等方式，部分削弱了美国在该地区的影响力，美国不希望看到东南亚将来成为一股能与之在经济上抗衡的力量，东南亚经济的迅速崛起不再符合美国的战略利益。

1985年著名的广场协议开启了长达10年之久的美元贬值过程，1995年4月19日，美元对日元的汇率跌至1美元等于79.85日元的最低点。期间，由于东南亚国家都实行本国货币与美元挂钩的联系汇率制，并且对外贸易大多是用美元结算，在美元对其他西方主要货币，尤其是对日元持续贬值的背景下，东南亚国家货币也随之贬值，这使其产品在国际市场上很有竞争力，出口快速增长。

快速增长中的东南亚国家企业和银行面对巨额的国内投资资金需求，更倾向于选择借外币而非本币，因为美元与日元的利率明显更低。这些国家的资本市场对外汇有需求，海外资本市场又有海量的供给，所以一时呈现供销两旺之势。然而，此时危机已在资本市场中潜伏。以首先爆发危机的泰国为例，20世纪90年代初，其外债增速在20%以上，1995年甚至高达53%。而此时日本已彻底步入下行通道，东南亚国家和地区成了美国关注的主要目标。

（二）利用东南亚国家的金融漏洞，美国实现了一次完美的洗劫

东南亚国家实现经济高速增长主要靠出口导向型经济模式，但是，由于这些国家制造出口产品所必需的大部分工业设备零部件、原材料等都需要从日本等国进口，所以经常项目几乎都是长期逆差。这些国家通常采用资本收支的顺差来弥补这种经常项目逆差，为此，开始不同程度地开放经济部门。在美国的诱导下，它们又在90年代初开始加快金融自由化步伐，大幅开放资本项目。这些国家的高经济增长率、高利率和汇率以及与美元挂钩的联系汇率制等使其成为国际投资的天堂。短期资本流入需要见效快的回报，股票市场和房地产市场就成为它们的首选，越来越多的外国金融机构将证券投资组合投入东南亚股票市场。

此时，美元终止了10年的下行模式，开始反转，从1995年9月支

持美元的西方七国协议开始，美元又转而升值①。在西方各国政府的共同努力下，到1997年5月，美元对日元升值了55%，对马克升值了30%。美元与日元汇率趋势的逆转使与美元挂钩的东南亚国家货币对日元等货币也相对升值，国内通货膨胀率上升，生产的商品价格上涨，相对于日本及其他地区来说，产品竞争力减弱，而日本经济的长期衰退，使得日本从这些国家的进口减少，同时由于其他一些国家产业的兴起，国际上对东南亚国家电子产品的需求也出现下降，这些因素都导致了这些国家1996年和1997年上半年的出口停滞。

出口的停滞造成了越来越严重的贸易逆差。以泰国为例，到1996年底时，泰国国际收支经常项目逆差为230亿美元。此时虽然泰国财政预算仍有盈余，通货膨胀仍处于中等水平，但其金融体制却存在极大的漏洞；泰国银行将从海外借来的大笔资金投向房地产业，由于出口下降致使经济发展减缓，发放给房地产开发商的贷款因房地产过度建设大量空置，无法按期偿还，大量形成坏账；更要命的是发展房地产的利润以本币收取，但债务却要用美元偿还，如果汇率下跌，那么借款人，特别是银行和财务公司，就有还不起债的风险。

尽管这时亚洲国家的经济增长率、外汇储备、外汇收支、制造业竞争力、储蓄率等综合性指标还都比美国要好，但因为信用评级掌握在要维护美元霸权的美国评级公司手中，在金融市场上的信用评级却都比美国低。1996年上半年，以穆迪为首的国际信用评级机构在亚洲国家与企业的危机日益加深的时刻，相继调低其债信评级，使原本已风雨飘摇的亚洲金融市场陷入更大的危机中，股市和汇市再次大幅度下跌，资本因预期到风险也加速抽逃。1997年2月4日，穆迪又宣称由于担心泰国金融系统不健全，将考虑将泰国的长期外汇等级降低，

① 如第四章“三、从真实财富到财富分配器——美元霸权逻辑的实现”所述，美元循环由“低利率+美元贬值”组合阶段，进入了“高利率+美元升值”组合阶段。

引起泰国股票和外汇市场大范围恐慌，国内外投资者纷纷抛售泰铢。

此时的亚洲各国汇率依然紧钉美元，但是出口放缓和美国加息导致货币贬值压力不断加大。以索罗斯为首的大队投机者非常默契地一起行动，对泰国、菲律宾、印度尼西亚、马来西亚等国货币大肆炒作。这些投机资金先卖空泰铢远期合约，然后狂抛泰铢下砸汇率，同时在股市上疯狂做空，泰国区区300亿美元的外汇储备，几天就被泰国政府用尽，无奈之下只好“剜肉补疮”，宣布泰铢自由浮动，结果当天泰铢就贬值了20%。泰国政府在此次贬值中被卷走了40亿美元，许多泰国人的腰包也被暴跌的股市掏空了。初战告捷的索罗斯们又如法把整个东南亚扫了一遍，印度尼西亚卢比、菲律宾比索、缅甸元、马来西亚林吉特纷纷大幅贬值，各国股市崩盘、工厂倒闭、银行破产、物价上涨，局面惨不忍睹。从1997年7月起的半年时间里，东南亚各国货币贬值30%~50%，印度尼西亚卢比甚至达70%以上；同期，这些国家的股市跌幅也达30%~60%。

亚洲金融危机使泰国、菲律宾、马来西亚、韩国等国家遭受严重损失，印度尼西亚的损失尤为惨重，这些国家积累的财富明显缩水。据统计，在这次金融危机中，东盟诸国损失达数千亿美元，印度尼西亚经济甚至倒退了几年，菲律宾的国民财富也减少近一半。危机带来的直接后果是亚洲“新兴经济体”的实力被严重削弱，这些国家和地区陷入了严重的经济衰退之中。

（三）美国恢复了在东南亚地区的优势地位

亚洲金融危机，一方面引发了一些国家的社会动乱，其中以印度尼西亚和马来西亚为甚，印度尼西亚出现了持续半年的骚乱，大约520人死亡，经济损失达数十亿美元，马来西亚一改多年来的平静，首都吉隆坡出现大规模骚乱；另一方面引发了商业银行撤资的狂潮，日本商业银行在此次撤资中可谓一马当先，1997年中到1998年中的外逃资本有1/3是日本资本，总额达230亿美元。当然，造成日本商业银行率先撤资的原因，可能是1990年的日本经济泡沫崩溃和1995年日本金融危机已经使它们成了惊弓之鸟，只要一有风吹草动就会快速逃离。

实际原因恐怕是日本不想承担责任，如果它真能在关键时刻顶住压力，这一场东南亚金融危机可能就爆发不了，中国香港就是在内地的支持下成功顶住了索罗斯的进攻。更深一层的原因可能是日本不敢承担责任，既然美国想收拾东南亚国家，给日本十个胆也不会去违逆美国。但日本可能没有认识到这一场危机之后，东南亚国家对日本彻底绝望，以后估计再也不会相信日本了。此役，唯美国马首是瞻的国际金融势力成功地围剿了日元区，摧毁了日本经济发展的外围信誉土壤，使日本彻底失去了做亚洲带头大哥的基础。美国在该地区的优势地位有所恢复。

五、欧日一样被“修理”

美元霸权对它的盟国也是“一视同仁”。只要这些国家有可能触动美国的核心利益（美元霸权），照样被美国“修理”。美国对欧洲“兄弟”国家和在亚洲的代理人日本并没有显出比对苏联（俄罗斯）、中国等战略对手国更仁慈。

（一）欧洲和美国是典型的“三十年河东、三十年河西”

1. 欧洲曾让美国饱受重压之苦

美国的崛起过程不是一帆风顺的，它既要被迫接受欧洲主要国家的战争威胁，又要直面几乎是铺天盖地的来自欧洲的文化打压。可以说，美国的崛起始终伴随着屈辱、泪水和忍耐。

美国开国元勋亚历山大·汉密尔顿（Alexander Hamilton）曾写道：几个在美洲有殖民地的国家预见到自己在美洲的领地由于邻近美国而可能遭受威胁的危险，自然会想法鼓动我们分裂，并且尽可能阻止我们独立地施行积极的贸易政策，进而达到以下三个目的：阻止我们干扰他们的航海事业；独占我们的贸易利益；剪掉我们的翅膀，使我们无法飞到危险的高度。

事实也正是如此。如从 1783 年英国承认美国独立的《巴黎和约》到 1865 年美国南北战争结束的 82 年间，英国一刻也没有放弃分裂美国的实际努力。

此外，对美国崛起产生恐慌，并试图对其遏制的还有法国和西班牙。1861 年 10 月，刚刚在克里米亚联合打败俄国的英国和法国，拉上西班牙签订了联合远征墨西哥的《伦敦协定》，试图从美国南部继南方叛乱州之后，再强力插入一道遏制和围堵美国的藩篱，并对美国国家统一形成巨大的威胁。

在美国南北战争期间，欧洲人则更是幸灾乐祸，并等待林肯落井而后下石。除了我们已熟知的英国直接干预外，法国政府对北方怀有敌意，倾向于所谓“南方联邦”，想借助一场天昏地暗的恶战解体殖民地联邦。

从文化上讲，第一代美国人绝大多数是在欧洲受到迫害的清教徒、资本主义造成的两极分化中落到生活底层的穷人，特别是英国圈地运动中失去土地的农民。欧洲人总是以贵族式的轻蔑眼光矮化和丑化美国人，认为大西洋东侧欧洲一方代表“上帝的选民”，西边北美一方则代表“上帝的弃民”（现在美国人普遍认为他们是上帝的选民）。

2. 美国让欧洲再难有翻身的机会

美国外交史学者孔华润对美国的外交思想有一段精彩的概括，他说：“美国的官员都是一向从长计议的优秀的世界主义者，不是那种在每天结束的时候只关心账簿上数字的短视的买卖人。”

（1）利用“二战”肢解削弱欧洲

“二战”以后，美国彻底掌握了主动权，随即采取远交近攻之策，放大苏联、压缩欧洲，苏联势力上升及其对欧洲强国的战略空间的大幅挤压，使得历史上的大欧洲变成夹在苏联和美国之间的“西欧”。同时，美国鼓励英国和法国的广大海外殖民地独立，因为这些新成立的、羽毛未丰的国家，只能转而依靠美国的慷慨度日，人事和决策自然受美国的遥控指挥。据此，西欧彻底被削弱了，而马歇尔又通过著名的“马歇尔计划”把西欧纳入美元的势力范围。

越南战争后，美国肆意扩张货币让欧洲饱受通货膨胀之苦。1965年，法国总统戴高乐曾破口大骂美国以邻为壑，说：“美国享受着美元所创造的超级特权和不流眼泪的赤字。它用一文不值的废纸去掠夺其他民族的资源和工厂。”美国政府反唇相讥，当时的美国财政部长康纳利一句话能把人噎死：“美元是我们的货币，是你们的麻烦！”潜台词是没人强迫你用，你可以不用美元（因为他知道，不但法国离不开美元，而且经美国前辈的运作，欧洲“虎”已被切去了爪子，戴高乐也就吼吼而已）。

（2）为打压欧元煞费苦心

为了摆脱美元，欧洲历尽千辛万苦成立了欧元；但欧元刚诞生就被美国通过轰炸南联盟在两个月的时间里跌去了30%[①]，的确让欧洲人颇为伤感。

2013年2月8日，德国《明镜》周刊一篇题为“高盛如何帮希腊掩盖债务”的报道，让全球媒体再次炸开了锅。《明镜》旧事重提，翻出了时隔九年的希腊政府与高盛之间的一桩旧案——21世纪初，在希

① 参阅本书第十五章“一、第一类战争：借口维护人权”。

腊入欧时，二者通过某种“交叉货币互换”协议，降低了当年希腊政府账面上的赤字率和负债率。一个令人侧目的华尔街巨擘为什么不顾及自己的“羽毛”，硬是把一个“害群之马”“做”进了欧元区，其动机让人心生疑虑，是否是为打击欧元预先埋雷不得而知。

当今，市场的复杂性和信息不对称，使得投资者越来越依赖专业的评级机构，评级机构的作用也因此越来越大。一国信用被降级，首先会使国债利率上升，该国要为自己的主权债务付更多利息；其次，信用被降级后，该国大量流动资本出于避险要求会开始出逃。

美国通过评级机构打压欧元主要是从信用下手。次贷危机后，为阻止资本进入欧洲，评级机构接二连三地对欧元区国家下手。比如，2011 年，就在希腊和意大利评级遭调降后不久，惠誉评级隔夜又将比利时主权评级前景由“稳定”下调至“负面”，令欧元刚刚燃起的一点反弹希望再次破灭。由于评级机构纷纷下调欧元区国家主权评级，欧盟委员会负责内部市场和服务事务的委员米歇尔·巴尼耶甚至建议，禁止评级机构对受援欧元区国家进行主权评级。德国总理默克尔和时任法国总理萨科齐也联合呼吁调查评级机构的主权评级方法，但评级机构的背后是美国政府，默克尔和萨科齐也没有办法。尽管评级机构所涉更多是市场与政府间的博弈，而非国家间的博弈，但美国借评级机构之手再次对欧元施加压力是客观事实。

按理说，评级机构是独立的私营机构，不应该听所在国政府的命令，比如，标普和穆迪两大评级机构在次贷危机期间，没有按照美国政府的要求做，而是将美国许多大公司的信用等级都降了，甚至把美国政府的信用级别也降低了。但事实是，当标普于 2011 年 8 月 5 日对美国的信用评级下调至 3A 两周后，美国证券交易委员会就宣布对标普展开调查，18 天后标普 CEO 德文·夏马尔被迫下台，两年后联邦政府起诉标普要求赔偿 50 亿美元。目睹了标普的代价后，穆迪两年后默默将美国评级展望上调回“稳定”。其实包括标普在内的世界三大评级机构一向听美国政府的招呼，维护美国的利益，这次实在是美国捅的娄子太大，为了维护自己的职业道德不得不下调美国的评级，结果落了一个如此的结局。

（3）对欧洲“领头羊”德国多一份“关心”

德国是欧洲的实力中心，因此美国对德国格外用心。2015 年 9 月 18 日，美国环境保护署指控大众汽车所售部分柴油车安装了专门应对尾气排放检测的软件，可以识别汽车是否处于被检测状态，继而在车检时秘密启动，从而使汽车能够在车检时以“高环保标准”过关。然而，在平时行驶时，这些汽车却大量排放污染物，最大可达美国法定标准的 40 倍。

2015 年 9 月 20 日，德国大众承认在美国操纵尾气排放数据。首席执行官马丁·温特科恩于当日发表声明道歉，并承诺全力配合美国有关部门，“清楚、公开、透明地公布相关事实”。次日，德国大众汽车股价暴跌 18.6%，为该公司股价 21 年来最大的跌幅。这家欧洲最大的汽车制造商市值一天蒸发了近 150 亿欧元。大众汽车股价暴跌，还拖累了宝马、戴姆勒等汽车股票。不仅德国汽车行业，就连一直誉满全球的“德国制造”形象也因此蒙羞。

德国大众造假被美国环保署逮住，那是咎由自取。但按照美国环保署的说法，大众公司的“作弊”行为涉及 2009 年至 2015 年的多款柴油版汽车，意味着这家企业已经向监管部门隐瞒了 7 年。为什么刚好在德国宣布加入亚投行，并与亚投行签署仪式后不久，美国环保署就发现了德国大众汽车排放尾气的违规行为，是不是有点“巧合”?

从以上可以看出，美国从未对欧洲真正放心过，打压欧元、反对欧盟建立独立的安全防务体系、不时在欧盟内部制造些分歧和摩擦，始终是美国对抗欧盟的三大“制胜法宝”。近年来，美国操纵乌克兰事件，挑起希腊债务危机，引动难民潮的种种背后，一个很重要的目的就是为打压欧洲。

特朗普的上台给欧洲各国带来诸多新的不确定性，欧洲各国之间的分裂也更加凸显。作为世界上独立的一极，欧洲本来应该充分发挥独立自主方面的作用，但在过去的时间里，缺乏独立思维的欧洲在对外政策方面更多是跟着美国走，因此加强欧洲内部防务的呼声越来越高。

对欧洲而言，英国脱离已让其饱受折磨。意大利公投尽管失败，但毫无疑问，它在人们心头笼罩了浓重的乌云，欧洲大陆日益膨胀的反体制情绪让人焦头烂额。正如有国内学者认为的那样，“欧洲的灾难就是美国的机会”，一旦欧盟解体、欧洲分裂，美国这个超级大国所受的牵绊会更少，牵制会削弱，原本欣欣向荣的世界多极化格局可能存在向单极化格局的回归。

（二）日本被整得缩起了头

日本这个蕞尔岛国，自明治维新后迅速成为当时亚洲唯一的世界性强国，更在20世纪70年代迅速从战败国的灰烬中重建、恢复、振兴，一跃成为经济强国，成为世界舞台的主角之一。特别是20世纪80年代，雄起于世界的日本经济十分张扬，四处扩张，结果引起美国人的高度警觉。美国的杰克·安德森和戴尔·尼阿塔在《华盛顿邮报》刊文明确指出：“第三次世界大战可能是一场经济战，而在这场表面稳定而内在剧烈的持久的经济战中，美国正走向失败，其主要对手是日本。”

为此，美国政府从国家利益的战略高度重新调整了对日政策。1989年，美国以不公正贸易为由正式向日本提出了“超级301条款”，通过一系列手段对日进行制裁。对“一纸广场协议让日本失去一个十年又一个十年”① 的说法，有些人有不同的看法，但美国对日本既用又防的战略却是司马昭之心，路人皆知。

美国不仅明面上打压日本，更是暗中对日本釜底抽薪。如上节所述，东南亚危机明面上是打击了东南亚国家，实际上是把亚洲“四小龙”“四小虎”即“日本雁阵”的两翼打散，让这些国家失去对日本的信心，摧毁日本战略崛起的延伸腹地②，使日本彻底失去挑战美国的外围基础。

经历了挑战美国权威之痛后，日本一改其咄咄逼人的强大气势，借泡沫经济破裂后的短暂颓势，将自己打扮成一个始终无法从颓势中走出、失去了一个又一个十年美好光阴的虚弱巨人。以牺牲今天为代价，赢得明天发展的空间。通过化整为零的手法，从整体战略（产品）转向了局部战略（零配件）。在成品领域，日本企业的排名大幅后退，目前只有丰田汽车公司跻身世界前十名。2015 年入选 500 强的日本企业有 67 家，明显少于 1995 年入选的 147 家、2000 年入选的 100 家和 2005 年入选的 80 家。但日本企业 2002 年后的经济效益却大幅提升。它们通过向各国的民族品牌提供精美而高质量的零配件，反客为主地占领各国市场，积极抢注专利，以知识产权为武器进行新一轮的“经济入侵”。

① 参阅本书第十四章“三、第三副药：操控货币”。

② 日本国土面积狭小，必须要在境外寻求其国家的战略腹地，“二战”时，日本就曾把“满洲国”作为其战略腹地。

第三篇

脚踏四鼎：美元霸权的四大支柱

美元成为准国际货币后，还能呈霸权之势，虽有各色阴谋阳谋手段，主要还是靠其坚实的综合国力。没有坚实的综合国力基础，再有手段都无济于事，比如，老牌的大英帝国手段不可谓不老辣，但综合国力被美国超越以后，它也仅能维持一段时间的落日辉煌，最终拱手让位于美国。

约瑟夫 · 奈认为，在全球化的时代，权力的分配模式犹如一盘三维棋局：上层是单极的军事棋局，中间是多极的经济棋局，底层是超越了政府界限的跨国关系，其中涉及问题极多，包括恐怖主义、国际犯罪、文化传播、全球变暖等问题。在每一个层面上，美国都通过其软硬实力发挥着重要作用。在这三维棋局中，“子力”最大的有四个，堪称美元霸权的四大支柱，即过人的创新能力、雄厚的经济实力、超强的军事实力和巨大的包容能力。

……这个前进最快的民族对于每一个新的改进方案，会纯粹从其实际利益出发马上进行试验。这个方案一旦被认为是好的，差不多在第二天就会付诸实行。

——恩格斯

第八章　过人的创新能力

美国是一个新世界，“新”不仅是就发现它的时间而言，而且是就它的一切制度而言……这个前进最快的民族对于每一个新的改进方案，会纯粹从其实际利益出发马上进行试验。这个方案一旦被认为是好的，差不多在第二天就会付诸实行。在美国，一切都应该是新的，一切都应该是合理的。

——恩格斯

美国的创新能力是举世公认的。现代社会中，绝大多数东西都是美国发明的（特别在基础科学领域）。计算机是美国发明的，互联网是美国发明的，半导体是美国发明的，集成电路是美国发明的……从 7N7 波音客机系列到发现号航天飞机，从转基因工程到现代生物科技，美国几乎发明了全部现代社会的新产品。

以美国创新为原动力的新工业科技革命，是以原子能、电子计算机和空间技术的广泛应用为主要标志，涉及信息技术、新能源技术、新材料技术、生物技术、空间技术和海洋技术等诸多领域的一场信息控制技术革命。它深刻地影响了人类的生活方式和思维方式，是迄今为止人类历史上规模最大、影响最为深远的一次科技革命。

表 8-1　美国人的主要发明

领域	主要技术产品	备注
通信	电话，手机，互联网，地球同步卫星转播，全球定位系统	我们现在使用的所有通信手段都发明自美国
电器	电视机，收音机，录音机，录像机，微波炉，洗衣机，空调，冰箱	现代家庭中的所有电器基本都是美国人发明的
电子技术	三极管，半导体器件，集成电路，芯片	计算机里几乎所有东西都是美国人的发明
软件	操作系统，计算机语言，编译器，各类应用软件，游戏	比如，Windows 浏览器
交通工具	四轮汽车，飞机，液体火箭，航天飞机，登月，登陆火星，宇宙探索	—
光学影印	胶卷，摄像机，激光，现代排版印刷，数码相机，复印机	—
石油化工	现代石油化工，塑料，尼龙，不粘锅	—
能源	发电机，输电网，原子能，页岩气开发	—

20 世纪以来，美国一直是创新能力最强的国家，其科技贡献率在全球首屈一指。美国里奇蒙德储备银行（Richmond FED）主席莱克（Jeffrey Lacker）说："近年来，推动美国薪资和就业趋势的幕后因素是科技进步，而非贸易。" 1900 年美国人均收入超过了欧洲各国，迈入了富裕国家的行列。1929 年至 1941 年，美国科技进步对经济增长的贡献率为 33.8%；到 20 世纪 80 年代，美国的科技贡献率高达 80%。

美国之所以能有这样的成果，取决于美国一流的教育体系、优越的吸收人才政策和移民制度，以及完善的知识产权保护体系等。

一、世界一流的教育制度

美国拥有世界一流的、先进的教育制度，通过分级教育最大限度地开发儿童智力。美国拥有的一流大学的数量远超世界各国，每年培养出大量的中高端人才。

在基础教育阶段，在达到最基本的基础要求后，美国绝大多数州都允许学生有较大选择的自由，选修自己擅长的、感兴趣的课程，比如，只选修物理、化学、生物其中的一门，或者跨年级选修某一门或几门课程。只要达到要求，就可以高中毕业。美国统一的大学入学考试是按学生学业水平测试（AST），AST 分为 AST-1、AST-2 两类。AST-1 只包括语文与数学，AST-2 则有物理、化学、生物学、历史等。美国的中学生只要求考好 AST-1，AST-2 可以不考，或只作为参考分。这样的考试要求，可以让学生根据自己的爱好与专长做出相对自由的选择。

美国学生在小学与初中阶段（9 年级前）家庭作业比较少，几乎没有死记硬背的内容，而且放学很早，放学后大多数学生都会选择参加各种各样的课外活动。学校从不对学生的考试成绩排名，学生们也都不会去关心别的同学考了多少分。但如果某个孩子有某种特长，就会受到其他同学的羡慕和尊敬。美国的老师很重视学生的实际动手能力，特别是创造力，鼓励学生自小培养自己的创新精神，这应该就是美国创新精神长久不衰的重要原因。

在高等教育阶段，美国拥有最多的世界一流大学。根据 2010—2011 年 QS 世界大学排名，在前 20 位的大学中，有 13 所是美国的大学，占总数的 65%。根据《美国新闻与世界报道》杂志推出的世界顶尖大学排名，在前 30 位的大学中，有 15 所是美国的大学，占到一半。全世界 100 所一流大学中，美国有 57 所。遥遥领先于德国（3 所）、英国（8所）和日本（6所）。这些一流大学最具影响力的，并不是校园、校舍或设备，而是许多世界一流的科学家教授。这些一流大学成为美国源源不断的科技创新的源泉。美国加州硅谷的许多科技公司的主导创新产品，如20世纪60年代的半导体类产品、70年代的处理器类产品、80年代的软件类产品、90年代的互联网类产品等，都得益于加州的斯坦福大学和加州大学伯克利分校等重点大学。这些大学的许多学生，在校期间就已经成为了硅谷科技公司的创业者。

图8-1　美国常春藤盟校（Ivy League）

在职业教育阶段，美国政府将培养高素质的劳动力作为其在教育领域的工作重点。布鲁斯金学会高级研究员马丁·贝利（Martin Baily）说："20世纪美国经济成功的一个主要原因就是通过中等和高等教育大幅提高了美国劳动力的技能。"而时任美国总统小布什在签署《美国的竞争力计划》时，曾写道："美国竞争力的基石是受过良好教育、技术熟练的劳动力大军。"美国为了维持这一竞争优势，采取了一系列的措施，包括：①自2005年起，每年招收1万名科学和数学教师，到2015年，美国已培养出10万名合格的基础教育教师；②鼓励更多的学生选择科学、技术、工程和数学等学科作为研究生阶段的学科方向；③通过夏季训练营、硕士课程、大学预修课程和国际预科训练课程等加强基础教育教师的技能培训。

二、极具吸引力的人才政策

美国不遗余力地通过各种手段从海外引进人才，以最优越的条件汇聚了全世界最顶尖的人才。

美国通过对移民法的不断修正，挑选、吸引众多外籍优秀的科技和专业人才，并充分利用这些人才所携带的技术、智慧和资本来加快美国经济与科技的发展，从而使美国在科技领域内始终保持其国际领先地位。为了吸引、留住人才，美国给予他们极优厚的待遇。

首先，高薪聘请。在美国，学位越高收入也越高，高科技人才在美国的收入往往是在发展中国家的几十倍。为提高员工的积极性，美国公司普遍设有名目繁多的奖励项目，包括奖金、利润分成、收益分成等。

其次，为人才提供签证便利，并授予非美国籍专业工作人士在美永久居留权，俗称“绿卡”。

再次，为引进的外籍人士提供充足的科研经费。近几年，美国科研经费不断增长，奥巴马任总统其间，他领导的美国政府每年将GDP的约3%投入科研和技术创新领域。

最后，美国拥有十分完善的社会福利制度、退休金制度和医疗保险制度，再加上比较成熟的住房市场，可确保移民美国者生活无忧。生活水平的提高和工作机会的增加，成为众多外国人才移居美国的主要因素。

美国凭借先进的教育体系吸引着全世界的优秀人才到美国留学，又凭着优厚的条件和待遇将这些完成学业的优秀外国学生留在美国从事科研工作。

据美国国家科学基金会统计，约25%的外国留学生学成后选择留在美国。在美国科学院院士中，外籍人员约占1/5；在美籍诺贝尔奖获得者中，有1/3的人不是出生在美国。而在过去的十年里，全世界62%的化学、物理学、医学和经济学诺贝尔奖获得者都是在美国获得研究生学历的人。

有数据显示，2002年持有临时签证、在美国大学获得理工科博士学位的外国人中，有62%的人2007年仍在美国。其中，中国人留在美国的比例为92%，印度人留在美国的比例为81%。大量的高科技人才向美国流动有利于提升美国的综合实力，维护美国的领先地位。美国自由主义政治学家、美国国务院政策规划司司长安妮—玛丽·斯劳特①（Anne-Marie Slaughter）指出，美国人口虽只有中国或印度的1/4不到，但先进的教育体系以及优厚的条件和待遇却能把最优秀的人才吸引到美国。

为进一步使美国成为最有吸引力的地方，有专家认为，美国还需要改革他的移民制度以更好地鼓励来自全世界最好的学生留在美国学习、研究和生活。

与此同时，美国还在许多国家和地区设立研究机构，这些研究机构用非常具有吸引力的报酬方式，如股票、期权等吸引当地优秀人才就地为美国服务。这一方面降低了美国使用人才的成本，另一方面扩

---

① 安妮—玛丽·斯劳特，美国著名国际法学家和政治学家，普林斯顿大学伍德罗·威尔逊公共与国际事务学院院长，2007年度托马斯·杰斐逊法学界杰出奖获得者，2009—2011年出任美国国务院政策规划司司长。她先后任美国哈佛大学和普林斯顿大学讲座教授，曾任美国国际法学会会长。她是美国艺术与科学学院院士，也是美国外交关系委员会的理事会成员。普林斯顿大学伍德罗·威尔逊公共与国际事务学院是全美最负盛名的专业学院之一，创建于1930年。

大了为美国服务的人才队伍。此外，美国还通过国际合作、聘用外国专家学者充实科研队伍等方式吸引他国人才机动到美国本土为美国服务。

三、完善的知识产权保护体系

美国有完整的知识产权保护体系，建立起了一整套完善的专利保护制度。

美国的科技创新与美国的专利制度完善有密切的关系。由于美国鼓励个人奋斗致富，创造发明是致富的重要途径；但如果没有法律的保护，创造发明很快就会被他人抄袭，而失去以此致富的可能。因此，对创造发明的专利进行保护是绝对必要的。在美国，对知识产权的法律保护由来已久。1789 年开始实施的《宪法》第 1 章第 8 条第 8 款指出，国会有权“保障著作家和发明人对各自的著作和发明在一定的期限内的专有权利，以促进科学和实用艺术的进步”。此后，美国又先后制定了《专利法》《商标法》《版权法》《反不正当竞争法》《互联网法》和《软件专利》。为了全面执行世界贸易组织《与贸易有关的知识产权协定》规定的各项义务，1994 年 12 月 8 日美国政府制定了《乌拉圭回合协议法》，对知识产权法律作了进一步的修改和完善。由于美国拥有严格的知识产权保护制度，以至于不少其他国家的发明人都把创新产品转移到美国去生产销售，以便获得更多的利益保护。这样既严格又合理的专利制度，有力地推动着美国各方面的科技创新。

在科技领域，基础性科学发现的知识产权基本上是荣誉性的，而技术发明的知识产权主要是专利权，其获益是实实在在的金钱，且能直接推动生产力水平的提升和人们生活水平的提高。科技如果没有经济利益刺激，只能是困在实验室里的一条精致小虫，只有在强大经济利益的驱使下，它才能蜕变成呼风唤雨的巨龙服务于社会。使科技获得经济利益刺激的最好途径，就是通过颁布专利法来保障专利人的利益，推动科技成果的产业化，把科技变得既能财源滚滚，又能更好地服务于社会进步。比如，在新药的研制方面，《专利法》发挥着决定性的作用。因为研制一种新而有效、副作用小的药物，需要巨额的投资与很长的时间（往往 5～10 年），如果没有专利保护，医药公司是不大愿意投资的。一般新药的专利保护期为 20 年，在保护期内，不允许其他公司仿制，医药公司可依靠新药获得较大的投资回报，保护期结束后，出于对大众利益考虑的国家会允许其他公司仿制，药价也会因此大幅下降。

图 8-2　美国知识产权保护局标志

四、庞大的私人、企业科研平台

美国的私人、企业科技研发机构规模庞大，这些机构的科研方向几乎都面向市场，因此创造出巨大的财富，进而带动了整个国家科技的蓬勃发展。

企业一直是美国技术创新的主体，既是研发活动的最大投入者，也是最重要的创新活动承担者和成果占有者。

早在 19 世纪末，美国工业企业就开始通过建立自己的工业研究实验室从事研发活动。这些早期实验室不仅对企业内部研究所的创造发明进行开发，而且监控导致技术威胁的环境以及获得新技术的机会，并通过从公司外部购买专利或兼并其他企业来消除威胁并获得技术。

工业研究的增加直接导致了科技发明的社会分布格局发生变化，

越来越多的重要发明不再是出自独立发明人，而是由企业研发机构来完成。由于科技发明活动的这种内部化趋势，由科技成果到企业认同这一个人独立发明体制下的高交易成本环节很大程度上被精减掉了，科研开发活动可以更有针对性和计划性，科技成果的转化速度和转化率也都日益提高。

第九章　雄厚的经济实力

目前，美国的经济实力在世界上遥遥领先，除了总量上中国可与之在一个平台外，在其他方面，很少有国家能与之比肩。

一、美国将中国以外的国家越甩越远

从静态总量来看，美国的GDP总量远远高于除中国以外的其他国家的GDP总量。以2015年为例，除中国以外，日本、德国、法国、英国、巴西的GDP总量与美国相差不止一个数量级，五国相加还没有美国多（如表9-1所示）。

表9-1　2015年世界GDP排名前10的国家（国际货币基金组织）

排名	国家	GDP总量（亿美元）	所在地区
1	美国	179470.00	北美洲
2	中国	109828.29	亚洲
3	日本	41232.58	亚洲
4	德国	33576.14	欧洲
5	英国	28493.45	欧洲

续表

排名	国家	GDP 总量（亿美元）	所在地区
6	法国	24215.60	欧洲
7	印度	20907.06	亚洲
8	意大利	18157.57	欧洲
9	巴西	17725.89	南美洲
10	加拿大	15523.86	北美洲

从发展趋势来看，美国的经济优势相对于除中国以外的国家越来越明显。2015 年 GDP 排在前 10 位的国家依次为美国、中国、日本、德国、法国、英国、巴西、印度、俄罗斯、意大利，第 3~10 位的国家经济增长均未超过 3%，甚至还出现负增长。如俄罗斯为-3.7%，巴西为-3.0%，情况较好的德国也只有 1.7%。印度经济增长较快，2015 年 GDP 增长率为 7.6%，但即使如此，总量上与美国的差距还是在逐渐拉大。

日本、德国这两个曾经发展最快的国家，七十多年前挑起了“二战”，战败后又迅猛发展，但现在与美国相比越来越没有挑战的实力。20 世纪 80 年代末 90 年代初，日本的 GDP 约为 4 万亿美元，德国的 GDP 约为 2 万亿美元，而美国同期的 GDP 约为 6 万亿美元。到 2015 年，美国的 GDP 为 17.9 万亿美元，日本的 GDP 为 4.1 万亿美元，德国的 GDP 为 3.4 万亿美元。日本从原先美国的 2/3 变成现在的不到 1/4，德国从美国的 1/3 变成不到 1/5。

除中国外，所有国家跟美国的经济实力差距都在逐渐拉大。

二、美国对中国的经济优势仍十分明显

尽管中国和美国是仅有的两个 GDP 超过 10 万亿美元的国家，同处一个方阵，但中国的经济实力与美国的差距还十分明显，我们可以从经济总量、产业结构、代表企业等方面进行考察。

（一）从经济总量上看，中美还有不小的差距

2015 年中国的 GDP 为 10.98 万亿美元，美国的 GDP 为 17.9 万亿美元，是仅有的两个 GDP 过 10 万亿美元的国家。以现有的发展速度，几年或十几年以后，中国的 GDP 将会超过美国，但中美在经济总量上的差距还是较大的。

在制造业方面。中国目前有 230 多种工业品的产量世界第一，2010 年，中国就超过了美国，成为全球制造业第一大国。2010 年世界制造业总产值为10 万亿美元，其中，中国占世界制造业产出的 19.8%，略高于美国（19.4%）。但在日常工作和生活中，我们却总是感到与发达国家还有相当大的差距。之所以有这种矛盾感，既不是数字有问题，也不是感觉有误，而是因为上述数字描述的是每年的增量，而我们感觉到的往往是人均量和累积量等。主要表现在以下三个方面：

第一，人均工业产值方面。不管多大的数量，被近 14 亿人口一除，就显得十分有限了，但我们正在努力追赶，从一两个项目开始，其后是越来越多的项目陆续跟上；数量增长在前，质量的提升紧随其后。目前，有些方面，比如煤炭、钢铁、水泥、电解铝和家用电器等，中国已经达到甚至超过了发达国家的人均水平；也有些方面，例如基建、用电量、能源总消费、汽车生产等，中国只是超过了世界平均水平；还有些方面，包括原油和天然气的生产，以及乙烯等重化工产品，中国尚落后较多。2012 年中国的人均工业产值（购买力平价）为 4300 美元，而发达国家则在 1 万美元左右。如果保持目前的发展势头，十几年以后就可以在数量上赶上它们，但若想在质量方面也与发达国家看齐，还需要一个更漫长的过程。

第二，历史积累方面。工业产值和产量所代表的是财富的增量，可以说中国这方面已经迎头赶上，但我们所切身体会到的却是双方财

富的存量，即历史上全部工业成果的总和。一边是拥有二百多年工业化历史的美国，另一边是刚刚进入工业化六十余年的中国，二者的差距是明显的，这是所谓的历史欠账。美国的一切不是一朝一夕建成的，我们自然也不可能一朝一夕就追赶得上。

经过三十年的艰苦奠基和三十年的高速发展，今天的中国在财富增量方面已把美国甩在了身后，这突出表现在基建方面，每年都会新增巨量的公路、铁路、高速公路、高速铁路、桥梁、隧道、各种建筑设施等，所有这些都正在一点一滴地改变着中国的面貌。以钢材蓄积量为例，中国现在的钢产量固然惊人，但这仅仅是近几年的事情，累积下来，中国当前的人均钢材蓄积量也只约为5吨，只有美国的1/3多一点，以中国现在的生产速度（目前已明显产能过剩），追平美国需要15~20年的时间。人均钢材积蓄量是衡量工业化水平的一个标志性指标，它能从根本上反映一个国家的基础设施建设水平、国民住房面积大小、家用电器拥有量和汽车保有数量，进而决定该国的国民生活水平。另一个标志性指标则是人均用电量，人均用电量实际上反映了社会经济发展和居民生活方式的变迁，简言之，就是反映了各行业的生产规模以及家用电器的普及程度。现代社会任何生产与消费都离不开电，目前中国的人均用电量是4000千瓦时，是美国的1/3，是发达国家平均水平的1/2，与人均钢材蓄积量相似。人均钢材蓄积量和人均用电量同时反映了人均水平和历史积累水平，是区分发达国家和发展中国家的典型指标，以此为标志，估计中国将在20年的时间里缩小历史差距。

第三，地区差异方面。在追平人均差距和弥补历史欠账的过程中，中国的地区差异、城乡差异和工农差异都将会逐渐缩小，最终达成一个较为均衡的状态。西方国家的历史经验已经证明，越发达的国家，地区差异、城乡差异、不同行业的收入差异越小，这是因为工业生产力发展到足够程度后，社会财富和资源将从原本的绝对集中转为相对扩散，于是各项差异随之慢慢减少。现在的中国正走在这条路上，并将继续沿着这条道路走下去，直到实现全国的高度工业化，这也许会需要30年或者更长的时间。

从上面这些硬指标看，中国大体追上美国估计得要30年左右的时间，到时应该是现代化强国了。由此可见小平同志的伟大，因为这与"两个百年目标"大致相符。

（二）从产业比较上看，中国还有较大的差距

通常来讲，第一产业代表的是广义的农业，第二产业代表的是广义的工业，第三产业代表的是广义的服务业，三者在GDP中的比重代表着一个国家的实力强弱，而三次产业中的引领性企业的活力代表着一个国家经济的未来。从这三个方面对中美经济进行比较应该是有一定说服力的。

1. 中美农业的比较

美国的农业产值2000年为873.6亿美元，到2010年增长了约60%达到1396.6亿美元，但其农业产值占国内总产值的比重一直呈下降趋势，近十年来平均不足1%，而1990年农业产值占国内总产值的比重为1.67%。按就业人口占全国总就业人口的比重来说，近18年来美国农业在国民经济中的地位是下降的，该比重由1990年的2.71%下降到2000年的1.7%和2008年的1.49%，在金融危机之后，2010年和2011年分别回升至1.58%和1.61%[①]。这些数据的背后，是美国农业劳动生产率的大幅提高[②]。

① 资料来源于2012年《美国总统经济报告》。

② 引用了蔡雷雷的《中国离世界还有多远》中的数据。

而据中科院发布的《中国现代化报告2012：农业现代化研究》称，截至2008年，中国农业经济水平比美国落后约100年，农业现代化已经成为中国现代化的一块短板。2008年，中国谷物单产、水稻和小麦单产达到发达国家水平，玉米单产达到中等发达国家水平。与之相对，中国农业劳动生产率约为世界平均值的47%、高收入国家平均值的2%、美国和日本的1%。至此，中国农业发展呈现出“一条腿长”（谷物单产高）和“一条腿短”（劳动生产率低）的尴尬境况。

得天独厚的环境、政府的支持、产业的规模化和先进科学技术的应用，促使美国长期以来成为世界上最大的农产品生产国、出口国——美国生产的农产品中2/3用于出口，占据世界农产品出口量的一半，农产品占美国所有出口产品的16%左右。据联合国粮食及农业组织（Food and Agriculture Organization of the United Nations，FAO）发布的2010年统计年鉴显示，2008年美国农业出口额为1182.81亿美元，扣除用于进口农产品的824.42亿美元，获得了358.39亿美元的贸易顺差，对平衡美国国际收支起到了重要的作用。

而根据世界贸易组织的数据，2011年中国第一次超过美国，成为农产品最大进口国。中国2011年的净进口额为801亿美元，而美国的净出口额为310亿美元。中国的食品和饮料进口额从2010年的1083亿美元增至2011年的1447亿美元，增长34%。业内从事大宗商品研究的机构表示，不管是大米、小麦还是大豆，中国的需求都非常大，而且只会越来越大，因为在城市化进程中，中国已经无法生产足够的农产品。

据中商情报网数据显示，2015年1—12月，中国农产品进出口额为1875.6亿美元，同比减少3.6%。其中，出口706.8亿美元，同比减少1.8%；进口1168.8亿美元，同比减少4.6%。其中，共进口谷物3271.5万吨，同比增加67.6%；共出口谷物53.3万吨，同比减少30.8%。净进口谷物3218.2万吨，同比增加71.7%。

表 9-2　2015 年谷物进出口情况

品名	进口量（万吨）	同比增减（%）	出口量（万吨）	同比增减（%）
小麦	300.7	0.1	12.2	-35.8
玉米	473.0	82.0	1.1	-44.6
大米	337.7	30.9	28.7	-31.5
大麦	1073.2	98.3	—	—
高粱	1070.0	85.3	—	—

此外，棉花、食糖、食用油籽、食用植物油等的进口也都在不断增加。

当前这种情况的产生有以下原因：第一，中国农业发展起点跟美国以及其他发达国家相差较大；第二，中国农业本就“人多地少”。当然，随着工业化和城镇化的逐步推进，中国农业现代化也必将取得长足进步，与发达国家之间的差距也会逐步缩小。但就目前的农业发展现状来看，如果没有突破性的措施，充分尊重农业并加大对农业的重视程度，为农业发展注入强大动力，那么中美的农业差距很难缩小。

2. 中美工业的比较

相对于中国制造业的快速成长，美国本土的制造业发展缓慢，但美国通过提高生产效率，正逐步减小物美廉价的“中国制造”对本国产业的影响。从美国制造业就业人口绝对数字看，美国制造业劳动力队伍从 2000 年的 1964 万人下降到2009 年的 1420 万人，10 年间减少了 544 万人，占总就业人数的比例由 14.35%下降到 10.15%①。但从 2010 年美国统计部门提供的数据看，1990 年美国制造业创造的实际 GDP 是 14262 亿美元，2008 年是 15743 亿美元，18 年增长了 1481 亿美元，上升 10.4%，同时期美国企业部门年均劳动生产率（人·小时/产量）的

① 数据来源于《美国统计摘要 2011》（labor force. pdf table 619）。

增长幅度为 2.3%，其中非农企业年均增长率为 2.2%，制造业为 3.7%。[1]

美国一方面把生产基地转移到中国等发展中国家，用以规避国际贸易摩擦和中国等国家的关税壁垒；另一方面将研发等核心部门大多留在美国本土。比如，Intel 在 2005 年和 2010 年总共投资 30 多亿美元在成都和大连建造了两座工厂，2010 年年报显示，公司毛利润高达 65%，其中亚太地区贡献占净收入的比重为 57%，这意味着大量费水、费电、污染大的生产全在中国进行，但大部分利润还是会回到美国。

此外，最近 20 年来，美国对外直接投资和引进投资增长均非常迅速，通过强化发达国家和发展中国家之间的分工，美国跨国公司通过全球范围内的资源配置来提升产品的国际竞争力。2000 年以后，美国对中国的年投资增长速度为 14.2%，高于 11.2% 的平均增长速度。2007 年，美国对亚太地区的直接投资约为4540 亿美元，占对外直接投资的 16%，主要集中在制造业，其中 1/3 是计算机与电子产品制造。不过就整体而言，制造业的对外投资只占整体资本输出的 1/4，金融和保险业占统治地位（42%），这与美国服务业发达密不可分[2]。

2001 年加入 WTO 为“中国制造”打开了一个广阔的国际市场，中国拥有的丰富而又廉价的自然资源和劳动力优势得以发挥。在此过程中，大量的海外资本进入中国，从而使中国产业结构呈现高度外资化的局面，国际劳动专业化和分工促使发达国家把生产基地和边际产业[3]转移到中国。产业的转移并不代表技术的转移，我们曾天真地希望用市场换技术，事实上核心技术是一个国家的核心竞争力，没有任何一个国家会与别国分享。就如同我们不会将茅台、宣纸的技术与美国分

① 数据来源于《当代美国经济》。
② 数据来源于蔡雷雷的《中国离世界还有多远》。
③ 指在本国内已经或即将丧失比较优势，而在东道国具有显在或潜在比较优势的产业或领域。

享一样，我们与别的国家无论开展何种形式的合作，都无法获得核心技术，因为这些技术是一个国家的国宝，换言之，核心技术必须由自己发明创造，能从别国获得的一般都是些相对过时的技术。比如，我国号称自主研发的世界上最快的计算机“天河二号”，它的核心部件如图形处理器、中央处理器、操作系统等几乎全部采用国外产品。在这种情形下，中国的工业化程度虽然在不断地提高，但这种没有核心技术的“代工模式”发展是畸形的。我们已开始在核心技术上面奋起直追，比如“北斗”“墨子”都是完全自主知识产权，华为的最新一代麒麟芯片已让高通深刻感受到危机。

图 9-1　天河二号计算机

尽管 2016 年中国制造业的产出居世界第一，且据美国竞争力委员会发布的《2016 全球制造业竞争力指数》报告称，2016 年中国全球制造业竞争力排名第一，但产业总体来讲还集中于产业链低端，能够获得的价值很少。目前，全球产业结构的趋势是：生产环节在价值链中的比例越来越低，设计、品牌、物流等环节的比例越来越高，如果中国制造业不加快改变目前的状况，中国制造业面临的挑战会越来越严峻。

3. 中美第三产业的比较

美国的经济重心一直在向服务业转移，产业结构呈现出从“工业型经济”向“服务型经济”转变的总趋势，形成了以服务业为主导的“三、二、一”经济结构。奥巴马连任后提出重振美国制造业，但四年过后也没有改变美国的产业结构比重，以金融服务业为主的第三产业占 GDP 的比重仍占 80%以上，而以农业为主的第一产业只占 GDP 总值的 1%，以新能源、新材料、生物科技、高新技术产业为主的第二产业占 GDP 总值的 20%左右，产业结构的排序仍为第三产业、第二产业、第一产业。

目前，各国服务业增加值占 GDP 比重平均达到 60%以上，现代服务业占据产业链的最高端，具有较高附加值，对第一产业、第二产业有巨大整合功能。美国服务业就业人口占全部就业人口的比例达到 70%以上，居民社会消费总额占 GDP 总值的 80%。

相对来讲，我国第三产业总量在 GDP 构成中的年均比例为 41.28%，在国民经济中的地位偏低，不仅无法和发达国家相比，相对一般发展中国家来说，比例也偏低。按照第一次全国经济普查后的数据来比较，2004 年我国服务业占 GDP 的比重为 40.38%，而同期中国所处的下中等收入国家组，各国服务业比重的平均值为 51.11%，与中国同为发展中大国的印度为 51.17%①。

究其原因，很可能是因为我国很多服务业领域，如金融保险、电信、邮政、城市供电、铁路、民航、港口等领域，进入壁垒较高，竞争不充分，政府管制又不够有效，服务产品的生产和供应效率比较低下；教育、医疗、文化艺术和公共服务领域等第三产业发展的重要部门改革相对滞后，其发展难以适应中国经济发展和人民群众的需求。近年来，虽然这些部门也逐渐采取某些市场化的改革，引入了激励机制，但垄断问题依然不同程度地存在。

① 汪德华，张再金，白重恩．政府规模、法治水平与服务业发展 [J]．经济研究，2007 (6)．

（三）从代表企业上看，中国还有很大的差距

1. 跻身世界500强企业的比较

《财富》杂志发布2014年世界500强排行榜，中国上榜企业数量创纪录地达到了100家，中国石化取代埃克森美孚排名第三，中国企业首次进入榜单前三位，打破了埃克森美孚、沃尔玛、壳牌三足鼎立、长期占据榜单前三的历史局面。

世界500强榜单近年来的变化表明，中国企业的国际影响力正在持续增强，已经连续多年稳居世界500强国别榜第二位，与美国入围企业数量之间的差距进一步缩小，中国已经与美国一起稳稳占据世界500强企业的第一阵营；日本入围企业数量逐年减少，正逐步沦落为第二阵营国家。

然而，在2014年世界500强中，中国入围企业的盈利能力却差强人意，与其榜单排名表现、数量地位相去甚远。500强平均净利润增长了27%，但中国企业的净利润只增长了不到8%，利润增速显著落后于世界500强的整体水平。如美国石油企业埃克森美孚，它排在中石油之后名列2014年《财富》世界500强第5位，营业额约407亿美元，利润约32亿美元。名列第4的中石油当年的营业额约432亿美元，比埃克森美孚多25亿美元，但利润却只有18亿美元，比埃克森美孚少14亿美元，同是石油企业，利润反差却如此之大。

2014年美国跻身世界500强的128家企业，有24家跻身世界利润50强行列，其总利润达到7987亿美元，占世界500强利润总额的40%。中国跻身世界500强的100家企业中，利润远低于美国的企业，其中还有16家严重亏损，更严峻的现实还在于：与往年相比，中国企业利润出现持续下滑态势，而美国则持续上升。

更让人担忧的是，许多跻身世界500强和中国500强的中国企业，不少是长期的亏损大户或靠政府补贴“过日子”的企业。2014年9月

1 日，人民网刊出一篇题为《上半年 2030 家上市公司获政府补贴，中石油蝉联补贴王》的文章，文中透露：截至 2014 年 4 月 3 日，中国共有 1934 家上市公司发布了 2013 年报，其中获得政府补贴的公司有 1350 家，占比高达 70%，补贴总额为 716 亿元。其中，中石油又一次以 51.74 亿元的天量补贴，雄踞十大补贴榜首位，而中石化获得的补贴为 7.9 亿元，位居第四。近十年，“两桶油”共获得政府财政补贴 1258.83 亿元。

2. 国内 500 强企业的比较

据 2013—2014 年度《财富》美国 500 强排行榜，上榜门槛提高到了 49.6 亿美元，较 2012—2013 年度的 48.2 亿美元上升 2.9%。本次上榜的美国 500 强公司总收入为 12.15 万亿美元（折合人民币约为 75.88 万亿元），同比增长 0.76%，但整体盈利能力大幅提升，总利润上升了 32%，达到 1.08 万亿美元（折合人民币约为 6.74 万亿元）。

反观 2013 年中国 500 强企业排行榜，上榜门槛为 31 亿美元，总体市盈率持续下降，上榜公司的总收入为 4.19 万亿美元（折合人民币约为 26.18 万亿元），总利润为 0.34 万亿美元（折合人民币约为 2.17 万亿元）。

中国 500 强企业中，入围的 17 家商业银行总利润为 1.03 万亿元，占 500 强总利润的 47%，272 家制造业企业总利润为 5400 亿元，占比为 25%，银行业利润几乎是制造业的两倍，实业部门与商业银行部门存在悬殊的利润差距。金融机构尤其是银行，承担着为实体经济输血造血的功能，在整体环境恶化的时候，更需要金融机构为实体经济提供信贷支持。但从企业调研和数据分析角度看，我国金融机构在实体经济信贷支持方面不仅没有给企业提供其所需的支持，甚至存在趁机进一步侵蚀实体企业利润的迹象。长此以往，市场经济条件下资本必然流出实业部门，流向金融部门，中国制造业也必然面临“空心化”困境。

第十章 超强的军事实力

在约瑟夫·奈的权力分配三维棋局中，上层是单极的军事棋局，足见军事在世界格局中的重要地位。毛泽东同志有一句名言：枪杆子里面出政权。在世界范围内，则是枪杆子里面出霸权，没有枪杆子作为后盾，一是不可能形成霸权，二是存在的霸权也会很快失去。因此，美国时刻要保持先人一步的军事实力和超人两步的战略储备，否则，美元霸权是靠不住的。美国超强的军事实力主要表现在军费开支、作战能力、海外军事基地以及实战锻炼等方面。

一、庞大的军费开支远超各国

据斯德哥尔摩国际和平研究所发布的全球军费开支统计数据显示，2014 年全球军费开支为 1.8 万亿美元，比 2013 年下降 0.4%。受预算减少的影响，2014 年美国军费开支下降 6.5%，同 2010 年的峰值相比，累计已下降 20%。与 2001 年美国遭到恐怖袭击以前相比，2014 年美国军费开支还是上涨了 45%，达到 6100 亿美元，比全球第二至第八名七个国家军费开支总和 6006 亿美元还多，美国一国的军费开支占全球军费开支的 34.3%。据国际货币基金组织统计，2014 年美国 GDP 为 17.4 万亿美元，全球 GDP 总量为 77.3 万亿美元，美国占全球 GDP 的 22.5%，美国的军费开支远超其国内生产总值相应的份额。

表 10-1 2014 年全球军费开支排在前 15 名的国家

排名		国家	2014 年军费开支（10 亿美元）	2013—2014 年军费开支变化（10 亿美元）	军费开支占 GDP 百分比（%）	
2014 年	2013 年				2014 年	2005 年
1	1	美国	610	-0.4	3.5	3.8
2	2	中国	[216]	167	[2.1]	[2.0]
3	3	俄罗斯	[84.5]	97	[4.5]	[3.6]
4	4	沙特阿拉伯	80.8	112	10.4	7.7
5	5	法国	62.3	-3.2	2.2	2.5
6	6	英国	60.5	112	10.4	7.7
7	9	印度	50.0	39	2.4	2.8
8	8	德国	(46.5)	-0.8	[1.2]	1.4
9	7	日本	45.8	-3.7	1.0	1.0
10	10	韩国	36.7	34	2.6	2.5
11	12	巴西	31.7	41	1.4	1.5
12	11	意大利	30.9	-27	1.8	1.8
13	13	澳大利亚	25.4	27	1.8	1.8
14	14	阿联酋	22.8	135	[5.1]	3.7
15	15	土耳其	22.6	15	2.2	2.5
上述 15 个国家总计			1427	—	—	—
全球总计			1776	21	2.3	2.4

二、现代化作战能力独领风骚

美国作为世界上的唯一超级大国，其作战实力是世界上任何一个国家都不能同日而语的。无论是常规力量，还是战略威慑力量，以及远程快速打击能力都非常强大，目前没有哪个国家可以与之匹敌。

2015 年美国军事实力[①]如下：

在常规力量方面：

陆军：47.94 万人（女性 7.24 万人）。共有集团军司令部 3 个，军司令部 4 个（含空降军 1 个）。装甲师 2 个，机械化师 4 个，轻步兵师 2 个，空中突击师 1 个，空降师 1 个，装甲骑兵团 3 个，炮兵旅 6 个，独立步兵营 3 个，空降营群 1 个。主要装备如下：

主战坦克：约 7836 辆。

装甲步兵战车：6720 辆。

装甲输送车：17800 辆。

火炮总数为：5680 门。

固定翼飞机：269 架。

直升机：约 4990 架（含武装直升机 1489 架）。

海军：近 40 万人。编有两洋舰队，下设 7 个舰队，11 个航母战斗群，11 个舰载机联队。主要装备如下：

潜艇：84 艘。其中，战略核潜艇 18 艘（参见战略核部队）。

战术潜艇：66 艘。

攻击型核潜艇：66 艘。

主要水面作战舰艇：138 艘。

航空母舰：12 艘。

巡洋舰：29 艘。

驱逐舰：57 艘。

护卫舰：40 艘。

两栖作战舰艇：43 艘。

飞机：2900 架，直升机 1500 架。

---

① 引自武林军事网上的文章《2015 年美国军事实力》。

在战略核力量方面：

战略核潜艇：俄亥俄级 18 艘。

尽管世界二号军事强国俄罗斯在某些军事科技上可以与美国相抗衡，甚至在潜艇和空间技术上可以与美国比肩，但综合军事实力与美国还不在一个数量级上。英国、法国、德国、日本等国家与美国相比，则无论是数量和质量，差距都更加巨大。

至于经济第二大国中国，就军事实力而言，与美国还有非常大的差距。以 2008 年为例，天基力量：中国仅为美国的 5%；空军：中国仅为美国的 20%；海军：中国仅为美国的 15%；陆军：中国与美国大体相当；核力量：中美双方均能确保摧毁①。

虽然近几年中国军事发展很快，但是正如兰德军力报告首席作者何理凯（Eric Heginbotham）指出的：从短期看，中国军力会继续变强，美中之间军力差距会变得更小。美国军力实力雄厚，双方军力的平衡要过很多年才会实现。从长期看，美中军力的强弱更多取决于两国的经济实力。

三、海外军事基地遍布世界要冲

“二战”后，美国的军事触角几乎遍及全球，它在世界各地建立的基地曾高达 5000 多个（其中近半数在海外）。冷战结束后，由于国际形势的变化、美国军事战略的调整、驻在国人民的反对，以及美国财政不堪重荷，美军军事基地的数量锐减。即使这样，目前美国海外军事基地仍然还有 374 个，相当于美国本土的一半。这些军事基地分布在 140 多个国家和地区，驻军高达 30 多万人。

从美军海外基地的地理位置来看，其布局基本满足了美国对全球绝大部分海上咽喉的控制。美军目前控制的海上咽喉包括：阿拉斯加湾、朝鲜

① 摘自安丰军事网的文章《中美两国军事实力对比》。

海峡、印尼望加锡海峡、巽他海峡、马六甲海峡、红海南端曼德海峡、红海北端苏伊士运河、地中海与大西洋间的直布罗陀海峡、波斯湾的霍尔木兹海峡、古巴以北的佛罗里达海峡、从非洲南端到北美的航道、格陵兰—冰岛—英国航道。通过对这些海上咽喉的控制以及海外 300 多个基地提供的强大火力网，足以支持美国对全球自然资源、科技资源和人才资源的需求。①

四、实战锻炼从未间断

军队作战能力的高低取决于两个方面：一是装备，二是使用装备的军人。军人素质的高低关键在于训练，而实战是最好的训练。美国不仅拥有最尖端的武器装备，更拥有任何国家都不具备的训练条件，那就是实战。美国是“二战”后参与战争最多的国家，美军的实战训练从未间断，其他任何一个国家的实战训练都无法望其项背。现列举 10 个较大的有美国介入的战争。

（一）朝鲜战争（1950—1954 年）

1950 年 6 月 25 日，朝鲜得到苏联默许，不宣而战进攻韩国。7 月 7 日，联合国安理会通过第 84 号决议，派遣联合国军支援韩国抵御朝鲜的进攻。朝鲜战争原是朝鲜半岛上的朝韩之间的民族内战，后分别支持朝韩双方的美国、苏联、中国等多个国家不同程度地卷入这场战争。

美国参战理由：朝鲜军队入侵韩国；在联合国的领导下，行使维护世界和平、拯救世界的光荣使命。

（二）越南战争（1961—1975 年）

越南战争是美国等资本主义阵营国家支持的南越（越南共和国）

---

① 资料来源于《军情观察室》中《美国在全球的军事基地数量有多少》。

对抗由苏联和中国等社会主义阵营国家支持的越南民主共和国和“越南南方民族解放阵线”的一场战争。

美国参战理由：停泊在越南北部港湾的美国军舰遭到了越南民主共和国政权的无端袭击。

（三）格林纳达战争（1983 年）

1983 年 10 月 25 日凌晨，美国出动“快速部署部队”，采用突然袭击手段，对格林纳达发动海空联合作战，推翻政变政权，扶植亲美新政府，同时慑服其他中美洲国家亲苏、亲古的政治势力，以对抗苏联和古巴在中美洲的渗透和扩张。

美国参战理由：为了恢复加勒比海地区的稳定，保护美国侨民。

（四）美利战争（1986 年）

1986 年 3 月 23—24 日和 4 月 15 日，美国出动大批作战飞机，在海军舰艇的配合下，对利比亚发动了两次代号分别为“草原烈火”和“黄金峡谷”的突然袭击，在非洲北部的锡德拉湾燃起战火，美国与利比亚之间爆发了一场以空袭和反空袭为主要内容的军事冲突。

美国参战理由：利比亚“支持恐怖分子制造了流血事件”。

（五）巴拿马战争（1989 年）

1989 年 12 月 20 日凌晨 1 时，美军趁着黑夜，向巴拿马军队的 27 个重要目标同时发动了猛烈的突然袭击。巴国防军司令、政府首脑诺列加指挥巴军及准军事部队“尊严营”奋起抵抗，战斗十分激烈，但仅 15 个小时美军就控制了巴军的大部分兵营，推翻了诺列加政府。

美国参战理由：一是美国一名军官被巴拿马士兵开枪打死；二是帮巴拿马人民打倒“坏”总统诺列加。

（六）海湾战争（1990—1991 年）

以美国为首的多国部队于 1991 年 1 月 17 日至 2 月 28 日在联合国安理会授权下，为恢复科威特领土完整而与伊拉克进行的局部战争。

美国参战理由：伊拉克悍然侵略科威特。

（七）科索沃战争（1999 年）

由科索沃的民族矛盾直接引发，以美国为首的北约凭借占绝对优势的空中力量和高技术武器，对南斯拉夫联盟的军事目标和基础设施进行了连续 78 天的轰炸，是 20 世纪末一场重要的高技术局部战争。

美国参战理由：维护人权，维护世界和平。

（八）阿富汗战争（2001 年）

以美国为首的联军从 2001 年 10 月 7 日起对基地组织和塔利班发动的一场战争，该战争是美国对“9・11”事件的报复，同时也标志着反恐战争的开始。2014 年 12 月 29 日，美国总统奥巴马正式宣布阿富汗战争结束。

美国参战理由：“9・11”事件给美国造成巨大损失，打击本・拉登。

（九）伊拉克战争（2003 年）

以英美军队为主的联合部队在 2003 年 3 月 20 日对伊拉克发动军事行动，美国绕开联合国安理会，单方面对伊拉克实施军事打击。

美国参战理由：伊位克隐藏有大规模杀伤性武器并暗中支持恐怖主义。

（十）利比亚战争（2011 年）

利比亚在 2011 年发生武装冲突，在利比亚国内常被称为“2 月 17 日革命”，交战双方为穆阿迈尔·卡扎菲领导的政府和反抗卡扎菲的势力。后来由于西方国家的介入，发展为西方国家与中东、北非的国际战争。

美国介入理由：在联合国的领导下，维护世界和平，维护人权，反抗卡扎菲的暴政。

由以上内容可以看出，美国每隔几年就要以各种理由发动一场战争。一方面是保持其军队旺盛的战斗力和对先进武器的实战效果的检验，更主要是为美元的“暴力抵押”提供可信的威胁和坚实的基础。

第十一章　巨大的包容能力

美元霸权除了上述三项硬实力支撑外，还有一项软实力支撑，那就是美国的巨大包容能力。

一、包容性的缘由

美国是个移民国家，它的人民来自全球各地。人们移居美国时，不仅地理位置移动了，而且还把其原在国的文化和风俗习惯带到了新的居住地。人们之间的差异十分突出，且十分普遍，所以他们不特别注重统一性，久而久之，美国人的文化习俗中就形成了较高程度的宽容性（tolerance），对异质文化和不同习惯持容忍、可接受的态度。在这一点上，美国境内“认可的”社会习俗要比世界上其他任何国家都来得宽泛。

就文化来说，美国网罗了世界各地的先进文化，从政治、经济、历史、地理、风土人情、传统习俗、生活方式、文学艺术、行为规范、思维方式、价值观念等方面进行综合、吸收、借鉴，这决定了美国文化的开放性与包容性。

二、包容性的表现

美国文化的开放性表现为民族文化特色开放、科学理性文化开放和思想道德文化开放；美国文化的包容性表现为政治思想的包容性、各种文化的包容性和宗教信仰的包容性。主要体现在以下几个方面：

第一，从生活层面来说，美国容纳各国文化之精华，且各种文化相互渗透、彼此交融。美国人的生活方式多种多样，多人种、多民族、多地域，难免会出现摩擦和冲突，一旦处理不好，就可能引起大的社会问题，而文化的开放性和包容性能够使得人们相互理解、相互信任、相互帮助，从而实现人民的团结、社会的和谐、国家的统一和发展。

此外，美国幅员辽阔，国土面积世界第四，跨北美洲和大洋洲。各地生活习惯迥异，其广阔的地域必然使得美国文化纷繁多样，多样的文化互相渗透，相互交融，就必然使文化具有开放性和包容性的特征。

第二，从思想层面说，各种政治学说和思想都可以在美国存在。“自由”和“民主”的思想发源于欧洲，这些一直被世界人民追逐的价值理念来源于西方文明，它在美国这块沃土上得到了充分的宣扬和茁壮的成长。对西欧思想文化的继承与新国家和政体的建立，使得美国人相对世界其他国家和地区，思想更开放，心胸更宽广，对外界的容忍度更高，学习能力和创新能力也相对更强。

第三，从宗教、文化上说，它体现为不同信仰的和谐共存。从生活范围上看，它显现为不同种族、不同族裔社区的平和相处。在美国，每个人基本上都可以任意选择不同的观念、信仰、生活方式和传统习惯，人们也可以在相当程度上保持自己的习俗和礼仪。比如，犹太人可以庆祝他们的宗教节日，而基督教徒则能够过他们的圣诞节和复活节。再如，美国华人可以在唐人街用汉语生活和工作；越南移民也能够在他们的“小西贡”按越南的方式经营业务，从事各种活动。

第四，从人际关系方面说，由于美国人的宽容性较强，所以美国人很少把自己的意志强加在其他人身上，这与孔夫子“己所不欲，勿施于人”的古训十分相似。比如说，丈夫是个共和党人，但他决不能逼迫他那拥护民主党的妻子改变政治立场。同理，母亲是个天主教徒，她也决不能强迫她那已皈依伊斯兰教的儿子改变宗教信仰。在日常生活习惯和平时事务处理中，这种宽容精神更是屡见不鲜、司空见惯。

三、包容性的优点

美国文化的开放性和包容性具有很大的优越性，其优点主要体现在以下几个方面：

第一，文化的开放性和包容性让美国文化不断更新，可随时注入新的血液，紧跟时代步伐，立足于世界文化前沿，引领世界文化潮流。

第二，文化的开放性和包容性有利于美国国内矛盾的解决，缓解国内各民族地区的冲突，维持国内和平与稳定，使美国政治稳定、经济快速发展，更加有利于国内人民的团结。

第三，文化的开放性和包容性有利于促进美国与世界其他国家的沟通交流，不断吸收外来优秀文化，促进自身文化发展，从而更好地发展文化产业，使得美国文化艺术产业、电影电视产业、传媒集团产业、音乐唱片产业、图书出版产业、旅游娱乐产业得到更好更快的发展。

因此，美元霸权尽管让全世界的人讨厌，但又甩不掉，原因就是它有这些坚实的基础支撑着。当然，仅有这些支撑是远远不够的，美国还通过各种手段维护着美元的霸权地位。

第四篇

方法用尽：对美元霸权的竭力维护

尽管有经济、军事、科技、文化等支撑，但仅靠这些维护霸权是远远不够的。美国在19世纪70年代以后，实际收入和生产率已经超过西欧，在20世纪初，经济、军事、科技实力已居世界第一位，但美元并没有机会在国际场合派上大用场。当时，各国普遍采用金本位制，黄金是当之无愧的货币之王，英镑则实际上代替黄金执行国际货币的各种职能。若非希特勒发动“二战”，美元不知要到何时才能取代英镑坐上头把交椅。

美国深知此过程的不易，因此，为了让美元坐稳这个位子，可谓费尽心机，采取了一系列手段来营造世界各国对美元的需求、信任和依赖。按照这些手段的性质，我们将其分为四类，分别以蓝、紫、黑、无色标注。蓝色表示其行动还有一点主观为自己、客观为他人的美好；紫色和黑色主客观上都是损人利己，只是程度有所不同而已；而无色则表示该行动以人最宝贵的生命为代价，已不能用颜色表述，“无颜以对”。与此同时，美国早已开始着眼于21世纪下半叶和22世纪的美元锚定计划。

“

如果你控制了石油，你就控制了所有国家；如果你控制了粮食，你就控制了所有的人；如果你控制了货币，你就控制住了整个世界。

——亨利·基辛格

”

第十二章　蓝色行动“三板斧”

“二战”后，各国的经济政治实力发生了重大变化。欧洲几近瘫痪，美国基本没受战争破坏，国内局势稳定，一减一增间，美国经济实力骤增。原来已是世界第一经济强国，现在更是完全把其他国家远远甩在身后，使人难以望其项背。因此，只有美国能够承担起平稳世界经济局势、恢复战后经济和促进世界发展的重担。美元也因此彻底超越英镑成为世界第一货币，特别是美国拥有7亿盎司（21770吨）黄金，占全球黄金储备的3/4，使得美元空前稳定，也使得建立一个以美元为支柱的、有利于美国对外经济扩张的国际货币体系成为可能。尽管如此，美国也是煞费了苦心，采取了各种手段，为美元霸权正式登场铺路架桥。这些手段，尽管主观上是为了美元的霸主地位，但客观上也有利于世界经济的恢复和发展，因此，以蓝色标注。

一、第一板斧：挂钩黄金

前文已经谈到，在“二战”后期，英、美两国政府出于本国利益的考虑，构思和设计战后国际货币体系，分别提出了“怀特计划”和

“凯恩斯计划”。美国财政部部长助理哈里·怀特，凭借战后美国的超量黄金储备和强大的军事实力，力挫英国代表团团长、经济学大师凯恩斯，双方于1944年4月达成了反映“怀特计划”的“关于设立国际货币基金的专家共同声明”。

1944年7月，44个国家或政府的经济特使在美国新罕布什尔州的布雷顿森林召开了联合国货币金融会议（简称布雷顿森林会议），商讨战后的世界贸易格局。经过3周的讨论，会议通过了以“怀特计划”为基础制定的《国际货币基金协定》和《国际复兴开发银行协定》，确立了以美元为中心的国际货币体系，即布雷顿森林体系，建立了“金本位制”崩溃后一个新的国际货币体系。

各国确认了1944年1月美国规定的35美元/盎司的黄金官价，每1美元的含金量为0.888671克，各国政府或中央银行可按官价用美元向美国兑换黄金。为使黄金官价不受自由市场金价冲击，各国政府需协同美国政府在国际金融市场上维持这一黄金官价。同时，其他国家政府规定了各自货币的含金量，通过含金量的比例确定同美元的汇率。

布雷顿森林体系实际上是一种国际金汇兑本位制，又称美元—黄金本位制。它通过美元与黄金挂钩、其他国家货币与美元挂钩的“双挂钩”原则，奠定了美元作为资本主义世界的“首席”通货、凌驾于其他货币之上的超中心地位，美元成了黄金的“等价物”，至今仍有一些亚洲国家习惯于将美元称为“美金”。

美国承担以官价兑换黄金的义务，各国货币只有通过美元才能同黄金发生关系，美元处于中心地位，起国际货币的作用。从此，美元就成了国际清算的支付手段和各国的主要储备货币。

布雷顿森林体系的形成，在相对稳定的情况下扩大了世界贸易。美国通过赠与、信贷、购买外国商品和劳务等形式，向世界散发了大量美元，客观上起到扩大世界购买力的作用。固定汇率制在很大程度上消除了由于汇率波动而引起的动荡，在一定程度上稳定了主要国家的货币汇率，有利于国际贸易的发展。

但这种制度无法提供一种数量充足、币值坚挺、可以为各国所接受的储备货币，以使国际储备的增长能够适应国际贸易与世界经济发展的需要。在黄金生产停滞的情况下，国际储备的供应完全取决于美国的国际收支状况：美国的国际收支保持顺差，国际储备资产不能满足国际贸易发展的需要；美国的国际收支保持逆差，国际储备资产过剩，美元发生危机，危及国际货币制度。这就是我们在第三章中所述的“特里芬难题”，它决定了布雷顿森林体系的不稳定性。

二、第二板斧：援助欧洲

“二战”战火蔓延了大部分欧洲大陆，所涉及的地域面积远大于“一战”，持续的轰炸使绝大多数大城市，特别是它们的工业生产，遭到了严重破坏。欧洲大陆上的许多著名城市，例如，华沙、柏林已成为一片废墟，伦敦、鹿特丹也遭受了严重的破坏，受破坏最为严重的是交通运输设施，战争中铁路、桥梁以及道路都是对方空袭的目标。在这些地区，与经济生产相关的建筑大多化为一片瓦砾，数百万人无家可归，而且，此时大多数陷入战争的国家国库已被消耗殆尽。

在不断增长的失业率、因食品短缺导致接连不断的罢工，甚至某些国家社会动荡的环境下，欧洲经济想要增长几乎是不可能的。到1947年，欧洲经济依然徘徊在战前水平以下，并几乎看不到增长的迹象：农业生产是1938年水平的83%，工业生产为88%，出口总额则仅为59%。

而此时，美国战争期间高速发展起来的海量生产能力需要迅速转入民用生产，美国国内无法消费这些爆炸式增长的商品，维持经济的长期健康发展必须依赖对外贸易，需要有可以用来输出这些商品的市场，因此，美国慷慨解囊，通过“马歇尔计划”对欧洲进行了经济援助。马歇尔于1947年6月5日在哈佛大学的毕业典礼上发表演讲，宣告美国已为帮助欧洲复兴做好了准备。这次演讲让美国国内的许多疑问烟消云散，也标志着“马歇尔计划”正式确立，1948 年 4 月 3 日，杜鲁门签署了“马歇尔计划”。在这段时期内，西欧各国通过参加经济合作发展组织共接受了美国包括金融、技术等各种形式的援助合计 130 亿美元（如表 12-1 所示）。若考虑通货膨胀因素，那么这笔援助相当于 2006 年的 1300 亿美元。“马歇尔计划”提供的援助中的很大一部分，正是被欧洲人用来进口美国的工业品和原料。“马歇尔计划”最初曾考虑给予苏联及其在东欧的卫星国以相同的援助，条件是苏联必须进行政治改革，并允许西方势力进入苏联的势力范围，但事实上，美国因担心苏联利用该计划恢复和发展自身实力，提出了许多苏联无法接受的苛刻条款，最终使苏联及其东欧卫星国被排除在援助范围之外。

表 12-1 “马歇尔计划”每年提供给各国的具体援助数额 单位：亿美元

国家	1948—1949 年	1949—1950 年	1950—1951 年	总数额
奥地利	2.32	1.66	0.70	4.88
比利时与卢森堡	1.95	2.22	3.60	7.77
丹麦	1.03	0.87	1.95	3.85
法国	10.85	6.91	5.20	22.96
德国	5.10	4.38	5.00	14.48
希腊	1.75	1.56	0.45	3.66
冰岛	0.06	0.22	0.15	0.43
爱尔兰	0.88	0.45	—	1.33
意大利与的里雅斯特	5.94	4.05	2.05	12.04
荷兰	4.71	3.02	3.55	11.28
挪威	0.82	0.90	2.00	3.72
葡萄牙	—	—	0.70	0.70
瑞典	0.39	0.48	2.60	3.47
瑞士	—	—	2.50	2.50
土耳其	0.28	0.59	0.50	1.37
英国	13.16	9.21	10.60	32.97

欧洲人拿到这批宝贵的美元以后，自然将绝大部分用于进口美国产品。这样，美国不仅解决了商品输出的市场容量问题，推动了美欧间的国际贸易，而且有效地扩张了美元通行的地区和领域，助推了美元霸权的施行。

当该计划临近结束时，西欧国家中除了德国（包括民主德国和联邦德国）以外的绝大多数参与国的国民经济都已经恢复到了战前水平。在接下来的20余年时间里，整个西欧经历了前所未有的高速发展，社会经济呈现出一派繁荣景象，可以说这与"马歇尔计划"不无关系。同时，"马歇尔计划"长期以来也被认为是促成欧洲一体化的重要因素之一，因为该计划消除，或者说减弱了历史上长期存在于西欧各国之间的关税及贸易壁垒，同时使西欧各国的经济联系日趋紧密并最终走向一体化。

美国施行该计划的本意是通过援助使欧洲经济恢复，并使之成为抗衡苏联的重要力量和工具，同时也可使美国通过欧洲各国对美元的依赖，更方便地控制和占领欧洲市场。事实上，欧洲经济后来的发展趋势并未完全如美国所愿成为美国的附庸，反而通过一体化等途径成为世界经济舞台上可以和美国抗衡的一支重要力量。

三、第三板斧：链接贸易

当时，国际经济联系的主要方式是实物贸易，对国际货币的大量需求也产生在贸易领域，因而推广美元的最佳场所莫过于此。美国当局以稳定币值为名，要求世界贸易中的初级商品如石油、矿石、谷物等，以及大型装备如飞机等的交易，都要采用美元结算。通过不断提高国际贸易结算中使用美元的比重，刺激第三国频繁、大量地使用美元，增加它们购入美元、储备美元的动力。同时，1948年生效的关贸总协定确立了交易自由、市场开放的国际贸易准则，为美元向全世界流动打开了方便之门。

在国际贸易市场上，美元于1973年成为石油的计价货币，此后又成为其他大宗商品的计价货币；在今天，石油、铁矿石、有色金属等重要的能源和原材料都是以美元计价的，小麦、大豆等农产品交易也主要采用美元计价。

第十三章 紫色行动“三张牌”

迈克尔·波多（Michael D. Bordo）用九大指标来评估国际货币体系：通胀率、真实人均收入增速、货币供应量、短期和长期名义利率、短期和长期真实利率、名义和真实汇率的绝对变动率。将九大指标综合起来评估，布雷顿森林体系是所有国际货币制度里最稳定和经济表现最佳的体系。但是在所有国际货币制度里，布雷顿森林体系的存在时间最短，从 1944 年建立到 1973 年彻底崩溃，才不过 29 年，其生命周期远远短于银本位制、金银复本位制和金本位制。究其原因，可能有很多，但美国过度透支该国际货币体系是最主要的原因。

20 世纪 60 年代初，美国卷入了越南战争，导致美国政府的财政赤字连年扩大，美国政府被迫开始大量发行美元来弥补这些财政赤字。此时，欧洲各国中央银行已经储备了数量庞大的美元，欧洲各国民众与企业在经济复苏中也都积累了大量财富，储备了大量的美元资产。当欧洲各国政府和市场人士预见到美国还将大量发行美元，美元将大幅贬值时，就开始抛出储备美元而兑入黄金。

正如本书第三章中所述，为了抑制黄金价格的上涨，保持美元与各国货币的汇率稳定，美国做了大量的工作，但最终仍被迫放弃了固定汇率的黄金美元，转而改用浮动汇率的信用美元，没想到的是，美元却由此真正踏上了霸权之路。为了防止人们抛售美元，动摇美元的中心地位，美国打出了“三张牌”，相对于“三板斧”，这些手段无论主客观都只有利于美国自身的利益，因此，以紫色标注。

一、第一张牌：坚决保证石油用美元计价

20世纪60年代，西方主要工业国家的能源消费从以煤为主转变为以石油为主，到70年代，世界经济的发展已高度依赖石油，石油在全球能源结构中的比例高达46%，而在西方工业国家中所占比例更大。

1971年8月15日，美国总统尼克松宣布“美元已经无力履行美元和黄金挂钩的国际承诺”，美国停止兑换黄金，美元贬值，布雷顿森林体系崩溃。美国急需一种新的“锚”取代黄金来延续并固化美元的国际货币地位，而此时美国已敏锐地察觉到，石油正在成为经济发展的核心要素，因此选定石油取代黄金。

从1972年开始，美国和沙特阿拉伯借由外交手段陆续达成了一系列协议，将石油销售和美元挂钩，这就是所谓的“石油美元体系”。协议从经济层面规定了欧佩克的石油销售只能用美元计价，这个规定人为制造了欧佩克石油市场对美元的需求，使美国主导了石油市场。

石油美元很快替代了1971年之前的黄金美元，保证了世界各国对美元的需求，并通过欧佩克的交易规则和实际操作把美元的价值和石油挂钩。根据设计，布雷顿森林体系中的所有工业发达国家向欧佩克或规模更小的石油生产商购买石油时，必须以美元定价，并且石油购买也只能以美元进行。这样，美元成了必备的储备货币，美元的需求被人为地抬高，美元的霸主地位得以延续。

但“好事多磨”。1973年10月6日（犹太人的赎罪日，是犹太教

最神圣的节日)，埃及和叙利亚同时向以色列发起进攻，点燃了“十月战争”的战火——第四次和最具破坏力的一次阿拉伯—以色列战争。为打击以色列及其支持者，欧佩克的10个成员方决定削减石油供应量。10月19日，尼克松总统向国会要求给予以色列22亿美元的援助，于是沙特阿拉伯和其他阿拉伯石油生产国先后宣布对支持以色列的美国和荷兰实行全面禁运，并联合第三世界的其他产油国，大幅度提高被西方石油公司长期压低的石油标价。1973年12月，欧佩克宣布收回原油标价权，并将它的基准从每桶3.01美元提高到10.6美元，石油价格猛涨3倍。

石油禁运在1974年3月18日即告结束。禁运的时间虽短，却给西方世界造成了极大的恐慌，触发了1973—1974年的“二战”后最严重的世界性危机。在这场危机中，美国的工业生产率下降了14%，日本工业生产率下降了20%以上，所有工业国家的生产力增长都明显放缓。

石油禁运也给了美国政府一个沉痛的教训，让它的政策发生了巨大的转变，让华尔街和华盛顿政府坚定了杜绝禁运再次发生的决心。石油禁运同时提高了沙特阿拉伯在世界政治舞台上的地位，华盛顿政府不得不认同沙特阿拉伯对美国经济有着重要的战略意义，决定彻底让沙特阿拉伯完全依赖美国，让其王室俯首听命。为此，美国采用了惯用的“胡萝卜加大棒”的方法。

第一，“胡萝卜”战略。由于石油价格上涨，沙特阿拉伯的国家金库里忽然多了数十亿美元，一贯严格恪守宗教信仰的瓦哈比教徒开始被金钱腐蚀。在美国人的诱导下，一夜暴富的沙特阿拉伯人开始周游世界，他们到欧洲和美国的大学进修，购买豪华汽车，家里摆满了西式家具，保守的宗教信仰开始被一种新式的物质主义所取代。同时，华盛顿政府开始与沙特阿拉伯谈判，表示愿意向他们提供技术支持、军事装备和军事训练。

美国还以把沙特阿拉伯带入21世纪为借口，派遣经济杀手潜入沙特阿拉伯，实行SAMA（沙特阿拉伯洗钱事件）计划。美国派去的经济杀手都是沙特阿拉伯王室的好朋友，他们夸大沙特阿拉伯经济的预期前景：一旦向沙特阿拉伯的基础设施建设投入巨额资金，这里将有巨大变化，同时还制定了资金配置的具体方案。简言之，就是尽其所能夸大向沙特阿拉伯经济建设投入资金的合理性。当然，前提是让美国工程和建设公司得到合同，包括设计和建设的合同，以及长期维修和管理的协议。最终目的就是让沙特阿拉伯背上永远还不清的债务，保证巨额的石油美元统统回到美国人的口袋。在此过程中，沙特阿拉伯逐渐被拉下水，其经济发展变得再也离不开美国。沙特阿拉伯经济西化的程度越高，其与美国的体制就越能产生共鸣，甚至完全融入美国的体制。

第二，“大棒”战略。沙特阿拉伯是典型的君主制国家，作为海湾地区最主要的国家之一，不仅面临平衡国内政权稳定和发展的“国王困境”，还面临维护国家和政权安全与自身实力不足的矛盾。对沙特阿拉伯而言，内政外交的核心战略是维护政权的稳定，尤其是家族政权的生存和延续，其对外战略，包括外交和军事行动，都是围绕着本国的核心战略展开的。一方面，沙特阿拉伯加强与地区强国埃及等保持相对友好的准盟友关系，开展平衡外交；另一方面，沙特阿拉伯希望依附世界大国，保持一种温和、圆滑、滞后、不出头的外交战略。因此，当美国这个世界头号强国向沙特阿拉伯王室提出绝对和明确的政治支持，承诺一旦需要，哪怕是采取军事行动，美国也会保证沙特阿拉伯的安全和王室在沙特阿拉伯的统治地位时，沙特阿拉伯王室无法回绝美国的“好意”。一则沙特阿拉伯本就希望“傍大”，美国是最好的对象；二则沙特阿拉伯王室非常清楚拒绝的后果，即使不亡国，也很难再拥有王国的统治权。

当然，世界上没有天上掉馅饼的好事，美国自然会有所求，但美国的要求却没有让沙特阿拉伯太为难，即沙特阿拉伯出售石油时只接受美元，如果其他国家如伊朗、伊拉克、印度尼西亚或者委内瑞拉等国减产时，沙特阿拉伯要及时填补缺口。

对于沙特阿拉伯王室来讲，一面是沙特阿拉伯将从一个中世纪般的落后国家转变为现代化、工业化的国家，另一面则很可能是亡国灭族，而选择的代价只是出售石油时只收美元。收什么货币不是收呢？最后的选择显然是不言而喻的。1975年，美国副财长杰克·本尼特（Jack Bennett）来到沙特阿拉伯并与王室达成协议。协议规定，沙特阿拉伯和欧佩克的石油将只能以美元，而不是日元、德国马克或其他货币进行交易，并负责填补市场上可能出现的石油缺口。作为回报，美国承诺把沙特阿拉伯带入现代化，并保证其国家安全和王室在国家中的统治地位。本尼特随后就在埃克森美孚获得了一个高级职位。

美国终于将沙特阿拉伯——世界最大的产油国、欧佩克最有影响力的国家和自己绑在了一起，更进一步地，沙特阿拉伯海量的石油美元都投在了美国，而其中大部分又都投入了纽约美联储的账户之中。

这样一来，其他石油出产国在得知沙特阿拉伯与美国的交易后，也不敢再轻言石油禁运，因为它们减产正好可以让沙特阿拉伯多出售石油获利；更不会拒收美元，因为个别国家的拒收不仅没有任何意义，还会招来美国的嫉恨，得不偿失。

二、第二张牌：向拉美等国家和地区提供经济援助

从20世纪30年代开始，拉美国家逐步推行“进口替代”工业化战略，开启了自主现代化进程，经济一度持续高速增长，出现了被世界赞誉的“发展奇迹”。70年代中期，拉美地区多数国家人均GDP达到1000美元，步入中等收入国家行列。

然而，“进口替代”工业化模式虽然在一定程度上促进了地区经济的增长，但也形成了过度膨胀和低效率的国有企业部门。在这些国营部门中，腐败盛行，只有少部分人获利，并且无法对变化的国际环境和市场条件做出迅速灵活的反应。

20世纪70年代中期，拉美国家为了维持经济增长率，针对结构性发展危机进行了一轮应急性战略调整，从以一般性消费品“进口替代”为主转向耐用消费品“进口替代”，从以吸纳外资直接投资为主转向以吸纳外资信贷为主，从以政府直接干预经济运行为主转向以自由化市场调节为主，从以本地区内部市场开放为主转向以地区外世界市场开放为主，坚持以负债的方式推进“进口替代”工业化进程。

而此时，正是欧洲从之前的美元饥渴转变为美元过剩的时期，因此，从欧洲退出的美元迅速找到了一条新的使用渠道，“马歇尔计划”又有了新的用武之地。虽然这批“特洛伊木马”的具体内容已大不一样，但是以资金援助换取美元跨国通行证的精神实质并没有变。拉美地区的美元外债总额从20世纪60年代的161亿美元增加到70年代的2303.6亿美元，2003年更是增加到7528亿美元；美元投资占拉美地区的投资比重急剧增加，1970—1981年，阿根廷、智利、墨西哥、巴西四个主要国家的美元投资比重由平均7.8%增加到平均38.5%。

拉美国家的发展战略转型失误导致国内经济社会形势进一步恶化，自主发展能力下降。80年代后期，全球化不断深入发展，世界资本主义开始进行第二轮大规模扩张，拉美国家为了应对严重的债务危机和金融危机，不得不按照“华盛顿共识”的要求进行经济改革，实行“出口导向”的外向发展模式，经济全面私有化，开放自由市场和自由贸易，等等。然而，由于大多数拉美国家的改革是迫于国内的经济危机和外部压力而进行的，并没有对各种因素进行综合考虑，从而提出长远性、战略性的改革方案。以全盘私有化、市场化和自由化为取向的改革，片面强调市场机制对资源配置的效率功能，完全忽视了国家干预的重要性，从而导致政府在调节收入分配、维护国内市场秩序、保护民族产业及提升国家宏观调控能力等方面必要职能的缺失，致使拉美地区很多国家相继陷入了更严重的债务和金融危机，但这次改革却彻底扫除了美元流动的政策障碍，为美元的使用开辟了一片新天地。

三、第三张牌：向别国进行金融主权渗透

美元利益集团通过各种手段在全球推动建立独立的、以维持本币兑美元汇率稳定为主要政策目标的中央银行制度，进而要求各国央行配合或跟随美国的利率、汇率政策，剥夺其一部分货币主权和金融主权。

一是以通过先进的金融体制帮助别的国家进行改革为由，通过代理人等蚕食发达国家的金融主权。如 1973 年，在“与美英先进金融体制接轨”“必须改革法国金融体制以进一步使法国融入国际社会”等美好口号的号召下，法国国民议会以 388 票赞成、43 票反对的绝对多数票通过了“蓬皮杜—罗斯柴尔德法”，彻底改变了法国国家与金融机构之间的关系，架空了国家对金融，特别是对本国货币的支配权，从而在不知不觉中失去了国家金融主权，引发了一系列重大的金融与经济后果，这些后果产生的影响持续至今，以致积重难返。正如法国学者吉尔·拉沃在《导致资本主义金融化的 1973 年 1 月 3 日银行法》一文中所指出的，失去金融主权是今天法国背负巨额国债的根本原因。

二是通过信用评级等手段部分掌控一个国家的金融主权。如美国通过大规模收购中国信用评级机构，控制中国信用评级行业，在不到一年的时间里，美国就收购了中国信用评级业的 3 家龙头企业，控制了中国 2/3 以上的信用评级市场，进而达到部分操控中国金融主权的目的。

美国评级机构通过对资本市场的控制，就可以直接影响中国的宏观经济。长期以来，美国评级机构有意压低中国的信用级别，影响中国政府和企业的国际形象，增加中国企业的海外融资成本。如2003年底，正值中国银行业谋求海外上市之际，美国标准普尔宣布维持其10年来对中国BBB级的主权信用评级，即“适宜投资”的最低限，而这10年正是中国经济迅速发展、外汇储备稳定增加的10年。同时，它还将中国13家商业银行的信用级别都评为不具备投资价值的“垃圾等级”，又高调肯定境外投资者参股中国银行，有利于其在与中国商业银行谈判时压低价格，为国际垄断资本攫取中国的国有资产大开方便之门。世界银行在2007年5月30日公布的《中国经济季报》中明确指出：中国银行股被贱卖，问题并不在IPO环节，而是出在此前引入战略投资者的定价上，较低的入股价格使得境外战略投资者们在中国金融股身上享受着暴利。

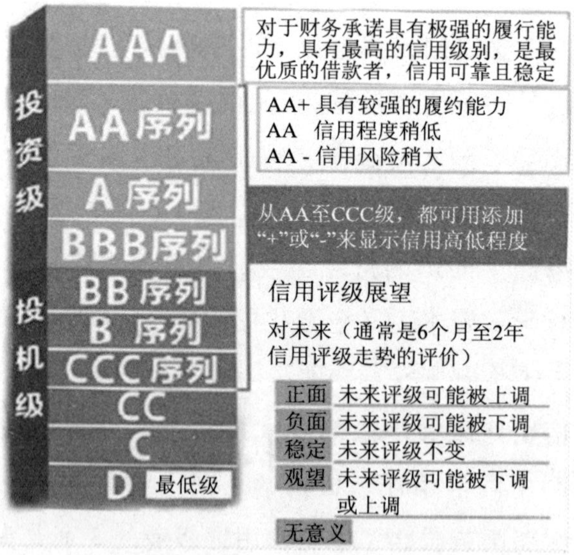

图 13-1 标准普尔主权信用评级示意

三是在其他国家陷入金融危机时，通过资本输出，攫取金融主权。如拉美国家和东亚国家陷入“拉美陷阱”和东亚危机时，美国虽出手相助，但都附加了很多要求这些国家出让金融主权的条件。

此外，美国还竭力阻止欧洲和亚洲建立区域性货币清算集团，防止独立的金融自主权出现，以此保证世界所有地区的经济金融活动最终都以美元为中心。欧元虽然历尽艰辛而成功诞生，但是，由于欧盟不具备征税和制造信贷的公共权力，欧元与日元一样，无法与美元竞争。欧洲委员会实际上就是美国外交的一只手臂，它剥夺了各成员国政府采取独立于美国的货币立场的权力。

四是借助国际组织进行金融主权渗透。比如说，国际货币基金组织（IMF）最初是为了避免成员国爆发支付危机而设立的。有的国家由于经济方面的原因，外汇不足以支付进口货物、服务所需的费用（这往往导致该国货币猛烈贬值），那么它就需要从国际货币基金组织借款（实际是用本国货币购买黄金或他国货币）。如果长期借款，该国就会受到国际货币基金组织对其经济政策的“监管”，而这种监管究竟符合谁的利益，其实是很清晰的①。

因此，在布雷顿森林体系下，美元的统治地位不但使得美国在贸易上从此畅通无阻（无论是想进口还是想出口，都再也没有了货币方面的顾虑），而且使其获得了一些操控他国经济政策的能力。

虽然今天美国在IMF里已经不再是说一不二的了，但国际货币基

① 这个问题在“Super Imperialism”（Michael Hudson，前华尔街分析师、咨询师，现任密苏里大学堪萨斯分校经济学研究教授）里面讲得很清楚：国际货币基金组织（IMF）的投票不是一个国家一票，而是根据权重来的。理论上，每个国家手里那张票的权重取决于该国对IMF的注资。

IMF有一个神奇的“大多数”比例制度，即IMF如果要修改章程（包括这个大多数的比例）或对其他重要事项形成决议（比如各国投票的权重），就要有“大多数”投票通过，而自从IMF成立开始，这个大多数就必须高于除美国外其他所有国家权重之和。换句话说，只要美国反对修改章程或修改权重，那么提案就一定无法通过。

自IMF建立起，新的国家不断加入，美国的注资比例也一路下跌，权重也就不断降低，而同时，“大多数”的比例却也在不断上升。

金组织的实际功能在很多方面与当年并无根本区别，只是受益国的范围扩大了。比如，一个国家陷入了某种支付危机，要向IMF借款。IMF考察后，就有可能会以其经济政策不利于发展经济为由，要求其改变现有的政策，以利于还款。

IMF的核心思想是“华盛顿共识”，也就是彻底开放的自由市场。而正如美国学者迈克尔·赫德森在其《全球分裂》一书英文版序言中所指出的，新自由主义的实质是：美国利用自己的金融霸权在全球以金融手段摧毁第三世界国家自主发展的能力，并以金融手段接管这些国家，从而在全球重建以美国为中心的食利者经济；美国大力推动金融自由化，不是为了促进真正的创新或发展，而是攫取第三世界已有的资源、不动产等财富，或夺取水、电、交通等公共服务业的垄断权，以牟取暴利。

为得到借款，某些国家把一些产业保护取消了，资本市场的限制也因此被取消了，欧美资本得以长驱直入，打垮、兼并了很多本地企业，控制了该国相当比例的经济命脉，但该国的经济未必会有什么好转，反而陷入借新债还旧债的债务危机。在某种程度上，这就是一些非洲国家对欧美带有政治条件的借款、援助表示反感的缘故。

赫德森撰写的《金融帝国》一书中文版的译者序，更是直截了当地揭示了美国的金融自由化战略，即“一定先要使该国中央银行保持高度的相对于一国政治的独立性，其实就是剥夺该国货币主权和金融主权，使该国不能有效地稳定经济，也不能为一国的长远经济发展计划融资，从而使该国经济成为西方资本的附庸”。

第十四章　黑色行动“三副药”

美国前国务卿亨利·基辛格曾说过：“如果你控制了石油，你就控制了所有国家；如果你控制了粮食，你就控制了所有的人；如果你控制了货币，你就控制住了整个世界。”

美国为了永保美元霸主地位，未雨绸缪，在美元还如日中天的时候就开始打击美国的挑战者，使用石油、粮食、货币三剂猛药，阻击新型崛起国家，甚至颠覆其国家政权，即使两败俱伤也在所不惜。由于这些手段纯粹以危害别的国家为目的，因此，以黑色标注。

一、第一副药：操控石油

（一）舆论在先，引导石油价格“过山车”

哈伯特成功预测出美国的石油产量将在1970年前后达到高峰，加上坎贝尔和西蒙斯等此后不遗余力的宣扬，“石油顶峰论”（Peak Oil）日渐深入人心，大有成为主流舆论之势。从2007年开始，在学者们围绕“石油顶峰论”展开口水战时，金融分析师们也开始积极四处贩卖

“石油顶峰论”的噱头，说过不了几十年，石油这种工业化时代的地球血液就要枯竭了。学者们的口水战效果有限，而金融分析师们的吆喝却是立竿见影，在每桶200～300美元的高声叫卖中，国际油价在2008年7月11日刷新历史最高纪录，纽约、伦敦两地油价首次在盘中双双突破每桶147美元。当目的达到以后，学者们还在争得面红耳赤，金融分析师们却已经在顾左右而言他了，而油价在半年内急速下降，至2009年2月12日，WTI原油价格已下探至33.98美元/桶的年内最低点。2011年，在中国传统节日春节期间，国际油价又再次强势崛起，伦敦北海布伦特原油每桶结算价很快突破了100美元大关，维持40多个月后，从2014年8月开始又一口气跌到了2016年2月的26美元/桶。石油价格不断地经历着“过山车”式的起伏。

石油价格为什么几十年来不断地坐着“过山车”？传统经济学家们往往爱用简单的供需矛盾来直观地分析油价，可事实却总是超出预期，任何人都不能拿出数据来证明为何3年内甚至1年内，世界石油的供需之间就会有几倍的巨大变化。石油业内的基本共识是，全球油气的供需一直处于大致平衡状态，目前世界石油生产完全可以满足需求，即使中东地区动荡，全世界其他地方的石油也足以弥补中东地区石油输出的不足。

但是，稳定的供需并不意味着稳定的价格。因为自从1970年石油用美元结算成为行规以来，国际金融市场上的石油价格就由期货价格决定，而非由现货交易决定。

数据显示，目前全球每年石油贸易量在130多亿吨左右，现货市场的交易量只有20亿吨左右，大部分都没有进行实物交割。超过5倍以上的巨额虚拟交易量大都由“资本大鳄”们操纵，以华尔街为基地的大鳄们主导着世界石油价格，背后当然少不了美国政府的影子。

（二）利用高油价，误导苏联懵懂“入瓮”

在图 14-1 中，1970—1990 年的石油价格变化，会让我们联想到苏联的命运。正如第七章“一、苏联最终解体”所述，苏联的解体主要是自身的原因，但外部力量的打击也不可忽视，其中，石油可能也是使苏联解体的一个因素。20 世纪 70 年代，特别是1979 年，石油从每桶 40 美元暴涨到 100 多美元，1985 年后又一直在 30 美元左右徘徊，表面上的理由是伊斯兰革命、两伊战争等，但当我们透过这些迷雾时，或许能触摸到一点事情的真相，了解油价暴涨暴跌的原因。

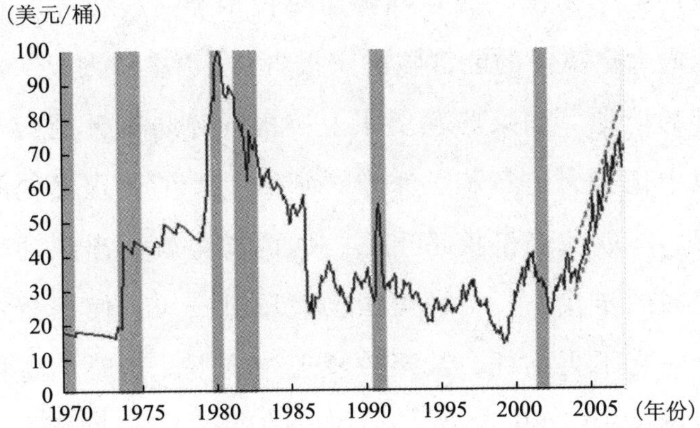

图 14-1　1970—2005 年原油价格变化以及关键地缘政治和经济事件

资料来源：www. chartoftheday. con

美国当地时间 2001 年 3 月 9 日，美国著名的普林斯顿大学举行了由国际问题专家参加的讨论会，会议的主要议题是“中情局对苏联的分析”。会议的第一天，中情局情报研究中心主任洛伊德·萨尔维蒂即给与会者带来了一份令他们惊喜不已的礼物——不久前解密的 859 份、19000 页中情局绝密文件！其中就有 1983 年，美国前总统里根提出的震惊世界的“星球大战”计划。1981 年，美国总统里根上台后，立即着手策划利用军备竞赛和打石油牌拖垮苏联，结束美苏争霸的局面。1983年，经过精心策划后，里根政府向全世界宣布实施“星球大战”计划。“星球大战”计划的正式名称是“国家战略防御计划”，宣称第三次世界大战的决战场将在太空，第三次世界大战将是太空战。为此，美国将用二三十年的时间，在距地球表面200~1000公里的太空建立防核武器和洲际导弹的三层立体防卫体系，计划投资1万亿美元。当时，美国开动各类媒体机器大张旗鼓地宣传这个计划。

据说，现在美国的国家导弹防御系统（NMD）便脱胎于这一计划。但在当时，“星球大战”计划完全是骗局，里根提出这一计划的真实目的是使苏联产生“美国人想在导弹防御技术上一马当先”的错觉，从而把苏联拖入太空决斗的经济陷阱。报告称，“星球大战”将使苏联陷入进退两难的境地。如果苏联要跟上美国导弹防御计划的步伐，每年就要拿出数十亿美元进行相关采购，那么，其工业现代化的计划就会被相应搁置。苏联的经济搞不上去，国内局势就会出现动荡。如果苏联不跟上美国的步伐，又怕被美国彻底压过一头，使社会主义阵营中的其他国家对它不再信任，甚至改投美国门下。这时，高高在上的石油价格（见图14-1，80美元以上）彻底打消了苏联的顾虑，义无反顾地跟上了美国的“步伐”，也就此跌入了美国的陷阱。

对于严重依赖石油收入的苏联来讲，高价石油使得苏联政府不差钱，完全有财力与美国较量。于是，其在绝密状态下打造了一套“超级末日武器”——“边缘系统”，又被称为“死亡之手”。这套系统能保证苏联应对美国核突袭的能力。即使美国通过核突袭消灭了苏联大部分军队，甚至炸毁了克里姆林宫，“拔掉了”苏联国防部，切断了苏联的大部分通信网络，也没有关系，只要埋设的地面传感器探测到美军核打击已经发生，“边缘系统”就会启动反击程序。为此，苏联人将数百亿美元投入该系统，国防预算在1981年到1985年间增长了45%。当苏联对“边缘系统”投入大量资金后，石油价格大幅下跌（如图14-1所示，跌到20多美元），后续投入又不得不进行，从而使得捉襟见肘的苏联财政挤占了大量的其他工业和民用资金，使民众对政府滋生怨恨情绪，直至真如美国所愿陷入了动荡并最终解体。

（三）巧用石油武器，打击俄罗斯，阻击中国

在2008年至2009年的石油价格暴涨暴跌中，也同样可以看到资本大鳄通过操控石油，打击俄罗斯、阻击中国的身影。

俄罗斯石油公司、俄罗斯天然气工业股份公司、卢克石油公司和秋明—BP石油公司在石油价格暴涨后，大力推行海外扩张战略，先后启动了一批大项目。这就造成了俄罗斯主要油气公司在“财源滚滚”的同时也“负债累累”，甚至落入了“债台高筑”的尴尬境地。据统计，截至2007年底，俄罗斯油气公司的外债总额为571亿美元，其中，俄石油为272亿美元，卢克石油为70亿美元，秋明—BP石油为18.5亿美元。更要命的是，俄罗斯油气公司所欠西方银行和财团的外债中，短期外债占比极高。在国际金融危机席卷全球的大背景下，西方债主们也开始纷纷向俄罗斯油气公司“讨债”，这些公司的老板只能向政府求助。

2008年10月14日，俄罗斯《生意人报》披露，俄罗斯政府经过慎重考虑后正式决定向俄罗斯石油公司、俄罗斯天然气工业股份公司、卢克石油公司和秋明—BP石油公司拨款90亿美元，专门用于帮助这四家公司偿还所欠外债，这一决定终于让四家油气公司老板稍稍松了口气，也免于俄罗斯油气领域这些龙头公司的股票被低价折让给西方债主们。

2009年3月2日，俄罗斯财政部长库德林在参加于莫斯科举行的全球投资论坛时表示，俄罗斯近年过度花费了石油税收收入，却没有采取多样化措施降低国家对石油的依赖。他同时承认，金融危机使俄罗斯的经济倒退了近五年。

中国则是一个严重依赖石油进口的国家，在当前石油以美元计价的情况下，石油价格的高企，意味着中国必须要输送更多的商品进入美国，才能换取进口同量石油所需要的美元，因此当2007年金融分析师们开始积极四处贩卖“石油顶峰论”的噱头时，中国就已经成为资本大鳄的首要目标。据中国石油经济技术研究院发布的《2010年国内外油气行业发展报告》可知，截至2010年底，中国石油储备一期工程完成后，中国政府战略原油储备只够使用8.9天，商业原油储备可用13.8天，全国原油储备的静态能力总共约为22.7天，远低于国际能源署设定的90天的安全标准。因此，在金融分析师们每桶200~300美元的高声叫卖中，中国的许多石油企业被迫大量购进原油期货，而当中国大量购进原油期货以后，国际油价随即大幅下挫。事实上，中国石油企业不大量购进石油期货，石油的价格就不会回落，就如同猎物不进入陷阱，陷阱就不会被撤除。据报道，东航、国航和春秋航空等航空公司在此期间均大幅亏损。尽管在国际市场上，中国航空公司采用套期保值锁定了航油成本，但是，在原油价格大幅下跌的情况下，航空公司的履约成本大大增加，且超过公司所能承受的规模，进而导致亏损。

2010年10月至2014年10月，布伦特石油价格连续49个月一直维持在80美元/桶以上，特别是2011年2月至2014年8月的连续43个月中，只有2012年6月低于100美元/桶（最低为89.25美元/桶），其余42个月都在100美元/桶之上（如图14-2所示），创下了石油价格长时间维持在高价位的历史纪录。

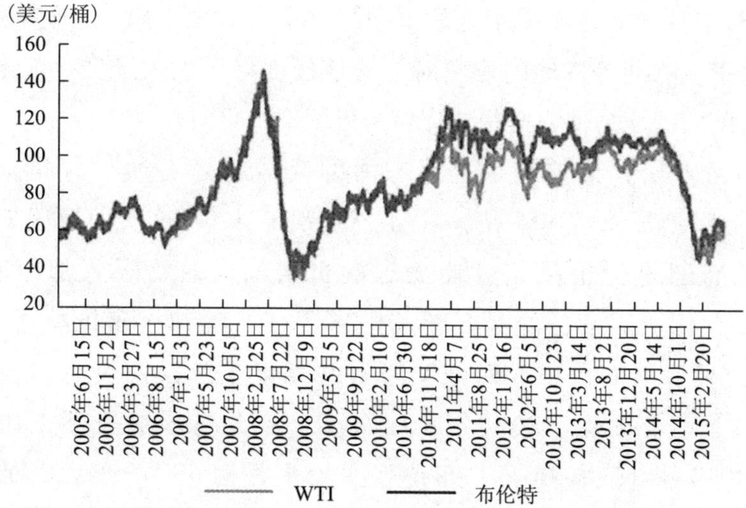

图 14-2　2005 年 6 月至 2015 年 2 月原油指数变化

这段时间，中国国内因油价高企带来的引致性通货膨胀使房价上涨一浪高过一浪，各种消费品价格节节攀升，各种群体性事件频发高发，维护社会稳定成为一个重要课题。中国社会科学院调查报告显示，中国千万富豪中有超过 60%的人已移居或准备移居国外，甚至一些高技术人群也开始大量成为技术移民。有国外媒体甚至认为中国也会像苏联一样，最多维持国运七十多年，“中国崩溃论”甚嚣尘上。

（四）让油价“跌跌不休”，以解“燃眉之急”

党的十八大以后，新一届中央领导集体以反腐败为突破口，力挽狂澜，深得党心民心，迅速稳定了大局，安定了人心。各项事业平稳、快速、有序推进，形势大为好转，犹如《次北固山下》所言的“潮平两岸阔，风正一帆悬”。国际形势也在此时发生了变化，2014 年 3 月 17 日的克里米亚公投，以 83.1%的高投票率、96.77%的拥护率，通过了加入俄罗斯的动议。尽管俄罗斯总统普京在国家议会就克里米亚公投申请入俄发表讲话时有感谢中国的内容，但那也许只是他的一种策略。不过，中国倒是由于俄罗斯吞并克里米亚松了一口气。正如第六章所述，由于遏制俄罗斯成为了美国的“燃眉之急”，美国不得不先放下中国这个“心腹之患”。因为如果不能压制住普京，欧洲等各地的盟友对它的信任度将会大大降低，甚至分崩离析，加之国内的压力使它必须要先解决俄罗斯，再对付中国。

对付俄罗斯，最传统也是最有力的武器就是石油，为此，维持了42个月的百元石油迅速下跌，并且“跌跌不休”。这次的原因据说是沙特阿拉伯想通过低价战略整垮美国的页岩油，但明眼人都能看明白，美国开采使用页岩油已经是多年前的事了，石油却一直维持了42个月100美元/桶以上的价格，而俄罗斯吞并克里米亚没两个月，石油就开始下跌，且跌势凶猛。2014年8月26日，布伦特原油报每桶102.50美元；到2014年12月26日，布伦特原油报每桶59.45美元，油价下跌43.05美元，4个月下降约42%；到2016年2月11日，美国原油价格更是降到每桶26美元。

沙特阿拉伯这样一个国家安全、石油出口都仰美国鼻息的国家，怎么可能有底气在美国核心利益上与它叫板呢？只不过是演一出双簧而已，至于别国信不信，美国是从来都不管的。现在俄罗斯的日子很不好过，GDP大幅缩减（如图14-3所示），卢布贬值，估计美国不把普京折服，是不会收手的。尽管特朗普与普京惺惺相惜，但国家利益至上，他如果不沿着这条路走，就会自身难保。

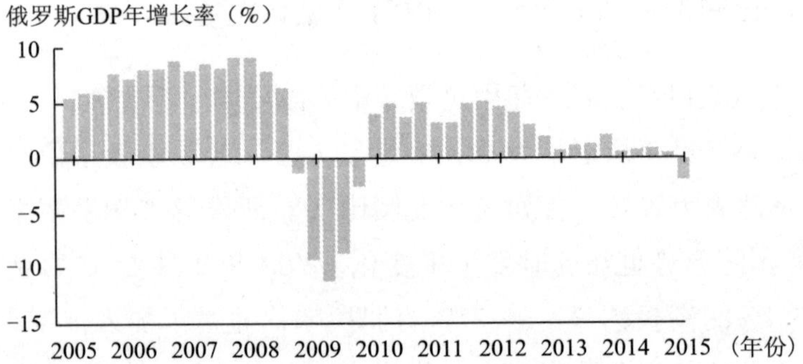

图14-3 俄罗斯GDP指数变化

资料来源：俄罗斯联邦统计局。

其实美国一直都在左右为难，高油价打击了中国，却便宜了俄罗斯。在中国因高油价备尝艰辛的42个月内，俄罗斯的日子过得非常舒服。现在油价下跌则对中国短期和长期都利好。从短期看，此次石油价格“拦腰砍”将使中国在石油进口开支上节省上千亿美元，可以将节省的开支投到其他领域。此外，石油不会是唯一价格下跌的产品，油价下跌将产生联动影响，以石油为原料的大部分产品价格也会相应下降。随着石油和其他产品价格的下降，中国将大大节约能源采购成本。从长期看，石油及以石油为原料的产品价格下降会带来生产成本的下降，这对以制造业为主的中国利大于弊，从短期、长期来说都是重大利好消息。对于美国来说，现在也没有什么更好的办法能够同时遏制俄罗斯与中国，只能寄希望于集中精力在最短的时间里打趴下俄罗斯，并且使点小绊子让中国不要发展得太快。

二、第二副药：操控粮食

粮食和石油一样，是重要的战略资源，它关系到世界各国的安全和发展，只有在保障粮食安全的前提下，各国才有可能谈得上发展。美国权势集团通过“粮食销售卡特尔”“取消世界粮食储备制度”“农业商业化”“基因技术”等正逐步控制世界粮食生产和贸易。在粮食商品化和粮食政治化的相互作用下，现在已有不少国家因引进美国的现代农业技术、转基因种子和化学肥料，导致其农业逐渐形成对美国的严重依赖，使世界粮食生产贸易与美元深度绑定，形成与石油美元类似的粮食美元。

（一）提出“重塑粮食政策和世界粮食结构”控制欧日

从20世纪50年代起，美国就着手重塑粮食政策和世界粮食结构。一方面，通过美元贬值来提升美国农产品在国际市场上的竞争力，通过政府补贴和商业资本的挤压打击其他国家的粮食生产能力，不断巩固美国在世界农业市场的优势地位，使美国成为世界上最大的粮食供应国。另一方面，利用关贸总协定（GATT）[①] 这一贸易机制来推进其全球商业化农业的出口计划。通过贸易谈判向其他国家施压，消除美国农产品进口的农业贸易壁垒，从而扩大美国的粮食出口。美国游说各国说，只有美国农业具有规模和效率、技术和资本优势，而欧共体（后发展为欧盟）保护农民利益都是在保护“低效率”。欧洲、日本及其他工业化国家都应放弃本国自给自足的农业生产，美国完全可以成为它们的低价粮仓，这才是世界资源“最合理的”使用。第三世界国家则应放弃在小麦、大米和其他粮食、牛肉等方面的自给自足，集中精力生产有比较效益的水果、蔗糖和蔬菜，换取更多的“高效率”的美国粮食。结果在1973年的粮食危机中，美国的6家跨国公司控制了世界粮食储备的95%，它们操控着世界粮食的供应和价格，使当时国际市场上的粮食价格以300%～400%的速度上涨。

（二）利用“卡特尔”控制苏联等国的粮食命门

20世纪70年代初，苏联有时一年须向美国购买1000万吨粮食，而波兰有时一年必须向美国购买250万吨粮食。鉴于这种情况，美国和加拿大将小麦出口贸易国有化，1977年2月25日，新成立的“美—加小麦联合委员会”负责调节粮食出口量和价格。它们两个国家占世界小麦销售量的75%（美国占40%，加拿大占35%）。加拿大政府直接从农民手里购买小麦并将其出口，美国则联合加拿大将其粮食出口后国有化，改变了美国历史上粮食出口一直掌握在私人手中的状况，这两

① 后发展为世贸组织（WTO）。

个国家公开创立了第一个针对苏联以及东欧等国的粮食“卡特尔”[①]。就这样，美国集团控制了苏联、东欧集团的粮食命门。

此外，1965—1967年，美国总统约翰逊曾对印度采取限制出口粮食的政策，从而最终迫使印度改变其对美国入侵越南的外交政策。1949年，中华人民共和国成立，美国等西方盟国随即对中国实行包括粮食在内的全面封锁和商品禁运，一直延续到20世纪70年代初期才解禁，此时，因为中苏决裂，美国需要拉拢中国对抗苏联。

当今粮食市场已形成由美国农业产业化集团高度组织化和垄断，由美国农业产业化集团和金融资本集团在华尔街芝加哥期货交易市场进行联合定价，由金融资本家和美国粮商进行再分配的新格局。因此，美国已经很自觉地将自己的粮食武器和金融战捆绑：“美国的新做法很简单，世界的蛋白质革命使美国控制世界经济金融力量平衡的潜力变成了现实。”[②]在20世纪80年代，美国一方面通过粮食“卡特尔”以粮食生产自然条件的变化等原因推动粮食涨价，另一方面操控石油价格下跌，苏联没有足够的美元购买已经涨价的美国粮食等生活品，引发了人民的普遍不满，加速了苏联、东欧集团的崩溃。

（三）通过转基因农业计划等控制拉美国家

20世纪80年代，在世界农业生产领域，以孟山都公司为代表的美国农业综合企业等资本集团与美国政府一唱一和，将鼓励种植转基因农作物放在优先的战略地位。1992年，在一项总统行政命令中，布什总统裁定所有的转基因植物和食品与同品种的传统植物“实质上相同”。此后，历届美国政府都将转基因食品看作“天然食品的补充”，

---

①② 《全球分裂：美国统治世界的经济战略》。

认为没有必要进行特殊检测。

从1948年GATT成立，美国由于担心外国粮食进口打开美国的市场，从而损害美国农业的竞争力，一直坚决抵制把农业纳入世界贸易谈判之中。但是，从1986年乌拉圭回合谈判开始，美国却将农业贸易作为重中之重。原因就是，由于美国政府的长期大力扶持，此时其农业综合企业的力量已经强大到足以发动一场大规模的全球性贸易攻势。美国以WTO为平台，通过各种国际规则强行打开国家间的各种壁垒，从而加速商业化的转基因作物的扩散，最终实现控制世界粮食生产和贸易的目的。以美国农业综合企业为首，以“阿姆斯图茨方案”为基础，起草了《WTO农业协定》，其政策目标是创造一个自由的、一体化的全球农产品市场，其实质是瓦解各国法律，保护农业综合企业巨头的强大定价权。《WTO农业协定》加上与贸易相关的知识产权规则（TRIPS），使孟山都、杜邦等美国农业综合企业成为世界主要粮食作物的专利转基因种子的控制者。由于大部分转基因生物尚处于试验阶段，当时巴西等发展中国家曾提出有必要制定一份应对转基因生物潜在风险的议定书，却遭到了美国的强烈反对。美国认为，由于对转基因生物风险和安全性的担忧“并未得到证明”，因此，应将要求签订《生物安全议定书》视为“设置贸易壁垒”，禁止不公平贸易的WTO规则必须优先于《生物安全议定书》。从此，美国为转基因种子在全世界不受限制地扩散扫清了道路。

20世纪80年代末，转基因项目最早在阿根廷正式启动，20世纪90年代，基因革命像飓风一样席卷世界农业，被称作“第二次绿色革命”。然而，“第二次绿色革命”—— 转基因农业却让拉美的农业基本结构发生了巨大变化。以阿根廷为例，一度富饶多产的以家庭式农场为基础的农业体系被改造成了一种由少数势力强大、富有的大庄园主主宰的新封建主义状态，这个国家在“技术进步”的名义下完全失去了粮食自给能力，整个国家的农业经济完全受制于美国的权势集团。

20世纪80年代以前，阿根廷是拉丁美洲生活水平最高的国家，阿根廷农业不仅能实现农产品的自给自足，还能产生大量剩余，政府无须为农业提供补贴。1996年，梅内姆总统向孟山都公司颁发许可证，允许它在阿根廷全国独家销售转基因大豆种子和与之配套使用的农达除草剂。在不到10年的时间内，这个国家的农业经济被彻底改造了。阿根廷潘帕斯草原上自由自在的牛群被圈进了美国式的大型牛栏，以便为利润更丰厚的大豆让路。1988—2003年，阿根廷的奶牛农场减少了一半，不得不以比国内高得多的价格从乌拉圭进口牛奶。

转基因种子公司提供的转基因种子是具有“基因使用限制技术”的专利种子。该公司研制了“终结者”技术，对玉米、大豆、棉花籽等传统种子进行基因改造，使之在收获后就“自杀”。这种技术能自动防止农民为来年耕种而保留或重复使用种子，所以使用该项技术的农民只有每年向种子公司购买新种子才能维持生产，打破了人类社会传统的“播种—收获—再播种—再收获”的循环粮食生产方式，使农民陷入对专利种子严重依赖的恶性循环。

随着抗农达大豆种植面积的扩大，配套的除草剂草甘膦的使用量增加了72%，人类健康和自然环境都受到了危害：有些地方除草剂不仅杀死了农民种植的传统作物和蔬菜，连家畜也死掉了，湖里也突然漂满死鱼；有的人因除草剂出现严重恶心、腹泻、呕吐、皮肤损伤等症状；转基因大豆种植田附近产下的动物出现了严重的器官畸形，香蕉和甘薯也变得奇形怪状；对珍贵的林地则破坏力更大。

当阿根廷农民认识到问题的严重性时，为时已晚，至2004年，转基因大豆已在阿根廷全国扩散开来，使用的种子都需要依靠孟山都的农达农药，阿根廷的农业、农民被彻底束缚住了。

（四）企图掌控中国的粮食

美国资本在控制南美洲粮食以后，把触手伸向了粮食生产和消费大国中国。其中，以 ADM、邦吉、嘉吉、路易达孚四大国际粮商为主要代表，简称 ABCD 四大粮商。

表 14-1 四大国际粮商代表概况

公司名称	成立时间	总部所在地	覆盖国家数	2008 年销售情况		2011 年销售情况	
				销售额（亿美元）	同比增长率（%）	销售额（亿美元）	同比增长率（%）
ADM（Archer Daniels Midland）	1902 年	美国伊利诺斯	超过 75 个	698	59	806.76	30.79
邦吉（Bunge）	1818 年	美国纽约	32 个	526	39	587.43	28.54
嘉吉（Cargill Louis）	1865 年	美国明尼苏达	67 个	1204	36	1195.00	10.75
路易达孚（Dreyfus）	1851 年	法国巴黎	55 个	>200	—	>600.00	—

资料来源：2010 年和 2012 年《中国粮食市场发展报告》，Osiris 全球上市公司分析库。

ABCD 等跨国粮商，认识到惨烈的竞争有损各自利益，因此开始采取各种形式的合作，战略联盟就是其中的重要形式。由于各国反垄断法的限制和民众对垄断企业同盟的反感，跨国粮食公司之间的合作很少以正式公开的协议或合同形式进行。跨国粮食公司行事风格相当低调，在公开场合往往对于相互之间的联盟矢口否认，但翻阅过去各大粮商的发展扩张历程资料，不难发现四大粮商各有发展重点和自身的优势。在产业链的几大环节中，邦吉长于原料生产，ADM 的优势在于产品设计，嘉吉公司擅长金融服务业等多元化经营，路易达孚以重视农产品的期货买卖闻名，原料采购、仓储运输、订单处理、批发经营、终端零售则由四大粮商各自控制，从而形成了某种事实上的合作，共同主宰国际粮食市场，力图实现自身利益最大化。

1. 全面掌控食用油加工市场

跨国粮食公司进入中国初期，由于中国政策的某些约束和市场竞争的需要，它们在与中国本土粮食企业进行激烈竞争的同时，也加强了与这些企业的合作，尤其是与上下游企业之间的合作。这在一定意义上有助于增强本土企业的实力，促进中国粮食行业的发展。但一有机会，它们便毫不犹豫地攫取掌控权。

2004年，美国大豆连续两年减产，南美洲出现特大干旱，芝加哥期货交易所（Chicago Board of Trade，CBOT）大豆价格持续上涨。此时恰逢中国油脂加工企业盲目扩张，大豆进口量猛增。2004年4月2日，CBOT大豆价格达到30年来最高价每吨1064美元（约合人民币4400元）。不久，外国基金陆续撤离。在恐慌心理支配下，中国压榨企业先后在美国采购大豆800万吨，平均价格高达每吨1040美元（约合人民币4300元）。而后，受效益驱动以及得益于南美天气转好，美国大豆生产快速恢复，由此带来的产量大增又导致CBOT大豆价格持续跌至每吨502.4美元（约合人民币2074元），较2004年4月最高价下跌了52.8%。面对如此价差，国内部分企业，尤其是民营企业，无奈采取了违约行为，放弃了采购合同和定金，发生了西方国家炒作的所谓“洗船”事件。国际大豆供应商纷纷起诉中国采购商毁约，索赔金额高达人民币60亿元。此时，恰逢中国实施紧缩信贷调控政策。“高价位原料+违约赔偿+定金损失+紧缩信贷政策+豆油价格大幅下降”导致中国压榨企业几乎全军覆没，侥幸逃过一劫的企业也步履维艰。精明的外资企业看到了商机，趁机以低价位收购、参股等方式，在中国油脂加工领域攻城略地，迅速扩大了在中国大陆的市场份额。

2010年，外资已经完成了对中国大豆上游原料、期货，以及中游生产、加工，下游品牌、销售渠道的绝对控制。外资已在中国97家大型油脂加工企业中的64家里参股或控股，占总股本的66%。加上其独资部分，中国油脂市场原料与加工及其食用油供应的85%被外资掌控，并逐步形成以多家外资企业控股或参股的“金龙鱼”“福临门”“鲁花”“胡姬花”等名优品牌。

2. 切实威胁中国的粮食安全

如果说中国已经在食用油领域失去话语权和掌控力需要亡羊补牢的话，那么更要在另一个领域——粮食加工领域未雨绸缪。尽管外资企业在中国粮食行业的强势发展，对中国粮食安全有利也有弊，但总体来说弊远大于利。在全球经济一体化大环境下，伴随着科技的发展和社会的进步，外资对中国粮食行业带来的这种“利好”迟早会到来的，只是时间问题；而它们带来的弊端却是持续的、深层次的。

（1）挖取国内人才，削弱国内企业竞争力

国内高级蓝领和复合型技术人才是外资企业重金招聘的对象。它们优厚的薪金待遇，加之外向型、灵活的业绩激励机制，对本土化的复合型人才具有很强的吸引力。在“重金悬赏”之下，一些有学历、有技术、有能力、有经验的骨干人才纷纷被外资企业挖走。与此同时，这些骨干人才也将其积累的人脉关系、管理经验、购销网络，以及对当地粮源结构、产品流向、市场布局、消费规模等的认知资源，一并带到了外资企业。国内中高端企业的竞争力因此被不同程度地削弱。

（2）投入雄厚资金，鲸吞国内市场

由于外资企业拥有雄厚的资金，所以它们收购原粮时不仅全额支付现款，而且对售粮大户或委托收储企业预付一定货款，还允许产品销售代理商延缓货款3~6个月，甚至不惜牺牲短期利益抢占先机和市场份额，从而击垮竞争对手，最终实现对上下游企业的掌控。以益海嘉里为例，自20世纪80年代以来，该集团先后在上海、北京、西安、南昌、昆山、白城等400多个大中小城市设立了100多家工厂、贸易公司和2000多家经销网点，即使是国家赖以调控的国有大中型企业，也无法与之抗衡。

（3）全方位介入，形成完备产业链

从整个产业链条上来看，外资企业在中国通过种子、化肥、粮食等生产环节建立自己的收储设施，掌控粮食上游产业链；通过物流配送、规模化加工等环节进行产业化销售，掌控粮食下游产业链；然后凭借上下游产业链控制和中间完善的物流配送，连接上游、中游、下游整个产业链条。简言之，它们的产业链在加工业的基础上，上下延伸，逐步形成了“精良团队+雄厚资金+科技研发+良种选育+订单种植+补贴收购+仓储物流+精深加工+副产品利用+名牌产品+销售网络+信息反馈+战略调整”的一整套模式，由此提高其综合竞争力。即使是在一个环节或一个品种上略有亏损，也能很快在其他环节或品种上弥补回来，能更有力地击垮单个领域的竞争对手。截至目前，中国还没有一个真正拥有完整产业链优势的企业能与之抗衡。

（4）操控市场价格，削弱国家调控效果

外资企业凭借自身优势，以实力打价格战、品牌战，迫使国内企业经营举步维艰。国内企业有的关门停业，有的被外资企业参股、收购。在原粮采购方面，一是以订单农业、从上游源头上直接掌控粮源，主要采取“外资企业+种子公司+粮管所+订单农业经纪人”“外资企业+基地+农户”等模式；二是在市场收购粮源时，大多入市早、价格高、质量相对宽松，并现金结算，收购优势明显。在成品粮销售方面，外资企业凭借资金、品牌和销售网络优势，采取“你有我廉、你有我优、你无我高”的价格战术，从而击垮对方，然后创立自己的名优品牌，抬高价格，获取暴利。例如，2012年4月上旬，CPI高位运行之际，国务院出台了《关于落实〈政府工作报告〉重点工作部门分工的意见》，明确要求“发展改革委、财政部等部门要把抑制食品价格过快上涨作为稳定今年物价的重点”。但恰在此时，“金龙鱼”“福临门”宣布提价 8%~15%，国家发展改革委价格司“约谈”后依然找理由我行我素，不改初衷。再次“约谈”后，食用油价格还是平均上涨 10%。外资企业对价格的操控，不仅严重打压了中国的国内企业，而且在牟取暴利、抬高市场价格助推通胀预期的同时，迫使国家调控乏力。外资追求利益最大化的操作过程，与国家宏观调控的意图往往相反，这显然会给中国粮食安全带来极大风险。

（5）输入转基因技术，埋下掌控粮食的引子

近年来，进入中国的外资企业凭借强大的研发团队和雄厚的资金基础，在加工设备、技术工艺以及种业和化肥方面研发力度较大，容易在专利和技术等方面形成行业垄断。尤其是转基因种子抗灾能力较强、产量高，容易被农户选用，若任其发展，必然最终导致中国成为转基因农产品消费大国，容易形成对外资拥有知识产权转基因种子的长期依赖。其危害除可能埋下潜在风险外，一旦化肥和农作物特别是粮食作物种子市场被外资掌控，中国不仅要付出极大的经济代价，而且农业生产，尤其是粮食生产和发展主导权也会丧失，这将会从农业，特别是粮食生产源头上对中国粮食安全战略构成又一个不可逆转的重大挑战！

同时，外资企业在国内推广的转基因种子，以及低价进口的转基因粮食、大豆等，到底会对我国自然生态和食品安全埋下多大隐患，国内外专家众说纷纭。

市场化改革后，中国粮食流通和调控体制基本为“央企为主、地方国有企业为辅、其他企业共同参与的多元化主体”。外资企业近年来的迅猛扩张削弱了国有企业的主渠道作用，它们不仅掌控着中国油脂市场原料与加工及其食用油供应的 85% 的份额，而且正力图将掌控食用油的成功经验复制到粮食加工领域。由于粮食产品是中国的主要食

品，这种局面一旦在粮食加工领域重演，无疑是对习总书记“中国人的饭碗任何时候都要牢牢端在自己手上”的极大挑战。“前车之覆，后车之鉴”，国人不得不高度警惕。

三、第三副药：操控货币

年复一年的贸易赤字和美元贬值，必然引起人们对持有美元的担忧，为防止世界各国抛弃美元，在尽力维持美元支柱稳固，保持美元长期信用的同时，美国不时利用美元的超中心地位操控货币，遏制别国的经济发展，收割别国的优质资源、转嫁本国损失和危机，竭力维护渐显衰落的霸权地位。

（一）迫使日本签署广场协议，使其失去挑战美国的实力

冷战结束前后兴起的地缘经济学认为，各国的经济较量将取代以前在军事安全方面的较量，以地理为单位的经济竞争将成为国际社会主流。按此理论，学者一般把世界分为三大“经济圈”—— 北美、亚太与欧洲。冷战后，失去了最大安全竞争对手的美国面临着新形势与新挑战。在国际经济方面，令美国担心的两大趋势隐约浮现：一是亚洲经济兴起，像欧盟一样与其分庭抗礼；二是日元与欧元同时兴起，与美元形成三足鼎立之势。随着经济竞争成为国际关系的潮流，日本与亚洲地区组成的经济圈已成为除欧盟之外对美国经济构成竞争和威胁的主要对手。

但此时，日本可能没有多少人意识到，日本已取代被解体的苏联成为了美国的首要战略目标，很多人沉浸在“日本可以说不”的喜悦中，成为美国的战略目标而不自知，其结果自然是可以预见的，只是谁也没有预料到，日本为此失去了不仅一个十年。

20 世纪 80 年代初期，美国财政赤字剧增，对外贸易逆差大幅增

长。美国希望通过美元贬值来增加产品的出口竞争力，以改善美国国际收支不平衡的状况，因此，在广场协议签订之前，美国与日本就已多次就日元汇率、日本资本项目开放，以及日元国际化等问题展开磋商。当时对于美国而言，不仅有经常项目赤字加剧的情况，美元升值更使得美国国内企业竞争力下降，因而美国极力想通过与日本直接谈判解决双边贸易不平衡问题。对于日本而言，美国提出要日本金融市场自由化并且开放资本项目来减少美元升值压力的要求，实非日本所愿。但一方面，由于美国对于日本的影响力仍然十分巨大，这体现在日本外贸以及直接投资主要对象国都是美国，同时美国对于日本有安全防务义务；另一方面，日本央行认为这一改革有利于日元成为一种国际化货币，同时改善日本央行在国内经济事务中略显无力的地位。这两个原因都促使日本基本接受了美国向其提出的国内金融市场改革，以及资本项目开放的要求。

1985 年，美国、日本、联邦德国、法国及英国的财政部长和中央银行行长在纽约广场饭店举行会议，五国政府联合干预市场，诱导美元兑主要货币的汇率有秩序地贬值，协议决定将美元兑世界各国货币的比率在两年内贬值 30%，以解决美国巨额贸易赤字问题。因协议在广场饭店签署，故该协议被称为“广场协议”。

“广场协议”签订后，上述五国开始联合干预外汇市场，在外汇市场上大量抛售美元，继而形成投资者的抛售狂潮，导致美元持续大幅度贬值。在不到三年的时间里，美元兑日元贬值了 50%，也就是说日元兑美元升值了一倍。

聪明的日本人在“广场协议”以后也看了对自己有利的一面，日元升值使日本能用较少的费用进口较多的资源，同时促使日本增加了海外投资。日元升值还使日本人均 GDP 在 1987 年超过美国，提高了日本在世界经济中的地位。

日元的急剧快速升值，导致1986年日本经济出现了短暂的衰退，日本央行从1986年1月到1987年2月5次下调利率，利率由5%下降至创纪录的2.5%，大量剩余资金进入股票市场、房地产市场，造成资产价格高涨。资产价格在乐观预期的心理作用下形成了一种自我推进的机制，结果，资产价格和实体经济相互推涨，形成巨大的泡沫。这种泡沫也大大增强了日本的海外扩张能力，1986—1991年，日本的海外投资总额达到4000亿美元，成为全球最大的对外直接投资国。大量的日本资本迅速涌入了美国的各个领域，当时美国估计除了几个金融大腕几乎人人相信，东芝、日立收购IBM和英特尔只是时间问题。随后几年，日本购买了美国10%的不动产，在洛杉矶闹市区，几乎一半的房地产落到日本人手里，最著名的就是三菱地产公司1989年斥巨资13.73亿美元收购了纽约洛克菲勒中心的14栋办公大楼，拥有了洛克菲勒中心约80%的股份。日本举国沉浸在一片“日本可以说不”的欢欣鼓舞之中。

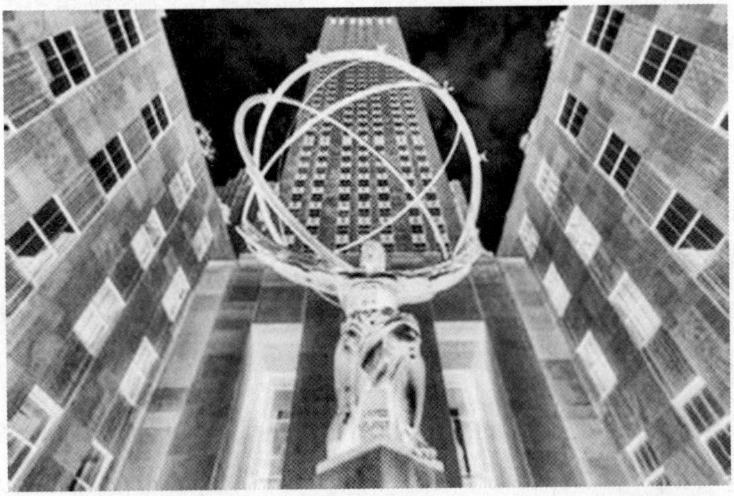

图14-4 美国洛克菲勒中心

但是，擅长金融战的美国很快找到了对策。

其一，对日本股市釜底抽薪，针对日本由来已久的封闭交易和企业集团内部或者同一系统内部相互持股的特点，美国对日本提出了具体要求，比如将银行持股标准由5%降低到2%，取消各企业相互持股等。这些具体要求在日本引起了恐慌心理，从而形成了抛出带动抛出的现象，加速了股票市场的崩溃。

其二，针对日本的高房价问题，美国要求日本加紧解决大都市附近耕地的开发利用不足的问题，土地开发得多了，房价自然会下降。同时美国要求日本调整土地方面的税收制度，最终导致了日本激烈的土地价格战。美国从股市和楼市两大渠道大大削弱甚至扼杀了日本的对外收购能力。

其三，美国再三提醒日本，其严重的经济泡沫可能引发恶性通货膨胀，促使日本在1989年连续5次加息，将贴现率从2.5%快速提高到6%，同时限制对房地产的信贷发放。

其四，促使日本购买大量美国的有价证券，向美国输送其急需的资金。由此日本成了美国最大的债权国，当美国债权人的感觉自然是美好的。

但是一系列紧缩货币政策对日本股市形成了巨大的冲击，股市和房地产危机使得企业和居民财务状况急剧恶化，甚至引发了流动性危机，日本由此陷入全面信贷紧缩。1990—1997年，日本商业银行对非银行机构的贷款下降了89%，对个人的贷款下降了54%，对房地产的贷款下降了33%。信用紧缩一方面加剧了股市和房地产的价格危机，另一方面也使得企业融资能力急剧下降。金融危机引发了日本长时间的大衰退。

“广场协议”之所以成为日本失落十年，甚至更长时间的主要诱因，说到底，是因为日本还不是一个正常国家，政治、国防等仍要仰仗美国，尽管美国所提并非日本所愿，但美国完全有能力逼日本就范，但日本却以为只要能完成日元的国际化进程，在美国吃的亏，在别的国家可以补回来。但事实上，从签署“广场协议”的那一刻起，日元的国际化进程便已经失败。一种货币想要实现国际化，必须有两个载体，即：“本币输出国”和“本币输入国”。20世纪80年代的日本出口能力十分强大，“本币输出国”没问题，日元当时甚至一度超越美元，成为亚洲地区的硬通货。

但“本币输入国”却对日元没有足够的信心。日元之所以强势，凭的只是海量贸易出口，“广场协议”签署，虽然日元的暂时强势十分有利于日元国际化，但从长远来看，则沉重打击了日本的出口贸易。“广场协议”签署后没几年，也就是20世纪80年代中后期，日本出口贸易开始萎缩，而想要提振出口贸易，最有效的办法莫过于让日元贬值。为此，日本央行无奈之下，只好开始大量购入美元，卖出日元。那些持有日元的“本币输入国”开始犹豫、后怕，嗅到了危机，对日元的信心持续走低。因为大家很清楚，日本是靠搞出口贸易发家的，换句话说，如果日本的出口贸易越来越萎缩，则注定要没落。一个有可能贬值的币种，没有人敢大肆储备。进入20世纪90年代后，日元的国际化进程几乎陷入了停滞状态。

同时，为了抵消日元升值对本国出口贸易的负面效应，日本央行被迫降低利率，吹大了经济泡沫，股市冲向历史巅峰。随后，美国又针对日本推出了股指认沽期权和日经指数认沽权证这些对于日本来说闻所未闻的金融新产品，专门找日本保险公司作为对手进行交易。结果，当美国方面打压日经指数使其暴跌时，日本损失惨重，“经济泡沫”迅速破灭。1998年的亚洲金融危机，终于成了压垮日元的最后一根稻草，日元开始大幅贬值，也正是从这一刻开始，日元的国际化进程正式以失败而告终，从此再也不能对美元的霸主地位构成威胁。

（二）运用亚洲金融危机，遏制亚洲国家疏离美国的苗头

亚洲金融危机看似与美元霸权没有太大的关系，因为其起因是泰国等东南亚国家和地区为了实现较快经济增长，实行本币自由兑换、本币与美元挂钩政策，以便外资认为存在金融风险、希望流出时，可以方便地兑换成美元转移出境，从而大量吸收外资到该地区投资。国际游资发现这一政策的巨大漏洞后，套利套汇的国际投机性资本大量涌入，由于这些国家金融监管系统不健全，这些资金被拆借流入股市，用于房地产开发，资产泡沫被大幅度吹起后，国际游资迅速撤离，不可避免地发生了金融危机。

其实，亚洲金融危机具有深深的美元霸权的痕迹。在第七章“四、东南亚国家深跌难起”部分的“（一）东南亚的崛起与否取决于美国的战略利益”中已论及，冷战时期，东南亚地区作为两极对抗的前沿阵地，其繁荣符合美国利益；冷战结束后，随着东南亚国家民族经济的迅速发展和民族自主意识的逐渐增强，东盟国家通过内部协调机制以及东盟地区论坛等方式部分削弱了美国在该地区的影响力。美国不希望看到东南亚将来成为一股能与之在经济上抗衡的力量，东南亚经济的迅速崛起不再完全符合美国的战略利益。因此，当20世纪90年代，东南亚地区采用“亚洲发展模式”达到空前繁荣时，国际金融大鳄以泰铢为突破口，沉重地打击了泰国和其他东南亚国家的货币，完全符合美国的利益。事实上，这些金融大鳄既是美元霸权的马前卒，又是美元霸权的幕后人。

危机带来的直接后果是亚洲“新兴经济体”的实力被严重削弱，日本经济持续低迷，国际经济中心向亚太转移的步伐放缓，亚洲经济圈遭受重挫。在危机下，除了避险资产以外的其他一切东西，其价格都大幅背离实际价值，大量优质企业被廉价收购，本国银行由外资入主，股市的低价股票被外资横扫，各种核心资产被外资收购。大家应该记忆犹新的是，韩国大妈们摘下金戒指、金手镯、金项链捐给韩国

政府，以便让韩国政府能够换得更多的外汇，保住韩国的名牌企业（如三星、大宇等）不被美国人买走，变成美国人的资产。做空泰铢只是一个引子，廉价买入优质资产，令亚洲国家更加依赖美元，让美国在该地区恢复其优势地位才是最终目的！

在亚洲金融危机中，美国对世界经济和国际货币金融体系的主导地位得到了一定程度的加强。这不仅由于美国在金融危机中获得了大量的经济金融利益，更重要的是，新自由主义的经济模式暂时压倒了曾经一度备受称赞的亚洲发展模式，使亚洲出现的一些疏离美国的苗头被遏制，美国金融霸权的国际经济影响力一时间有较大增长。

（三）利用次贷危机，转移“9·11”后国内累积起的金融风险

2007 年美国发生了次贷危机，但结果却是美元坚挺，美国经济迅速恢复，其他国家陷入金融危机中，出现了次贷是美国的，而危机是世界的现象。究其原因是美国通过次贷危机释放了“9·11”以后为了刺激经济累积起的金融风险，美国经济重新步入健康发展的轨道，由此进一步巩固了美元的强势地位。

2001 年“9·11”之后，美国出现了空前的危机，安全岛不安全了。为了刺激经济，美国采取了许多措施，其中之一就是采取低利率政策，同时以房地产拉动美国的经济。房地产是一个产业链很长、带动能力超强的产业，这一点美国人比中国人更清楚。为了撬动房地产产业发展，美国政府纵容次级贷款超常规发展，使次级贷款市场极其火爆。本来次级贷款者是没有钱买房子的，但是通过次级贷款，他们只需要付出很少的利息，就有了自己的房子，相较之下比租房划算。虽然他们最终有可能违约被收去房子，但人总是要有梦想的，就算未能“咸鱼翻身”，最起码也得到了几乎免费住几年的机会。

美国的房地产价格因此一路上涨，与房地产相关的建筑材料业、建筑设计业、建筑施工业、建筑装修业、家具业等所有行业都生意兴

隆，房地产商更是赚得盆满钵满。

但美国政府对次级贷款的不可持续性心知肚明，为了转移风险，默许或者诱导这些发放了次级贷款的公司，通过美国的投资银行把这笔债权做成了一种叫担保债务凭证（简称 CDO）的债券来发行。买了这种债券，就相当于购买者把钱借给了贷款者，购买者可以获得债券的利息，但是如果贷款者不还钱的话，所有风险都由债券购买者来承担。本来这是风险很大的一种债券，没人愿意为次级贷款公司承担还款风险，但美国投资银行对其进行了宣传包装，如请著名经济学家写些文章，同时违背职业操守把这种债券评为 AAA 级，以及进行保险等运作。出于对美国的信任和盲从，全球的各种银行、各种基金、各种机构开始纷纷抢购这种所谓的高收益低风险的债券。

当美国政府觉得再放任下去可能就收不了场的时候，于 2005 年开始引导提高利率，房价也从最高点开始下跌，许多次级贷款者出现还款困难，开始有人违约了。到 2007 年，次贷危机彻底爆发。

图 14-5 雷曼兄弟破产

随着美国金融海啸的惊涛拍岸，华尔街出产的金融衍生品大幅贬值，一批金融机构破产或被政府接管，让此前购买了大量相关产品的外国机构投资者叫苦不迭。美国作为世界最大的债务国，已将它的各类债权人深深拖入泥潭而无法自拔，成了危机的买单者。明明美国是危机旋涡的中心，但美元却没有像泰铢在泰国发生金融危机时那样身价一落千丈。欧元不但无法保持坚挺或赶超美元，形成取代的声势，反而在与美元的汇价上不断走下坡路。2008 年 10 月、11 月间正值“风大浪急”，美联储以救市的名义投放大量美元，美元指数却达到了 2007 年以来的最高点，因成为大家争相追捧的“避险货币”而坚挺起来。当局势稍稍稳定下来，人们开始思索被满世界狂撒的美元到底值不值得被捧得那么高，什么时候会摔下来时，美国却反过来以此为要挟，让别国不敢轻举妄动，不敢轻易地抛售美元，以免自己口袋里的美元资产大幅贬值。当时，中国就成了美元最大的蓄水池，大量接纳超发的美元，进而导致国内通胀高企，房价暴涨，如本书第六章所述。

通常，当公司遭遇财务危机时，往往采取收缩经营的策略，以渡过难关，国家也应如此。然而，发生次贷危机的美国却并非如此，在次贷危机爆发和蔓延的 2007 年，美国反而加快了海外扩张的步伐。据美国经济分析局（BEA）的统计，当年美国增持了 3.56 万亿美元的海外资产，为历年之最，其海外资产规模达到 19.46 万亿美元。也就是说，在危机中美联储注入的流动性并没有留在美国国内，而是通过对外投资全部投向了海外。

在美元逃离美国的同时，其他国家则在增持美国资产，当年外国投资者持有的美国资产净增加 3.43 万亿美元，也为历年之最。截至 2008 年底，美国对外负债达到 21.18 万亿美元。美国人实现了胜利大逃亡。

因此，次贷危机成为美元霸权的另一种形式的实现，即在美国国内出现严重危机的情况下，外国投资者持有的美元资产特别是美国债券严重缩水，但美元依然坚如磐石。由此也可以看出，美国综合实力和金融手段的确非同一般，即使美国发生如此大的危机，人们还是被迫相信美元的长期信用。

第十五章　无色行动“三类战”

尽管通过控制石油、粮食、货币等可以控制世界，但是控制世界的压舱石还是军事实力，国际上所有核心较量，最后都不得不落到战争上。正如著名外交家傅莹所言，“军人用枪拿不回的，别指望外交官用嘴拿回”。因此，尽管美国不是一个好战的国家，但美国需要战争，需要最终用战争去维护美元的霸权地位。正如第十章“四、实战锻炼从未间断”所述，“二战”后美国介入了至少10场较大的战争，是对外战争最多的国家，其中许多战争，特别是美元信用来源由“实物抵押”转为“暴力抵押”以后的几场战争，当我们仔细去回味，似乎其中都有美元若隐若现的身影。为美元而战，这就是当代美式战争的重要目的。

美元信用来源由“实物抵押”转为“暴力抵押”以后的几场战争，除了海湾战争有摆得上桌面的理由——伊拉克侵占科威特，美国为了维护正义，且得到联合国授权外，其他的大都是先找个理由，打完了再说，结果事后发现那些理由大都是假的，但美国就是美国，打了也就打了。根据美国的战争借口，本书把战争划分为三类，由于这些战争都是美国为了自身利益而发动，并以世界上最宝贵的人的生命为代价，以无色表示，此时“无色胜有色”。

一、第一类战争：借口维护人权

早在欧元启动前夕，美国就已经看清了欧元成功启动可能对美元带来的巨大挑战。一旦欧洲另起炉灶，美国就将多一个强大的货币竞争对手，为了打压小兄弟们的野心和稳固美元霸权，战争的选项被悄然提上议程。

早在科索沃战争前夕，美国大多数议员就坚持通过武力来阻止欧洲另立门户，达到这一目的最有效的措施即通过深入欧洲腹地，在欧洲心脏地带发动一场战争，阻止国际资本流向欧洲，即便不能彻底打垮欧元，也要拖延欧元“从婴儿长大成人”的时间。事实证明，美国的做法不仅奏效了，而且差一点就把欧元掐死在摇篮里。

选择战争的对象需要高超的艺术，因为既要打击欧元，还要欧元区国家与美国一同行动，也就是中国俗语讲的“把你卖了，还要你帮着数钱”。欧洲人可不傻，是地缘政治的老祖宗，要瞒过他们可不是一件容易的事，除非选到一个欧洲人同仇敌忾，说到就来气的主，把他们气糊涂后，就跟着美国人干傻事了。科索沃最终被选中，因为科索沃问题由来已久，主要是南联盟一个省区内阿尔巴尼亚族人与塞尔维亚族人的宿怨和矛盾斗争。北约为了推行向东扩张政策，选择支持科索沃阿尔巴尼亚族人的分离主义运动，与南联盟冲突不断，南联盟正是那个欧元区国家一说到就来气的主。美国把南联盟作为打击对象，很快就说服欧元区国家和北约一块攻打南联盟，理由是米洛舍维奇的南联盟政权在科索沃屠杀了9万阿尔巴尼亚族平民，即所谓的“拉察克大屠杀”。1999年3月24日，在未经联合国安理会授权的情况下，北约悍然对主权国家南联盟进行了军事打击，北约这一侵略行径，开了当代国际关系中极其恶劣的先例，对世界和平与发展构成了严重挑战。据统计，在这场不义战争中，以美国军力为主的北约投入战舰40多艘、战机1200多架，出动超过35000架次，投入炸弹和导弹14000多吨，炸死南联盟军民1800多人，炸伤6000多人，炸毁50多座桥梁、12条铁路、5条公路干线、5个民用机场，破坏多个电厂、20家医院、数百所学校和数万间民房，制造了100多万名无家可归的难民，战争直接造成米洛舍维奇政权的垮台。战争过后，“拉察克大屠杀”却被证明只是一个谣言①。

图15-1　北约轰炸南联盟图示

从表面上看，这场战争达到了北约国家的目的，北约成功地实现了东扩，但它更成功地实现了美国隐秘的目的。在欧元出现之前，美

① 法国《人道报》曾公开说，作为战争导火索的所谓“拉察克大屠杀”，实际上根本就没有证据，它只不过是为战争争取支持的一则谎言。北约当初之所以发动战争，基本的理由就是科索沃发生了“种族清洗”。法国《人道报》的文章揭露了西方国家一些政要对科索沃受害人数的信口开河：1999年4月，美国国务院宣布50万科索沃阿尔巴尼亚族人失踪，“人们担心他们已经死了”；一个月后，美国国防部长科恩确认有10万到了服兵役年龄的人失踪，“可能被杀害了”；6月，英国外交部说有万人被害，克林顿也宣称有1万名科索沃阿尔巴尼亚族人被塞尔维亚族人杀害。从50万人到1万人，这就是美英官方对于“种族清洗”数字的随意修正。该报所提供的事实是：1999年9月，一个由西方国家法医组成的小组到科索沃实地考察，结果发现了187具尸体；11月，前南问题国际法庭进行的调查找到了2108具尸体。但是，正如《华盛顿邮报》（2000年3月26日）的文章所指出的，根本不能肯定这些人是死于南联盟的暴行，其中一些人可能参加了战斗，还有一些人可能死于北约的炸弹。这种情况根本说不上是种族灭绝。米洛舍维奇死于“拉察克大屠杀”，萨达姆死于“大规模杀伤性武器”，不幸的是，人类历史上的这两个丑闻，都让我们这代人赶上了。

元是世界上唯一的储备货币、基准货币，全世界所有国家的贸易结算货币几乎都是美元，这意味着美国是唯一拥有向全世界征收铸币税、通货膨胀税等权力的国家。欧元的出现，意味着一个庞大的欧元经济体从此后不再由美国人征收这些税，欧元作为另一种国际结算货币的前景更让美国忧心忡忡。对于美国来讲，这不仅是铸币税等的损失，更是对美元霸权根基的动摇。

当一场在欧洲心腹地带的战争打下来后，欧元和美元的汇率已由两个月前，即1999年1月1日欧元正式启动时的1∶1.07变成1∶0.82，欧元大跌约30%，相当于每天下跌0.5%。科索沃战争爆发之前，大约有7000多亿美元热钱在战云密布的欧洲大陆游荡，战争打响后，有4000多亿美元立刻从欧洲抽逃，其中2000多亿美元流向美国，直接支持了美国已经持续90多个月的经济繁荣。

这时欧洲人才开始醒悟，欧盟官员事后哀叹道："科索沃战争是一场需要欧盟认真反思的战争。"这也是为什么后来当美国要打伊拉克的时候，法国和德国这两个欧盟的轴心国家坚决反对的原因，但在俄罗斯吞并克里米亚后，欧洲人却又协助美国干了一件从现实的角度看"毫不利欧，专门利美"的事情。

二、第二类战争：借口消除大规模杀伤性武器

2003年3月，美国以伊拉克隐藏有能在45分钟内向英国发动攻击的大规模杀伤性武器为借口，绕开联合国安理会，与英国一道单方面决定对伊拉克实施大规模军事打击。伊拉克战争引发了世人普遍的质疑和反对，因为战争造成数十万伊拉克平民死伤，而时任伊拉克总统萨达姆拥有大规模杀伤性武器这一发动战争的借口已被证实是不存在的。2010年1月29日，英国伊拉克战争独立调查委员会对时任首相布莱尔进行了质询，质询过程中，布莱尔极力为当年的出兵决定进行辩

护，称出兵与“谎言、阴谋、虚伪、欺诈”无关，目的是为了消除伊拉克大规模杀伤性武器给英国和全世界带来的安全威胁，他拒绝道歉。

然而硬扛了12年之后，2015年10月25日，英国时任首相布莱尔终于为当年发动伊拉克战争道歉了。他被问道：考虑到萨达姆没有大规模杀伤性武器，那场战争错了吗？布莱尔回答说：我为我们收到的情报是错误的这一事实道歉，我也为我们计划中犯的错误道歉，我们在对推翻一个政权之后会发生什么的理解上犯了错。

英国《每日邮报》评论说，布莱尔拒绝道歉坚持了12年，现在做出了“不寻常的忏悔”，这是一个“历史性时刻”。

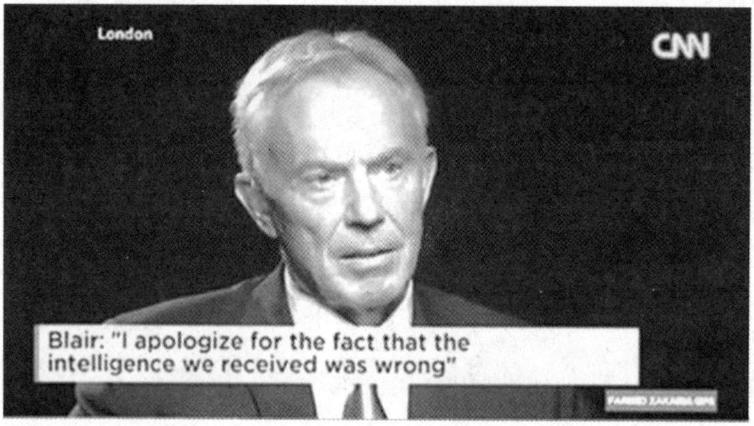

图15-2 布莱尔道歉的“历史性时刻”

尽管当时普遍认为美国是为了获取石油而挑起事端，然而美国占领伊拉克后，却没有从伊拉克免费拉走一桶石油，因此，不少美国专家学者说这是冤枉美国。当时，世界上大部分人都不信美国的说法，欧洲的一些盟友也不信。直到2008年，6年过去了，一个意想不到的人站出来说话，他就是赫赫有名的美联储前主席艾伦·格林斯潘，他在2008年9月17日出版的回忆录中写道：“伊拉克战争主要是为了石油。”一个神圣的谎言破灭之后，尴尬是可想而知的。

伊拉克战争十周年之际，美国有线新闻网刊发石油工业分析家安东尼娅—尤哈斯的文章，称伊拉克战争就是为了石油而进行的战争。文章详细梳理了美国布什当局为了西方大石油公司，发动战争并逼迫伊拉克向外国石油公司开放石油工业的过程，指出西方大石油公司才是战争的受益者，而失败者则是伊拉克人民和美国军人。

EDITION: INTERNATIONAL | U.S. | MÉXICO | ARABIC
TV: CNNi | CNN en Español
Set edition preference

Home Video World U.S. Africa Asia Europe Latin America Middle East Business

Why the war in Iraq was fought for Big Oil

By Antonia Juhasz, Special to CNN
March 19, 2013 – Updated 1305 GMT (2105 HKT)

U.S. Marines in northern Kuwait gear up after receiving orders to cross the Iraqi border on March 20, 2003. It has been 10 years since the American-led invasion of Iraq that toppled the regime of Saddam Hussein. Look back at moments from the war and the legacy it left behind. For more, view CNN's complete coverage of the Iraq War anniversary.

HIDE CAPTION

图 15-3　伊拉克战争和石油

文章称，在 2003 年美国入侵伊拉克前，伊拉克的国内石油工业已经全面实行了国有化，并且向西方石油公司关闭了。10 年战争结束后，它又在很大程度上私有化了，并且完全被外国公司所主宰。

从埃克森美孚和雪佛龙到英国石油和壳牌，西方最大的石油公司已经在伊拉克设立了工厂，很多美国石油服务公司也是如此，其中包括哈里伯顿。哈里伯顿是总部设在得克萨斯的一家公司，迪克·切尼在 2000 年成为乔治·W. 布什的竞选伙伴前，曾经经营该公司。

战争的唯一动机，就是这种长期寻求、新近获得的进入伊拉克石油工业的通道，在入侵伊拉克之后那些年里，美国高级军事和政治人物已经证实了这一点。

2007 年，美国中央司令部前司令、伊拉克军事行动指挥官约翰·阿比扎伊德说："它当然与石油有关，我们真的无法否认那一点。"当时的参议员、后来的国防部长查克·哈格尔也说："人们说，我们不是为了石油而战。我们当然是为了石油而战。"

大约 30 年来第一次，西方石油公司在位于伊拉克境内世界上最大的一些油田勘探、生产石油，并且获取了丰厚的利润。不仅如此，自入侵以来，美国也维持了一种相当稳定的、从伊拉克石油的进口水平，但石油收益却没有惠及伊拉克经济或社会。

此外，在伊拉克战争之前，国际原油市场油价为 38 美元/桶，战争结束后，油价一路飙升，直至 147 美元/桶。当然这不完全是因为伊拉克战争，但伊拉克战争是其中的一个重要因素。在全球油价用美元计价的前提下，石油价格上涨了 3 倍，实际也就相当于美元需求提高了 3 倍多。当全世界需要更多的美元去购买石油时，收益最大的除了产油国，就是美国政府了——美国政府通过战争打出了全球的美元需求。

还有一个容易被人们忽略的事实是，海湾战争后，被美国和西方用禁飞区和经济制裁逼迫得走投无路的萨达姆，在获得联合国"石油换食品计划"的许可后，迫不及待地宣布伊拉克的石油交易将用欧元结算。他以为可以在美国和欧盟之间玩一把，但没想到正是这一举动导致了伊拉克战争的爆发，并最终把他自己送上了绞刑架。还没等抓住萨达姆，美国人就迫不及待地成立了伊拉克临时政府，临时政府发布的第一道法令，就是宣布伊拉克的石油出口从以欧元结算改回以美元结算，这就是为什么说美国人是在为美元作战。

三、第三类战争：借口反恐之战①

美国惯用的这种以军事手段改变别国投资环境、改变资本流向的手法，还出现在了阿富汗战争中。“9·11”事件发生之后不到2个月，美国仓促地发动了阿富汗战争，打到一半时美军就把巡航导弹打光了，美国国防部不得不下命令打开核武器库，取出1000枚核巡航导弹，摘下核弹头，换上常规弹头，又打了900多枚才把阿富汗打下来。既然如此，美国人为什么硬要仓促上阵呢？在世人眼里，这是美国复仇心切，但其实这其中仍有美元的身影。

“9·11”事件发生后，全球的投资人突然对全世界最安全的投资环境——美国产生了疑虑，很快，约有三四千亿美元资金撤离了美国，对于美国这样一个依赖资本项目顺差及流动性的国家来说，这种局面是致命的。美国迫切需要做点什么来挽救投资者对美国的信心，而战争是最方便也最适合不过的工具。当第一枚巡航导弹落在阿富汗的土地上时，道琼斯指数就在短期下探后很快回升，华尔街响起一片喝彩声。随着战况进展顺利，大量撤离的资金又陆续回到了美国，这场战争重新打回了全世界对美国投资环境的信心。

图 15-4 阿富汗战争图示

① 参阅了乔良将军的《美国东移与中国西进——中美博弈下的中国战略选择》。

阿富汗战争不仅是阿富汗人民的苦难，也是美国社会难以承受之重。多次民调显示，大多数美国人反对和厌倦阿富汗战争，除数千名美军官兵在阿富汗丧生外，美国还因这场战争背上了沉重的财政负担。美国官方从未详细透露阿富汗战争的真正财政支出情况，但据英国《金融时报》和独立研究人士计算，美国为此支付了 1 万亿美元，其中 80%是在奥巴马总统任期上花出的，由此也可以看出，美国为了核心利益愿意付出巨大的代价。

第五篇

盛极必衰：美元霸权的逐渐式微

美国尽管在硬实力和软实力方面独占鳌头，且殚精竭虑，使用各种手段维护美元霸权，但正如日不落帝国终究“日落西山”一样，美国也不可能逃脱衰落的命运，美元霸权的衰落是注定的。从内因上看，美国的政治体制决定了美国无法走出政治极化的“囚徒困境”，而美元霸权的“福利”正不断侵蚀着美国中等收入群体的利益，导致社会两极分化，进而使得美国最终将无法逃脱“帝国陷阱”；从外因上看，对美元霸权的反抗力量正不断壮大，此消彼长是历史的必然趋势，拐点的到来只是时间问题。

尽管美国在积极寻找延续美元霸权的新载体，但即使新载体能起作用，也只是苟延美元霸权的时间，并不能改变美元霸权衰落的命运。

“

如果美国本土能够给“苹果”提供3万名工程师，我马上就能把这60万个就业岗位带回美国。

——史蒂夫·乔布斯

”

第十六章　美国的政治体制注定美元霸权将衰弱

一、美国政治体制的结果是两党制

与世界上其他国家相比，美国的政治生活处于一种独特的权力结构之下，其采用的是总统制。在西方主要国家中，虽然有总统的国家有多个（如德国、意大利等国都有总统，但总统只是虚职，总理才是政府首长），但属于总统制国家的只有美国。总统制国家的显著特点是，总统掌握最高行政权，行政权、立法权、司法权三权分立。一方面，在总统制下，总统是行政首长，直接任命并领导内阁，总统既不向国会负责，也无权解散国会；另一方面，国会也不能迫使总统及其内阁辞职，只有当总统及其政府高官违反宪法或渎职、失职时，国会才能对其进行弹劾。由于总统是政党政治推选的代表，实质上政党政治也是美国总统制的幕后之手。

美国宪法虽然没有规定政党地位，但政党是美国政治制度的重要组成部分，其影响渗透于其他各种政治制度。两党制在美国成立联邦初期就已萌芽，到南北战争后，两党制正式形成；垄断资产阶级通过两大政党控制整个国家政治机构，操纵全国政治生活；两党的主要职能是操纵和包办选举，特别是总统选举，民主党和共和党两党长期轮流执政；美国政党除两大党外，虽然曾经出现过从两大党分裂出的第三党和许多其他政党（所谓的“小党”），但是它们或是昙花一现（如第三党），或是虽能长期存在，但影响有限（如小党），都不能成为同两大政党分庭抗礼的全国性政治力量，不会影响两大党轮流执政的地位。两党不仅控制着联邦政府，也几乎控制着所有的州政府和地方政府。

二、两党制导致政治走向极化

从组织结构层面看，美国的民主党或共和党不同于其他西方资本主义国家的政党，它不是正常意义上的政党，而是一个极其松散的政治联盟。要成为民主党或共和党的党员，无须申请和履行入党手续，也不需要交纳党费。公民在进行选民登记时声明一下并履行登记手续，即可成为民主党党员或共和党党员。政党对其党员也都不进行纪律制裁。从思想取向层面看，两党分别代表两种差别极大的政治哲学：民主党——自由主义；共和党——保守主义。一般说来，美国当代的自由主义理论推崇革新、容忍与社会平等；而保守主义思想则强调文化延续性，注重传统价值、社会稳定与宗教的作用。

保守主义理论从维护个人自由这一基点出发，坚信政府权力的扩大意味着个人自由的缩小，认为联邦政府的社会福利、高开支、高税收，以及保护少数民族权益等政策均不同程度地造成或深化了美国的社会经济问题，如生产率下降，商企界投资热情不高，懒人依赖政府救济，等等。

与此相反，自由主义理论认为，放任的资本主义经济导致了严重的贫富不均、高失业与一系列其他问题。美国社会亟待解决的问题不是个人权利受到侵犯，而是社会不平等没有得到纠正。政府权力不是造成美国社会经济问题的原因，而是消除这些问题的重要手段。

共和党和民主党对与政府权力有关的议案的表决通常是营垒分明。克林顿 1993 年当政后，其刺激经济的法案在参议院遭到共和党议员封杀，联邦赤字减缩法案也受到参众两院共和党议员的一致抵制。在布什执政期间，民主党虽在参众两院占有优势，成功地通过了几十个法案，但由于共和党占据白宫，布什利用总统权力将那些法案一一加以否决。克林顿一入主白宫，民主党议员急忙又将被布什否决的一些法案重新通过，交由民主党总统顺利签署。

两党政治有优点，也有其缺点，其中一个重要弊端就是社会容易走向极化。当前，美国社会正加速滑入这一泥潭。皮尤公司 2015 年一项基于对 10013 名受访者的最新调查表明，在过去 20 年间，美国共和党、民主党两党成员相互间的反感程度激增。意识形态立场的硬化意味着更多的美国人不太可能支持政治妥协。调查显示，美国民众就政治问题表达自己一贯的自由派或保守派观念的人数比例已由 1994 年的 10%倍增至 21%，表明民众的政治立场比以往任何时期都要分化。

两党的支持者不仅在社交场合只愿意与本党人士交往，而且愿意住在一起，甚至愿意他们的孩子与持本党观点的人士成婚。99%的共和党受访者的立场较民主党中的温和派更为保守，98%的民主党受访者的立场较共和党中的温和派更为自由。而在 2004 年，上述两个数字分别为 88%和 84%。换言之，两党在所有议题上持温和立场的成员已极为罕见。

刚刚过去的奥巴马时期，美国政坛左翼右翼相互敌视、温和派无所适从、政治新秀挑战老牌精英、草根群体挑战上层领袖，结果是在任者的政治权威下降，对外决策权力分散化。

在两大阵营的政治对决中，不仅有传统意义上的保守派与新政自由派之争，还掺杂着左、右翼平民论派的彼此仇视，以及共同反对当权者的声音。奥巴马时期，在两党分守府、院的背景下，总统向左转、国会向右转，政治妥协渐成水中月、镜中花。

2016年的总统大选，民主党内，自称社会主义者的桑德斯崛起，对民调领先的希拉里构成了威胁。为了从桑德斯手中夺回地盘，希拉里明显向左转，更倾向于劳联—产联等左翼草根利益群体。在一些经济和社会问题上已经比较左的总统，也不得不再跟进一步。

共和党内，以茶党为代表的右翼民粹主义选民，把走中间合作路线的国会领袖们逼到了死胡同。由于对调和少壮派与当权派之间的分歧没有信心，就连足够保守的多数党领袖麦卡锡也放弃了晋位议长的机会。未来，不管谁上台，都难逃更激进的极端者的挑衅。经验丰富的博纳含泪辞职、偏激的特朗普赢得共和党提名，映射出的就是这种窘境。

特朗普上台后，美国社会的民粹主义进一步升级，而且更加深入影响到共和党和民主党两党的主流意识。高盛曾在一份报告中指出，特朗普的政策已经遭遇到两党政治的阻力，其税收改革、取消奥巴马医保等计划的实现难度加大，导致其上台后“蜜月期”对股市的提振效应已消失，投资者也已信心不足，未来经济预期转为悲观。大选后两党在部分事务上出现了合作的可能，但目前政治环境变得更加两极化，需要两党支持的事物更加难以完成。

三、政治极化引致的“囚徒困境”导致美国衰弱

两党政治极化已使美国的政治陷入“囚徒困境”，其中两党在财政政策上的表现最具有代表性。作为国家来讲，最合理的财政政策应该是开源节流，即适当增加税收（有制度约束，而非滥征），尽量减少支出，从而保持财政平衡，维持政府的可持续性。然而，两党政治的博弈结果却是减税（减税是好事，但不着边际的减税就不是好事），增加

支出（没有节制，过度支出就会养出一大批懒汉）。因为在两党政治体制中，选票意味着政权，因此，当民主党为了获取支持其政党理念选民的选票，提出增加财政支出的主张时，共和党为了获取支持其政党理念选民的选票，一定会提出减少税收的政策主张。

表 16-1 民主党、共和党面临的囚徒困境

共和党 / 民主党	增加税收	减少税收
减少支出	妥协 财政平衡	共和党拥有政治优势 财政失衡
增加支出	民主党拥有政治优势 财政失衡	政治僵持 财政失衡

从表 16-1 所示民主党、共和党两党博弈模型可以看出，博弈最优解是共和党提出增加税收，民主党提出减少支出，两党通过妥协达到财政平衡。但事实却是，这个结果不是博弈解。因为，如果共和党提高税收（得罪支持它的选民），民主党正好可以有钱去拉拢选民，提升民主党的政治优势，进而获取政权；反之，如果民主党减少支出（得罪支持它的选民），正好让共和党有条件减税拉拢选民，提升共和党的政治优势，进而获取政权。因此，共和党的明智选择是，不管民主党如何选择，它都要通过降税来保持共和党拥有的政治优势；民主党的明智选择是，不管共和党如何选择，它都要通过高额的财政支出去争取民主党拥有的政治优势。国此，两党轮流执政的结果就是：低税收、高支出，最终的博弈解只能是政治僵持、财政失衡（不断举债），一个从国家的角度看最差的结果。财政失衡的主要部分是社会福利，社会福利一般具有刚性，因为政客们为了选票，谁也不会削减福利。

近年来，美国的财政赤字已增到每年大约 1 万亿美元，支出 3 万亿美元，税收收入 2 万亿美元。哈佛大学经济学家卡门·莱因哈特和肯尼迪·罗格夫的研究表明，当一国的债务总额占GDP的比例超过90%时，该国经济开始衰退。美国2012年的债务总额占GDP的比例超过了70%，美国经济正迅速走向失衡。美国的选民和希腊的选民一样，都想“鱼和熊掌”兼得，希腊选民是既想留在欧元区，又不想过紧日子；美国选民是既想少缴税，又想有高福利。这说明美国这个民主大国正在衰落。历史研究表明，大国的衰落总是遵循这样的模式：否认停止的本质—中央集权—寅吃卯粮①。

在没有泡沫的情况下，美国这种“成熟经济”潜在的增长率也就是2%左右。金融市场人士估计，如果美国政府不勒紧裤腰带节衣缩食地过日子，美国需要保持5%的年增长率，才能让美国政府有足够的财政收入来使其债务占GDP100%的水平不再继续增长，这本就是一件天方夜谭的事。更糟糕的是，美国的负债业务是美国政府通过发行国债来经营的，而美国高收益资产业务是通过企业和金融机构全球投资来获取的。问题在于美国政府现在很难与跨国企业和金融企业分享其海外利润，政府无法有效征收企业和金融机构的海外资本利得税。政府做负债业务需要付出成本，企业和金融机构做资产业务获取的高收益却不与政府分享，美国的债务只可能不断增长，直到这个全球银行因政府的债务问题而面临挤兑，最终玩不下去为止。到时不仅美元霸权自然终结，美国这个国家也会像历史上的其他帝国一样沦落为二流国家。

① 参阅：[美] 凯恩．平衡——从古罗马到今日美国的大国兴衰 [M]．北京：中信出版社，2015.

第十七章　“去工业化”促使美元霸权衰落

一、“帝国陷阱”难以避免

美元霸权的支柱，即经济、军事、科技等最终都有赖于美国人，特别是美国的中坚力量——美国的中产阶级。但是，在美国凭借美元霸权带来源源不断的海外财富的同时，与历史上所有过度扩张的帝国一样，美国正变得越来越依赖于海外财富的支持，结果造成了国内中产阶级的萎缩。古代的罗马帝国和近代的大英帝国最终走向衰落，一个共同的原因就在于，由海外流入的巨大财富在支持起帝国及其精英集团的同时，造成了国内中产阶级生存能力和竞争能力的降低，社会结构日益走向两极化。在上一章，我们曾讨论美国的政治两极化，政治是经济的表现，美国之所以会出现政治的两极分化，根源是经济基础的两极分化。两百年来，美国几乎一直是现代工业和生产力当仁不让的领袖，巅峰时期，美国生产了世界50%以上的工业产品。但到了今天，昔日的世界工厂却陷入了“去工业化”的困境。

美国为了维持其美元霸权地位，必须要源源不断地输出美元，获取别国的商品，同时诱导这些输出的美元通过购买美国金融资产重新回到美国，以实现美元的环流，这造成了美国产业的畸形发展。一方面，大量的制造业被转移出去，实体经济都外移到美洲、亚洲，如墨西哥、中国、越南等成本较低的国家和地区；另一方面，美国的金融产业空前发达，甚至过度膨胀，结果导致所谓的产业空心化，即制造业大量萎缩，只有一些核心制造业还留在美国国内。

对于一个大国来说，制造业外移远非简单的劳动成本降低问题，还会极大地影响到国内中产阶级的数量和质量、国民的竞争能力，以及社会的有效需求。随着制造业的空心化，美国技术工人数量开始急剧萎缩，越来越多的工人被迫转移到低技能、低收入的服务业。随着技术工人群体的萎缩，美国服务业中一些技术性的高收入工作，也开始外包到发展中国家。目前，一般发达国家的第三产业在 GDP 中的比重都是 70%左右，而美国则接近 80%。

制造业和服务业中技术性工作的转移，会导致社会结构的急剧变化，出现“竞争能力两极化”的趋势。具体而言，在金融、研发、设计等领域，少数最优秀的精英在全球化浪潮中能力不断提升，凭借美元霸权从全球市场中汲取大量财富，输送回美国；在制造业和服务业技术部门就业的中产阶级，却由于工作岗位削减而不断沦落，转移到低收入的服务业。长此以往，本为美国社会中坚的中产阶级数量将越来越少，竞争能力将越来越差。因此，尽管从总体上看，美国的财富一直在增长，但这种增长主要被极少数精英占有，广大低技能的服务业工人不仅无从分享，还要为此付出代价。经济结构的变化造成国民竞争能力的两极化，进一步造成财富收入的两极化，并导致社会分裂和抗争，这就是使历史上诸多帝国最终走向衰落的“帝国陷阱”。

图 17-1　占领华尔街

二、产业空心化伤害中产阶级

从 1895 年到 2009 年，美国一直是世界制造业的领袖，但目前美国本土制造业正在不断萎缩：制造业占 GDP 的比重已从 1957 年的 27%下降到 2009 年的 11.2%，制造业的就业人数也从 1998 年的 1760 万人减少到 2010 年的 1150 万人。

随着生产设施的外迁，美国工人的平均工资自 1980 年以来几乎毫无增长。同第一产业和第二产业的停滞对比鲜明的是美国第三产业的快速增长，从“二战”后至今，美国第三产业的规模由不到 1500 亿美元增加到 10 多万亿美元，增长约 70 倍；第三产业占 GDP 的比重由不到 60%增加到接近 80%。

美国人口普查局 2011 年的统计显示，美国的就业高度集中于非农产业部门，在非农产业中又高度集中于服务部门。据美国劳工部统计，全美劳动力总数为 1.46 亿人，就业 1.38 亿人，总就业率为 94.5%。

就业人口的行业分布是：农业 800 万人，占 0.58%；非农产业 1.3

亿人。在非农产业中，工业2100万人，占16%；服务业1.08亿人，占84%。在服务业中，政府部门2100万人，占20%；教育和卫生部门1600万人，占15%；专业性服务业1600万人，占15%；零售业1400万人，占13%；休闲服务业1200万人，占11%；其他行业2900万人，占26%。

图17-2　难以找到中等收入工作的人们

美国产业结构的变化导致了工作技术含量的两极化。制造业中的中端工作职位逐渐消失，大量中等技术工人沦落到低技能、低收入的行业中就业。2010年，美国低收入行业就业总人数大约是4000万人，其收入低于联邦政府2.3万美元的贫困线标准，而这个收入通常要养活一个家庭。收入最低的工人主要分布在食品餐饮服务行业，占了低收入总人数的75%。尤其值得重视的是，大量受过良好教育的工人已经无法找到中等收入的工作。根据美国劳工部的资料，在高中毕业以上学历的工人中，有84%无法找到中等收入的工作；在受过高等教育的人中，近50%无法找到中等收入的工作。

由此带来的收入贫富悬殊和两极分化无可避免。美国《财富》杂志曾刊文称，根据美国劳联—产联的数据，2011年美国大公司总裁的平均收入是1290万美元，这一数字在2010年是1140万美元，一年涨幅达14%，而据美国劳工部统计，2011年美国普通雇员的平均收入仅为3.4万美元，两者之间相差近380倍，而在1980年这一差距还只有42倍，短短30年间差距扩大了9倍。

《福布斯》杂志分析称，最富有的美国人财富在2011年增长了12%，而据全美企业经济协会（NABE）的数据，2011年美国的GDP增长率只有1.7%，富人财富的增速超过经济增速的7倍还多。

美国人口普查局2011年的统计显示，2010年美国新增加了260万贫困人口，贫困人口总数已达到4620万人，创下52年来的最高纪录。哈佛大学经济学教授劳伦斯·卡茨（Lawrence Katz）指出，现在是自从大萧条以来，美国家庭的平均实际收入首次长时间停滞。卡茨评论说："这是真正的'失落的十年'，我们一直认为美国可以让每一代人都变得更好，但是我们看到的是一个艰难的时期，比起20世纪90年代后期，家庭中位数收入①变得更加恶劣。"

美国在保护劳动者权益方面，法律体系相对完善，工会的力量也相当强大。不能把美国贫富两极化简单地归结为严重的分配不公，毕竟在美国这样的自由市场国家，国民个人收入归根结底是由劳动力市场和资本市场决定的。最根本的原因应该是美元霸权所带来的生产结构的改变，这种改变导致的产业空心化和中产阶级萎缩，造成了美国的贫富悬殊。

三、"再工业化"知易行难

（一）"再工业化"是一个"古老"的话题

面对美国产业空心化，现在呼吁"再工业化"的人越来越多。特

① 指用统计学上中位数的概念来衡量某地区普遍民众的收入水平，相比较于人均收入，家庭中位数收入更贴近普通民众的实际生活水平。

朗普更是以此为由上台，上台后对此也不遗余力。其实，自 20 世纪 70 年代发达国家的“去工业化”（de-industrialization）过程开始，“再工业化”的呼声就此起彼伏，但产业空心化的趋势反而愈演愈烈。

自从 2010 年，美国出台多项政策鼓励制造业回流后，美国制造业比重呈现上升趋势。2010—2012 年，美国制造业产值占全国 GDP 比重逐步提升至 11.7%、12.37%和 12.52%。依靠重塑制造业，过去 4 年，美国制造业创造了 62 万个就业岗位，制造业就业人数从 2010 年的 1150 万人上升到 2014 年的 1212 万人（如图 17-3 所示）。

图 17-3　美国制造业就业人数情况

资料来源：穆迪数据中的布鲁斯金分析。

有一些乐观者指出，美国制造业似乎有复苏的迹象，完全有可能走出“去工业化”的困境。波士顿咨询集团于 2012 年的调查表明，37%的美国企业称正在计划或积极考虑把工厂从中国迁回美国。根据初步估算，在运输、计算机、材料合成、机械等领域，到 2020 年时，现在美国从中国进口产品中的 10%~30%将可以在美国制造，其产值约为 200 亿~550 亿美元。另外，由于高效的劳动生产率和廉价的美元，美国对欧洲制造业的吸引力也越来越大，欧洲工厂纷纷在北美登陆。美国供应管理协会数据显示，截至2012年4月，美国制造业活动连续第33个月保持扩张势头。

美国要实现“再工业化”有很多优势。像任何一次产业革命一样，新制造业时代的到来，必须借助重大技术发明创造的存在。今天，在全球的研发开支中，美国一家就占到31%，远超欧盟的17%和日本的11%。2012年，奥巴马政府在俄亥俄州洋斯顿市一个废弃了的仓库里，创建了美国第一座聚焦制造业创新和研究的科研机构，专攻3D打印技术。奥巴马声称，仅3D打印技术的发展，就有可能在制造业形成一场革命。他在2013年的国情咨文中，不仅宣布美国当年将再建造3座同类型的研发基地，且要求国会和白宫一道，努力在全美建造具有15座研发基地的研发网络，以“确保下一场制造业革命会在美国爆发”。特朗普更是通过各种经济和非经济的手段逼迫、引诱境外企业到美国投资办厂。

（二）当前“再工业化”的阶段性优势

在新技术革命的渗透下，美国制造业正在阶段性地复苏，生产率进一步提升，成本竞争力快速追赶新兴市场国家，能源利用效率升级等促使新技术革命将以制造业为切入点，带动全产业体系的升级。

1. 人力成本：美国与新兴市场的差距在缩小

我们日常说到的“人力成本”常指工资水平，但经济学中人力成本更精准的定义，应当用单位产出所需的人力投入来衡量，它与工资和劳动生产率同时相关，等于人均工资水平与劳动生产率比值（单位人力成本的倒数，即为单位人力投入产出比）。曾几何时，美国等发达国家劳动力成本远高于新兴市场，这也是制造业由前者向后者转移的理由，但近年来两者的成本差距似乎在缩小。

由于近年来中国制造业劳动生产率增速放缓，而美国生产率维持较高增长速度，同时中国制造业工资水平增长更快，美国人力成本相对中国的差距正在缩小。有数据显示，从1947年至今，美国制造业生产率仅在2001年出现倒退，其他年份均维持增长；而中国制造业生产率在2012年达到拐点后，2012—2015年明显下降，原因是从业人员人数增速快于制造业产出，2014年中国制造业劳动生产率为美国的33%。中美人均工资差距仍然较大，但中国的工资水平从2007年以来快速追赶美国，2007年中国制造业人均工资为2830美元/年，美国为44700美元/年，是美国的6.3%；到2014年，中国的人均工资已经上涨到8360美元/年，而美国仅上升到52800美元/年，中国的人均工资已经是美国的16%。

2. 工业能耗成本：[①] 美国既有优势仍明显

中国工业用电量与工业增加值之比尽管延续下行态势，在边际上继续追赶发达国家，但中国单位工业增加值耗电量是美国的3倍、德国的4.3倍、日本的4.7倍，而美国单位工业增加值耗电量在2009—2014年下降了13%。对于工业企业来说，其能耗成本既与单位耗电量（物量）挂钩，也与工业用电价格（价量）相关。中国单位工业增加值能耗量是美国的3倍，而平均工业用电价格是美国的近两倍，这意味着中国工业产出的单位能耗成本比美国高出近6倍，这是美国技术优势的突出体现。

---

① 因为原油、钢铁产量无法与对应产业的增加值对标，而耗电量可精确到三大产业层面，故确定用各国的工业耗电量与工业增加值之比衡量工业生产能耗效率。

3. 综合竞争力：美国在相对复苏

综合竞争力表现为设备成本、工资、生产率、能源成本、汇率、优惠政策等的综合。美国相对中国劳动力成本差距缩小的原因是，中国制造业工资上涨速度快，而生产率增速不及美国。从2000年至今，人民币兑美元累计升值超过20%，意味着在中国开设代工厂的美国企业，以美元计价的生产成本上升了两成。随着中国对劳动密集型工业各方面限制增强，对中低端制造业的内外资政策趋于一致，外资享受的优惠也在减少；相反，美国再工业化战略中对绿色能源、信息制造、创新等方面的鼓励和补助政策频出，美国制造业竞争优势正在逐渐恢复。

因为以上这些原因，加之特朗普政府的一些优惠政策等，一批境外企业开始登陆美国办厂。

（三）“再工业化”未来前景黯淡

1. 高端制造业回流美国，中低端制造业继续寻找海外成本洼地

尽管美国有上述优势，但制造业回流分化明显，高端制造业回流美国，但中低端制造业继续寻找海外成本洼地。根据科尔尼咨询的报告，2014年有300多家美国企业选择了回流，而2010年仅有16家，增加趋势似乎很明显。然而，与拥有超过25000家外国子公司、全球雇员超过3600万人的美国跨国企业比，这一数目还是显得过于微小。事实上，美国制造业回迁的趋势确实在发生，但高端与低端制造业回迁意愿可能分化。工资和生产率等因素只是选择产地时的部分考量因素，根据科尔尼咨询2014年的调查，在选择是否回流时，企业考虑因素的排序如下：首先是缩短交货时间，其次是减少总购置成本（土地、设施费用等)，然后是质量提升、减少运费，工资只排名第五；品牌偏好、更高的生产率、产品创新和差异化、减少存货等因素的排名更低。因此，美国企业回流不会仅仅是为了应对中国劳动力薪酬的上涨，也是为了实现更靠近美国消费者、享受美国工人更高技能等收益，而这些动机更可能在高端制造业当中实现。这正是奥巴马在国情咨文中描绘的，高端设备制造业回归美国本土设厂的图景，美国技术革命对全行业的渗透，将创造更多高附加值、高技术含量的岗位，更好地发挥美国自身竞争优势。

但是，美国中低端制造业继续寻找海外成本洼地，而不会选择回流，美国低端代工业务或向东南亚等成本更低的地区转移。诸如耐克、阿迪达斯之类企业的加工制造已经出现向东南亚国家倾斜的迹象，中端或部分高端代工业则仍然选择中国。尽管在中国生产成本提高了很多，但随着中国产业升级，中高端代工业水平不断提高，综合成本仍具有较大的优势。

2. 大量中端人才的匮乏将是“再工业化”难以突破的瓶颈

服务于美元霸权的需要，使得美国服务业高度发达，在 GDP 中占比接近 80%。以金融业为代表的高端服务业提供了大量收入高、相对轻松的岗位，大部分受过良好教育的美国人都从事着与此相关的工作，而低端服务业为受教育程度相对较低的人提供了相关的工作。相对来讲，中高端制造业所需要的大量中级工程师等岗位，由于工作太枯燥、收入又不高，美国人大都不愿意从事这类工作。有这个能力的人，只要稍加努力就能从事更高收入、更轻松的工作；能力稍欠一点的人，又难以胜任这个既费脑，收入还不怎么高的工作。只有第三世界那些既勤劳，又受过良好教育，还乐意接受较低工资的年轻人才肯吃这个苦，肯费这个脑筋。美国曾有许多人批评乔布斯，为什么“苹果”的销售那么好，却没有拉动美国的就业，反而促进了亚洲国家60多万人就业。乔布斯回答说：“如果美国本土能够给‘苹果’提供3万名工程师，我马上就能把这60万个就业岗位带回美国。”这些人无言以对。

一场制造业革命，需要的人才不是以千或万计，而是以十万乃至百万计。如何改变美国随着制造业空心化，已经形成的中高端制造业所需大量中端人才的匮乏，将是美国面临的一个现实而又重大的问题。目前，随着技术工人群体的萎缩，美国服务业中一些技术性高收入工作，已开始外包到发展中国家了。

3.“看得见的手”终难扳倒“看不见的手”

由上可知，这些关于美国制造业将会大量回迁本土，“再工业化”指日可待的预言可能是太乐观了。新兴制造业会有很大比例在美国等发达国家发展，但是发展并不等于出现更多就业机会，因为新兴制造业的根本特点就是工资占生产成本比重大为降低，这是发达国家制造业回迁的前提。这说明即使有新兴制造业回流，也不会雇用大量制造业工人。如果制造业工人的数量没有增长，又怎么能让美国的大多数国民从制造业中获得稳定且有较高收入的工作？

美国能否进入“再工业化”，进而解决当今社会贫富悬殊问题，将是美国政府将要面临的重大课题。但是，看得见的政府之手始终无法扳倒看不见的市场之手。对于“再工业化”之路，尽管政府愿望非常迫切，但估计很难如其所愿，由俭入奢易，由奢入俭难，要让那些已习惯于舒服工作的美国人干枯燥而又收入不高的工程师工作，要让习惯于获取高额利润的美国企业为了美国“再工业化”放弃利润第一的理念，都几乎是不可能的。

总而言之，美国“去工业化”困境是美元霸权的产物，是自由市场的自然结果。如果美国不调整对美元霸权的依赖，“去工业化”趋势就不会停止，美国中产阶级将一如既往地继续萎缩。由经济结构演变造成的国民竞争能力两极化，将会继续分化美国社会。无论美国如何推行“再工业化”，这种以降低劳动力成本为特点的“再工业化”，也无法解决“去工业化”引发的社会问题。这些问题最终会颠覆“美元霸权之舟”，至于何时颠覆，那就要看美国的造化了。

第十八章　蚕食美元霸权的“反抗者”来袭

美国利用美元霸权敌友通吃，各国对美元霸权怨声载道，希望多一些能与美元竞争的货币，让大家有更多的选择，以减轻美元霸权对世界经济造成的伤害。特别是2008年金融危机以来，由于美国多次采用QE，向世界美元资产持有国家转嫁金融危机，让美元霸权遭到了前所未有的质疑和挑战。2009年4月3日的英国伦敦G20峰会上，中国和俄罗斯要求建立超主权货币来取代美元的世界储备货币地位，稳定本国外汇储备；要求改革世界金融体系，重建世界金融新秩序。2008年金融危机以后，中国开始筹备建设国际结算中心，广泛地与世界各国订立了货币互换协议，开始加速人民币国际化的进程。

其实对美元霸权的挑战早已经开始，只不过现在更有力的挑战已经在路上，反抗美元霸权的力量在不断壮大。

一、欧元流通让美国难眠

1999年1月1日，已酝酿了近半个世纪的欧元，作为欧洲统一货币率先在欧盟11国启动。与此同时，欧洲中央银行、11国中央银行及银行间交易正式启用欧元。欧元是欧盟经济一体化的产物，它的诞生是国际金融史上的创举，同时也是欧洲崛起欲摆脱美国的象征。

图 18-1　美元的第一个挑战者——欧元

欧元一出现，欧洲就向美国要回了一大块奶酪。欧盟是一个 27 万亿美元规模的经济体，它的出现一下子就盖过了当时世界上最大的经济体北美自贸区（其规模为 24 万亿~25 万亿美元）。作为如此大规模的经济体，欧盟当然不甘心用美元来结算它内部的贸易，于是欧洲人决定推出自己的货币——欧元。欧元的出现分走了美元 1/3 的货币结算量，现在世界上 23%的贸易结算使用的已是欧元而不是美元。

但欧元仅仅是作为一种货币的统一，货币背后的主权信用并没有统一。货币的本质是国家信用，由于没有统一的国家信用，欧元就是一种被割裂的货币，具有很大的不稳定性，“先天不足”不可避免地会带来各种风险。

欧元除了没有统一的税收、统一的财政作为支撑外，还有一个致命缺点——欧盟成员国经济发展不均衡。各个国家的竞争力不同，但却都享受着作为欧元区国家的高福利，在财政无法维持高福利时，某些国家开始举债支撑高福利制度。这些都为美国攻击欧元留下了突破口。比如，轰炸南联盟，引发希腊、西班牙债务危机等攻击行为，美国都是从这些突破口入手，让欧元地位大幅动摇。英国脱欧既是美国引导的对欧元的打击行为，也是英国人民对欧元失去信心的一个表现。不仅英国，作为欧元核心国家的德国对欧元的信心也在消退。2011 年 6 月的一项调查显示，随着欧元区各国政府开始为希腊准备第二轮援助计划，将近 3/4 的德国民众开始对欧元失去信心。而 2017 年 2 月，德国央行表示，其正在以比原计划更快的速度，将储存在海外如纽约和巴黎的黄金运回本土。德国这一动作表明，经过十多年经济疲软后，德国政府对欧元的信心也开始消退。有些人甚至认为拥有世界第二大黄金储备的德国可能需要支持一个新的德国马克，欧元区应该解散。从中也可以看出美国对欧元的打击卓有成效。

但无论美国如何攻击，欧元对区域经济整合有着良好的示范作用，欧洲一体化已开世界经济区域化之先河。半个世纪以来，在欧洲一体化的鼓舞下，世界经济区域化蔚然成风、欣欣向荣，现今除欧盟、北美自由贸易区和亚太经合组织三大集团外，还有东盟与“10+3”、南亚经济共同体、海湾经济共同体、南美经济共同体、西北非经济共同体等几十个区域性的经济集团。区域共同体的形成为区域货币的诞生奠定了基础。

二、中日韩自贸区几近成功让美国后怕

2011 年 12 月 25 日，中国人民银行表示：中日领导人同意加强两国金融市场合作，日本财务大臣安住淳表示，日本将购入 100 亿~650 亿美元规模的人民币，而中国这个时候也大力买进日本国债，加大日元在中国外汇储备中的比重。这是人民币首次成为日本的储备货币，这样做将使双方避免弱势美元可能带来的外汇储备资产的损失。人民币成为日本储备货币意义重大：其一，发达国家把人民币作为储备货币，是对人民币国际化的充分肯定和支持；其二，中日这两个政治互

信道路曲折的国家，经济上能够互信将具有巨大的示范效应；其三，世界经济总量第二、第三的两个国家实现货币互换，在美国看来，无异于晴天霹雳，如果真要成功了，对美元霸权的打击几乎是致命的。

2012年6月，中日推出了历史上首次直接货币交易，成功地将东京当日交易量扩大了10倍至100亿日元（约合1.25亿美元），这次行动也使得东京成为了一个人民币离岸市场，降低了相关交易费用。美元的地位受到了前所未有的挑战。

比中日金融互信更具有冲击力的是，历经10年的中国、日本、韩国三国关于东北亚自贸区的谈判接近成功。

东北亚自贸区包括中国、日本、韩国，以及中国香港地区、中国澳门地区和中国台湾地区，是经济一体化进程比较顺利的地区，一旦形成，将意味着出现规模大约20万亿美元的“超级经济体”。因为亚洲经济的内在联系和区域优势，东北亚自贸区会迅速南下与东南亚（东盟）自贸区整合，产生30多万亿美元的更大规模经济体。如果再掉头向北，与中亚五国和西亚部分国家经济整合，整个亚洲自贸区就会初步成形，其规模将超过50万亿美元。

现在亚洲内部的贸易额已经超过亚洲与域外国家的贸易额。到那时，世界经济版图将重新绘制，世界经济也将因为亚洲的持续稳定发展而再次步入强劲增长的轨道。21世纪是亚洲世纪的预言就将成为现实。中国由于自身快速发展及其与亚洲邻国的紧密经济联系，在这一进程中一定会发挥重要的引领作用，人民币届时就会与美元、欧元三分天下。当然，日元还会占有相当比例。

只不过，理想尽管很丰满，现实却是很骨感。东北亚自贸区前景无限，但现状却是从中国、日本、韩国三国2002年就开始提出建立自由贸易区，到现在15年过去了，还看不到结果的影子。究其原因，主要有三个：

一是三国经济发展水平差距过大，这样一来，建立自贸区将会对有关国家的产业造成较大冲击。经济结构的差异越明显，各国需要进行的经济结构调整程度就越高，对不同社会集团利益的影响也越深刻，面临的社会压力和阻力也越大。

日本和韩国害怕中国的农产品对它们产生冲击，而中国担心日本和韩国对中国服务业和投资领域的冲击。农业应该是谈判中最大的“难题”。日韩两国农业保护较为严重，如果日本和韩国一直不愿开放农产品市场，中国农产品的比较优势将无法发挥。

二是敏感而复杂的政治安全形势对自贸区发展构成了现实的挑战，这里面既有历史问题，也有领土问题。中国、日本和韩国的往来虽然源远流长，但在历史上有着颇多的恩怨。政治上的“怀疑”仍给三国间的关系带来困惑，成为下一步自由贸易合作的障碍。

历史遗留问题使得中国、日本和韩国三国间的政治互信基础不够牢固，这已成为三国进行自由贸易合作的障碍。日本和韩国一方面想从中国的增长中取得利益，另一方面又担心中国实力增强会威胁到它们自身，这种矛盾的心理必然给经贸合作增加很多不确定性。

特别是日本，态度非常矛盾。日本一直深陷在追随美国还是融入东亚的战略性困局中难以自拔，此后又面临着“亲中”还是“制中”的选择性犹豫。

但日本又在战略上极为担心中国和韩国甩开日本单独进行自由贸易区谈判，这样日本就有可能在东亚经济板块中陷入孤立，而将轴心地位拱手让给中国。

三是来自外部的阻力，东亚是目前世界上区域经济外交角逐最为复杂的地区。中国、美国、日本和东盟等多个战略棋手一直长期角力于此。特别是美国，日本和韩国两国一直是它放在中国和俄罗斯两国身边的棋子，中日韩自贸区一旦建立，三国利益互通后，日本和韩国作为棋子的功效将大为削弱。美国不得不启动预埋的起爆器。

2012年9月11日，日本“购岛”事件发生，中日韩自贸区谈判、中日货币互换等区域合作方案都不得不搁浅。之所以美国一按按钮，自由贸易区的进程就中断，关键还是上文所述三国之间缺乏互信。任何具有生命力的制度都内含信任的因素，自由贸易区也是如此。虽然经贸往来更多的是利益考量，但没有彼此的政治互信，自贸区的内容难以充实。货物、服务、金融、劳动力都可以成为贸易的内容，而中国、日本和韩国之间缺乏的恰恰是信任。

2015年6月，历时10年、经过14轮的谈判，中韩自贸协定终于尘埃落定。中韩自贸协定是中国迄今为止对外签署的覆盖议题范围最广，涉及国别贸易额最大的自贸协定，对中韩双方而言，中韩自贸协定是一个互利、双赢的协定，实现了“利益大体平衡、全面、高水平”的目标。美国同样又来搅局，这次不是启动预埋的雷管，而是现做了一个“萨德入韩”。弄得中韩民间好不容易营造出来的一片祥和气氛变得剑拔弩张，双方经济互受伤害。

2015年11月初，中国、日本和韩国三国领导人时隔三年多后再次聚首，决定重启中日韩东亚自贸区谈判。方案搁浅的三年中，东北亚风风雨雨，特别是日本在地缘政治上的严重右倾致使三国合作成为泡影。在这样的背景下，中国、日本和韩国三国领导人此次会晤重启自贸区谈判，意义不可小觑。估计美国又会有什么新花样。

其实，美国作为在亚太有重要利益的域外大国，对中日韩自贸区谈判一直采取搅局的态度大可不必。从静态看，自贸区的设立会减少美元的使用范围；但从动态看，美国对亚太的贸易和投资，现在已在美国整体贸易投资中占比超过“半壁江山”，一旦三国形成更大的贸易区，市场规模将会扩大，投资会更加便利，中国倡导的合作共赢将会体现得更加充分，美国获得的好处也将会大于它失去的利益。何况从长远来讲，美国挡也挡不住，现在三国又开始谈中日韩自贸区了，美国还有多少手段呢？因此，三国都需要做美国的工作，消除美国的疑虑和狭隘的地缘政治考虑，美国也应反思美元霸权思维。

三、中俄等货币互换让美国心焦

经国务院批准，2014 年 10 月 13 日，中国人民银行与俄罗斯联邦中央银行签署了规模为 1500 亿元人民币/8150 亿卢布的双边本币互换协议，旨在便利双边贸易及直接投资，促进两国经济发展。互换协议有效期为三年，经双方同意可以展期。另外，中国与俄罗斯签订了 30 年价值 4000 亿美元的能源合同，中俄之间就第二条价值 2840 亿美元的天然气管道达成协议，并且同意将以本国货币作为双方贸易的结算货币。

中国已广泛地与世界各国订立了货币互换协议，截止到 2016 年 12 月，已经与 33 个国家和地区订立了货币互换协议。

四、石油卢布等的出现让美国恼怒

本书在第十五章“二、第二类战争：借口消除大规模杀伤性武器”中已述，萨达姆丢命的一个重要原因，就是他触动了美国的核心利益，在联合国同意他以石油换粮食后，自作聪明，出售石油时抛弃美元，收取欧元。现在，一个美国无法轻易折服的人，也打起了石油美元的主意。2015 年 11 月下旬，俄罗斯能源部宣布将开始俄罗斯新原油基准的试行交易，如果试行交易成功了，那么在俄罗斯交易所进行交易的俄罗斯原油基准期货合同将会按卢布计价而不是美元。

华尔街主要银行对世界原油价格进行了控制，它们采取的核心方法就在于设定一个原油基准价格，按美元计算。其中，尽管布伦特原油生产量占世界石油产量的比例很小，但由于其供应具有稳定性、安全性以及市场的完善性，使得其价格成为全球重要的原油定价基准之一。目前，俄罗斯出口原油的价格是按照伦敦交易的布伦特原油价格设定的，自然也是以美元标价。除了俄罗斯之外，国际市场上超过2/3的原油交易也以此标价。现在的问题是，布伦特油场以及其他主要的北海油田都处于衰退中，这意味着华尔街为控制巨大石油产量所能利用的基准正在减少。

截至目前，欧洲是俄罗斯最主要的原油客户，每天购买350万桶原油，占俄罗斯原油出口量的80%。俄罗斯正在努力把其向世界市场出口的巨量石油在圣彼得堡国际商品交易所用卢布计价，先是出口到西欧的石油，然后是那些通过东西伯利亚原油运输管道和其他管道向中国和亚洲市场出口的石油。俄罗斯的提议一旦被接受，俄罗斯石油卢布合同将会对石油美元的需求产生重大影响。

据报道，伊朗于2016年1月2日宣布，在与外国进行交易往来时不再使用美元来结算，将选择使用人民币、欧元、卢布等货币来签订外贸合同。

不仅仅是伊朗，伊拉克、委内瑞拉、利比亚，都计划在石油贸易以及其他商业活动中弃用美元，使用别的货币。

美国最怕出现的情况已经逐渐成形，一旦大家都学俄罗斯、伊朗，弃用美元而改用其他币种进行双边贸易结算，那么美元霸权就会丧失。即便不是所有国家都不用美元，仅是非欧佩克产油大国弃用美元，石油美元的结算制度也会受到重创，这在美国看来，绝对是灾难性的。

或许未来的某个时候，世界第二大原油进口国中国也会发起自己的原油基准合同。正如俄罗斯一样，中国的基准原油将不会按美元计价，而是人民币。俄罗斯、中国和其他新兴经济体正在逐步采取措施，以减轻对美元的依赖，即“去美元化”，那时，美元可能就再难称霸了。

五、人民币国际化让美国恐慌

本书在第二十章将会论述，欧元和日元成为准国际货币都有其先天的不足，即使如此，美国对这两种货币的国际化进程都曾予以残酷打压。对于具有成为准国际货币潜力的人民币和卢布，美国更是严防死守，伺机打压。卢布目前还不成气候，人民币却是冉冉升起，美国对此几乎到了“气急败坏”的程度。比如，在对待亚投行问题上，美国首次直接明确地禁止其盟友参与，但除了日本之外，其他国家并未响应美国的号召，尤其是对美国从无二心的英国这次带头不听号令让美国颜面尽失。这是“二战”后 70 年来，美国第一次感到有心无力，内心深处的恐慌可想而知。

第十九章　未雨绸缪的美元霸权

美国人非常清楚，随着页岩油技术的发展，俄罗斯、伊朗等产油大国对石油美元的抵制，以及非化石能源技术的最终突破，石油美元终将退出历史的舞台，但石油美元退出历史舞台后，他们可不希望美元霸权也随之结束。没有美元霸权，美国很有可能会沦落为二流国家，因为它的人力资源结构已经不可能支撑它成为一个工业体系完善的国家了。

美国依靠石油真正实现美元霸权，很大程度上是个巧合，是各国拿美元到美国国库兑换黄金给“逼出来”的，是上帝给美国的“圣诞大礼包”。美国深知这样的好事不可能再有了。因此，要想美元霸权持续下去，必须未雨绸缪，寻找到石油的替代物，以便一旦石油美元垮台，美元能迅速锚定到一个新的物种上。目前，从各方面的信息看，美国很有可能已选定两个物种：一是粮食，二是碳排放。最终捆绑哪一个，或是两者的结合，要看事态的发展。当然，历史的发展不可能按美国的设计走，但机会通常总是留给有准备的头脑。

一、为推动“粮食美元”战略打牢坚实的基础

尽管许多人认为粮食美元难以替代石油美元，因为美元绑定粮食难度很大。一是粮食的生产具有周期特性，其供给往往难以根据价格做出即时调整。二是国际粮食贸易具有产品、地域和空间结构的复杂性，且其他经济体对全球粮食贸易的依赖程度具有较强的可调整性。总而言之，粮食相对于石油，其可操控性明显偏弱，但随着美国全球粮食战略的不断推进，美国对粮食的操控能力已大大加强。

一是美国自身强大的粮食生产能力。长时间以来，美国是石油进口国，同时也是世界粮食的最大供应国，粮食出口量占世界总出口的50%。美国政府长期对农业实行支持和进口保护，过去10年多中，美国农业直接补贴每年约50亿美元，美国产业化农民收入的1/3来自政府补贴。同时，美国还不断拓宽支持农业发展的主体，鼓励金融资本介入农业。一方面通过农产品期货市场推高农产品价格；另一方面促进农场兼并，强化农业产业化集团的规模化生产，提高美国企业在国际农产品市场中的定价权力。

当美国把世界粮食市场占领得差不多了，许多国家已形成对美国粮食依赖的时候，粮食就要开始涨价了。2015年12月，WTO部长级会议19日表态称，包括中国在内的世贸组织成员国首次承诺，全面取消农产品出口补贴，并将限制农产品出口信贷。根据上述农业出口协定，发达国家必须立即取消它们的农产品补贴政策，发展中国家必须在2018年底前结束对农产品的直接出口支持。

这样一来，作为世界最大粮食出口国的美国，每年给其粮食出口的巨额补贴将被取消，价格也将随行就市，而不是保持美国补贴下的超低价。随着美元的升值，尤其是美元兑特定货币（如人民币）的大幅升值，像中国这样粮食需要大量进口的国家，将不可避免地消耗更

多的外汇储备，国内的粮价也将大幅上扬。

二是美国利用在农业土地、生物科技上的优势间接或直接掌握世界大部分粮食生产。美国农业竞争力具有很强的比较优势，通过 WTO 谈判，美国打开了其他国家的粮食大门，从育种、施肥、除草、加工等各个环节全方位渗透并试图控制世界粮食体系，这将大大降低粮食相对于石油操控性偏弱的特点，为美元绑定粮食奠定坚实的基础。

前面章节已经论述过，美国如何通过转基因工程控制了阿根廷的农业生产，其实中国的农业生产已深受美国的影响。中国加入 WTO 以来，在农产品上由顺差国转变为逆差国，进而成为全球最大的农产品净进口国。美国粮食系统通过农产品的出口贸易对中国本来相对独立的农业生产体系和食物经销体系产生了强烈冲击。中国的农民现在已不留种子，也留不成种子，因为现在通过基因工程育出的粮食都失去了繁殖能力，必须要依靠种子公司育出粮种，育种环节已为操控粮食埋下了伏笔。同时，美国种子公司育出的种子不能抗美国农达系列以外的除草剂，因此，除了粮种以外，中国粮食生产的第二个关键要素——农药也将有可能掌握在美国人手中。在粮食加工方面，正如第十四章所述，目前世界四大粮商已控制中国的大豆加工，小麦、玉米、稻谷的储备已在中国的山东、河南、湖南、黑龙江、江苏、江西等粮食主产区有序推进。粮食作为石油的一种替代品，与美元绑定的条件已大为改善，会不会成为石油的替代物，还要看未来情况的发展。一旦石油美元的地位发生动摇，粮食美元将是一个重要的选项。

二、为运筹“低碳美元”战略提前下注

2015 年 12 月，《联合国气候变化框架公约》的近 200 个缔约方达成新的全球气候协定——《巴黎协定》，意味着将来碳排放对各国经济的制约已经初步成形，这对世界的未来发展无疑具有历史性的重要意

义。但是具体到某一个国家，则意味着将来生产生活所排放的二氧化碳都有限额，如果超限则需要向未超限的国家购买碳排放指标。因此，谁掌握了碳排放指标，谁就掌握了未来经济发展的主动权。

美国资本集团已提前在全世界布局，从各地低价收购了大量的碳排放权。我国许多地方的碳排放权、原苏联地区的碳排放权，以及南美洲、非洲等地的碳排放权都被外资大量地收购了。

从理论上讲，碳排放权储备相当于黄金储备，它可以成为一种未来的全球征税权。到 2030 年，碳排放权交易的规模将很可能超过石油交易。拥有了碳排放权，或者是碳排放权的储备，意味着拥有了备兑支付手段。拥有了强大碳排放权储备的美国，可能在 2025 年前后采取新的联系汇率制度。美元曾经与黄金挂钩，成为美金，但由于黄金的稀缺性等原因，最终过渡到以石油为锚的需求美元。当石油不再能支撑美元以后，由于碳排放权的储备量远超黄金储备量的千倍以上，而且现在很大一部分已经囤积在美国资本集团手上，因此他们完全有能力重新做一个把碳排放权交易与美元挂钩的制度设计。碳排放权不像石油，对石油的控制，美国有赖于沙特阿拉伯等国家，碳排放权大部分余额则完全被美国资本提前储备。因为美国资本集团储备了大部分的碳排放权，完全可以规定出售指标时只收取美元，那么一种新的美元形式将会诞生，即碳排放美元或低碳美元。

另外，美国拥有世界上最先进的低碳技术，正在用信息技术和低碳技术改造所有的传统产业，可以大量压缩现有碳排放。美国拥有的减少碳排放的能力，以及美国资本事先低价购买的大量碳排放权，将构成未来低碳美元作为国际货币的强大基础。换句话说，2025 年左右可能会有一个新的“怀特计划”被提出来，以帮助美国重新占据世界中央银行这样一个独特的地位。

发展中国家的经济基本以粗放加工制造业为主，大多是高耗能的行业。如中国人口占世界的18.5%，但2014年中国煤炭、钢铁、水泥等产量分别占到全球的47.4%、49.5%和57.4%。作为世界加工厂的中国，无疑是最大的碳指标消耗国，而我们国家一些地方竟把大量的碳排放指标廉价地卖给了外国公司。未来，低碳美元对中国的伤害很有可能远超石油美元，我们的后辈可能将因为我们今天的过失，面临更加残酷的国际环境。

特朗普在2017年6月宣布退出《巴黎气候协定》，从这件事上似乎可以看出，特朗普不是美国资本集团看中的人选。回想当初竞选时，特朗普所得赞助只有他对手的零头，如果他本人不是大资本家的话，他撑不到竞选结束。

但特朗普上台后，很快要听命于资本集团，否则他很难把总统宝座坐稳。在气候协定上，特朗普希望重新谈判，因此资本集团还有机会。何况，"碳排放美元"是一个远期目标，他们有的是时间和手段来实现他们的目的。

第六篇

春潮翻涌：人民币国际化的逐步兴起

本国货币成为国际货币是有一定实力国家的梦想，日本就曾为此努力奋斗过，但最终失败。货币是一国经济、政治、文化、国土面积、人口等综合实力的最终表现，在货币史上，国家货币成为国际货币的只有金本位时的英镑和布雷顿森林体系时的美元。当今，具有成为准国际货币潜力的只有人民币和卢布，而按目前的情况来说，人民币无疑更具实力。

人民币国际化是成为国际货币的一个重要步骤。在战术上，我们要加大人民币国际化的三大“引擎”建设；在战略上，我们要全力以赴全面深化改革。同时，要警惕人民币国际化的风险，其中最大的风险便是美国对人民币的阻击。因为人民币国际化后，各国在国际货币的使用上，多了一个选择，美元将不能像以前那样肆无忌惮地行使霸权，美国核心利益将受到前所未有的挑战，美国一定不会坐视不理。

“

从布雷顿森林体系建立开始，就没有一项大型国际事务能与此次中国主导建设亚投行相比，美国竟无法说服以英国为首的数十个传统盟友拒绝加入亚投行。

——拉里 · 萨默斯

”

第二十章 人民币国际化的内涵

一、货币国际化的概念

对于什么是货币的国际化，存在不同的理解。有人认为，一国货币在国际金融市场可以自由兑换就可称之为国际化。但现在普遍认可的说法是，某一货币的国际化，是指该货币在国际上可以较完整地发挥价值尺度、流通手段、支付手段、储藏手段职能的过程。若说某种货币可以自由兑换就算国际化，世界上发达国家的货币几乎全都可以自由兑换，但目前真正能称为国际化的货币只有美元。第一，美元具有世界贸易价值尺度的职能，今天的国际市场上石油、黄金都是用美元标价的。第二，美元具有世界贸易流通手段的职能，今天的国际市场上购买石油、黄金大都必须用美元，同时，国际上的服务及赊销赊购大都以美元支付。第三，美元只具有部分储藏手段的职能，之所以说“部分”，是因为尽管各国也储藏美元，但美元与黄金脱钩以后，自身已不代表财富本身，只是实现市场交换的媒介，它必须流回美国换得实实在在的商品或劳务对其他国家才有意义。因此，美元是国际化货币，但还不是完整意义上的国际货币。欧元相对于美元在这四个方面却有较大的差距，特别是石油的交易几乎全都使用美元，用欧元的很少，欧元勉强算是准国际化。日元等其他货币目前都称不上国际化货币。

在历史上真正的国际货币是金本位时期的黄金，银本位时期的白银，以及与黄金挂钩时期的美元——美金。在1971年8月15日布雷顿森林体系崩溃之后，也就是最后一个商品本位货币——黄金美元退出历史舞台之后，就再也没有真正的国际货币了。在信用货币时代，除非发展出世界元，否则不可能出现国际货币，最多也就是像美国一样使本国的货币国际化，发挥准国际货币的职能。

二、货币国际化的基础

货币即政治，是为谋求国家利益而对他国实施货币强权的工具。一国货币要实现国际化，成为准国际货币，不是一个简单的经济学问题，而是一个复杂的政治经济学问题。一国要实现货币国际化，必须要具有强大的综合实力。回顾历史，我们可以看出，实现了货币国际化的国家都是那些具有强大综合实力的国家，基本条件是幅员辽阔、资源丰富、人口众多，其次是经济、政治、军事力量强大。历史上，英镑之所以能成为国际化货币，得益于英国强大的综合实力，英国号称“日不落帝国”，太阳24小时都照耀在大英帝国的领土上。“二战”后，美国削弱英国的重要一招就是鼓励广大的英国殖民地国家独立。

目前，世界上具备条件的国家可能只有美国、中国、俄罗斯。日本尽管也曾是世界第二经济大国，但日元不可能国际化。一是日本是一个岛国，其国土面积相对偏小，战略空间有限，资源贫乏，人口相对较少；二是日本的政治文明水平相对较低，许多日本人在“二战”历史（侵略失败）和当今国策（和平发展）这些最基本的问题上没有达成基本的共识，没有得到世界人民特别是亚洲人民的原谅，不可能像德国一样真正融入世界；三是日本在政治、军事等方面对美国存在严重依赖，还不是一个完全正常的国家。因此，当年日本雄心勃勃，希望通过“黑字回流”计划力推日元国际化，最终以失败告终。

欧元尽管是自罗马帝国以来欧洲货币改革最为重大的结果，由欧洲中央银行和各欧元区国家的中央银行组成的欧洲中央银行系统来统一管理，但由于欧元区各国只是由欧盟这样一个主权国家联合体来协调，无法形成统一的税收、统一的财政，形成不了统一的国家信用，因此，欧元缺乏完全国际化的基础，只能勉强做到准国际化。欧元要成为真正国际化的货币，除非欧元区成立欧洲联邦政府，区内各国也像美利坚最初的13个州，把各自的大部分主权交给联邦政府一样，把大部分主权交给新成立的欧洲联邦，形成统一的国家意志。

俄罗斯具有卢布国际化的基本条件，但是俄罗斯的经济结构相对单一，太过于依赖石油，普京在美国把战略目标转向中国的大好时机，没能对其国家的产业结构做革命性的变革，错失良机。当前美国又把俄罗斯作为战略目标，经济内外交困，深陷泥淖，一时难以自拔，卢布的国际化目前来看还前路漫漫。

美国地域广阔，人口众多，1870年他的商品和服务生产已超过英国，1900年，经济科技、军事已居世界第一，早已具备货币国际化的基本条件，但直到“二战”以后，美元才实现国际化，此后，美元一直稳定充当国际货币或准国际货币。目前是当今世界唯一的准国际货币。

中国具备了人民币国际化的各项基本条件，目前人民币还不是国际化货币，因此人民币国际化是一项可行也应该去进行的事项，但一定是一个长期艰难的过程，因为美国并不希望有一个国际化的货币与美元并肩。美国从经济科技、军事等实力位居世界第一到其货币国际化用了近半个世纪，我们要有心理准备。

三、人民币国际化的含义

人民币国际化是指人民币能够跨越国界，在境外流通，成为国际上普遍认可的计价、结算及储备货币的过程。

人民币国际化的含义主要包括三个方面：第一，人民币现金在境外享有一定的流通度；第二，以人民币计价的金融产品成为国际各主要金融机构包括中央银行的投资工具，使其金融市场规模不断扩大，这是最重要的方面；第三，国际贸易中以人民币结算的交易达到一定的比重。以上三方面是衡量货币包括人民币国际化的通用标准，其中最主要的是后两个方面。当前国家间经济竞争的最高表现形式就是货币竞争，如果人民币对其他货币的替代性增强，不仅将现实地改变储备货币的分配格局及其相关的铸币税利益，而且也会对西方国家的地缘政治格局产生深远的影响。

四、人民币国际化的历程

1994 年 1 月，人民币官方汇率与外汇调剂价格并轨，实行单一的有管理浮动汇率制。

2001 年 12 月，中国加入 WTO。

2002 年 11 月，出台《合格境外机构投资者境内证券投资管理暂行办法》，从 12 月开始实施 QFII 制度。

2004 年 2 月，中国香港银行业开始办理人民币业务。

2005 年 7 月，实行以市场供求为基础、参考一篮子货币进行调节、有管理的浮动汇率制。

2007 年 6 月，首只人民币债券登陆中国香港。

2008 年 7 月，国务院批准中国人民银行“三定”方案，新设立汇率司，职能包括“根据人民币国际化的进程发展人民币离岸市场”。

2008 年 12 月，中国与俄罗斯就加快两国在贸易中改用本国货币结算进行了磋商，与韩国银行签署了双边货币互换协议。

2008 年 12 月，国务院决定，将对广东和长江三角洲地区与中国港澳地区、广西和云南与东盟的货物贸易进行人民币结算试点。

2009 年 3 月，国务院确认，人民币跨境结算中心将在中国香港进行试点。

2009 年 7 月，中国人民银行等 6 部门发布《跨境贸易人民币结算试点管理办法》，跨境贸易人民币结算试点正式启动。

2010 年 6 月，6 部门发布《关于扩大跨境贸易人民币结算试点有关问题的通知》，跨境贸易人民币结算试点地区范围将扩大至沿海到内地的 20 个省区市，境外结算地扩大至所有国家和地区。

2011 年 8 月，中国人民银行明确表示，河北、山西等 11 个省的企业可以开展跨境贸易人民币结算。至此，跨境贸易人民币结算境内地域范围扩大至全国。

2012 年 4 月，汇丰银行在伦敦发行了第一只人民币债券。

2012 年 11 月，人民币国际化进程正式在南非起步，我国和南非之间的贸易都直接以南非兰特兑换人民币来结算。

2013 年 10 月，第五次中英经济财政金融对话在京举行，中英两国同意人民币与英镑直接交易。

2014 年 3 月，央行将人民币兑美元交易价浮动幅度由 1% 扩大至 2%，人民币汇率自由化迈出重要一步。

2014 年 4 月，沪港通宣告正式启动。

2014 年 6 月，人民币全球清算网络频频布局：6 月 18 日，建设银行担任伦敦人民币业务清算行；6 月 19 日，中国银行担任法兰克福人民币清算行。

2014 年 7 月，中国人民银行发布公告称，决定授权交通银行首尔分行担任首尔人民币业务清算行，这成为在韩国打造人民币离岸中心的重要一步。

2014 年 9 月，经中国人民银行授权，中国外汇交易中心宣布在银行间外汇市场开展人民币对欧元直接交易。

2014 年 10 月，英国财政部宣布授权 3 家银行发行人民币国债，此举意味着英国将成为首个发行人民币国债的外国政府，人民币将首次被纳入英国外汇储备中。

2014 年 12 月，人民币已代替加元及澳元，成为全球第五大常用支付货币。

2015 年 1 月，中国取消金融机构进入银行间外汇市场的事前准入许可。

2015 年 6 月 13 日，国际货币基金组织（IMF）表示，IMF 团队已赴华讨论人民币加入特别提款权（SDR）技术事宜。

2015 年 8 月 11 日，中国人民银行决定完善人民币中间价的报价机制，市场化改革获得国际货币基金组织（IMF）肯定。

2015 年 8 月 24 日，中国外汇交易中心首次公布人民币兑美元参考汇率，每天 5 次，此举亦方便人民币加入特别提款权（SDR）的计价，参考汇率可以成为 SDR 定价标准。

2015 年 10 月 8 日，人民币跨境支付系统（CIPS）上线运行，这被视为人民币国际化的重要里程碑。

2015 年 11 月，首批境外央行类机构在中国外汇交易中心完成备案，正式进入中国银行间外汇市场，包括澳大利亚储备银行、匈牙利国家银行等。

2015 年 12 月 1 日，国际货币基金组织（IMF）执行董事会宣布批准人民币加入特别提款权（SDR）货币篮子①，新的货币篮子于 2016 年 10 月 1 日正式生效。

---

① 2015 年 12 月 1 日凌晨举行的国际货币基金组织执行董事会议，一致投票通过人民币加入特别提款权货币篮子，并以 10.92%的权重超越日元和英镑，与美元、欧元一样，成为新货币篮子五种货币中的一员。

2016 年 1 月 27 日，IMF 2010 年份额和治理改革方案正式生效，中国正式成为 IMF 第三大股东。

2016 年 3 月 29 日，亚洲首个人民币国际化研究中心在北京举行启动仪式，旨在对人民币国际化进程及其对世界经济、贸易的影响进行研究。

2016 年 5 月 30 日起，中国人民银行和国家外汇管理局不再对金融机构和企业实行外债事前审批，而是由金融机构和企业在与其资本成净资产持钩的跨境融资上限内，自主开展本外币跨境融资。

2016 年 6 月，银行间外汇市场成员在上海成立了全国外汇市场自律机制，标志着中国外汇市场从他律为主向他律和自律并重转变。

2016 年 8 月，世界银行（国际复兴开发银行）在中国银行间市场发行首批人民币结算特别提款权（SDR）计价债券，被市场称为“木兰债”。

环球同业银行金融电信协会（SWIFT）人民币跟踪显示，2016 年人民币支付金额总体下降，人民币国际化进程暂缓。

第二十一章　人民币国际化的意义

人民币为什么要国际化？理由很多，大致可以从以下四个方面去理解：一是中国经济发展的现实需求，二是全球金融稳定的重要选择，三是减少美元霸权危害的需要，四是分享铸币税的必然结果。

一、中国经济发展的现实需求

从2010年开始，中国的GDP超过日本成为世界第二经济大国，但经济大国并不代表就是经济强国。按照贝洛赫（Bairoch）[1] 的计算，1840年，鸦片战争时中国GDP是世界的37%，比美国和欧洲的总和还要多，而号称“日不落帝国”的英国GDP只占世界的5%。即使考虑人口因素，中国人均GDP也与世界平均水平相同。因此，中国如何从经济大国发展成为经济强国，需要我们认真思考，努力谋划。世界近现代史告诉我们，经济强国必然是金融强国，唯有成为金融强国方能成为经济强国。因为经济强国必须要具有在世界范围内配置资源的能

① 来自贝洛赫在《1750—1980年国际工业化水平》中的文章《1750—1900年世界工业生产的相对份额》。

力，这一点唯有强有力的金融系统才可以做到。从产业看，大国在分工链中居重要地位，但金融强国才能决定分工形式；从资源配置看，大国是资源的主要使用者，但金融强国才是资源的最终配置者。

改革开放以来，我国经济和金融快速发展，工业化和城镇化加速推进，在国际分工中的地位越来越重要。通过利用外资和吸收国际产业资本，我国已成为世界经济资源的重要使用者，但还不是重要配置者。从某种意义上讲，当前经济增长方式转变和经济结构转型升级，意味着我国正在从资本与技术的承接者转变为资本与技术的输出者。不出意外的话，几年或十几年以后，在未来相当长的一段时间内，中国将成为全球第一大经济体，那时的第一大经济体与19世纪40年代的第一大经济体将具有质的区别，因为到时中国不仅是经济大国，而且是经济强国，更是金融强国。目前中国金融结构还不合理，金融市场对内外开放程度还有待提高，金融体系服务实体经济的能力还需加强，从以量取胜的金融大国发展成以质取胜的金融强国，还有艰难的一段路要走。

为此，需要我们在资本账户开放和人民币汇率政策的基础上，推进人民币国际化，推动人民币成为可兑换、可自由使用货币。因为它既可以帮助我们锁定经济转型和金融改革的成果，又将对我们在未来经济改革和发展中的突破予以有力的支持。

二、全球金融稳定的重要选择

人民币国际化是历史的担当。“二战”后，布雷顿森林体系的崩溃表明，黄金汇兑本位制解决不了全球金融稳定的问题。一方面，其后形成的单一货币为主导的国际货币体系难以避免“特里芬难题”；另一方面，美元利用其周期性升贬攫取全世界财富，使得全球金融非常不稳定，许多国家损失很大。国际货币多元化成为历史的呼唤。

人民币在过去十多年已成为维护全球金融稳定的重要力量，突出表现在以下两个方面：

一是金融危机的“稳定器”。

1997年亚洲金融危机期间，东南亚各国由于受到金融冲击，货币竞相贬值。中国对外公开承诺人民币不贬值，为各国抵御危机冲击增强了信心。2008年国际金融危机期间，人民币不但没有贬值，还保持了一定的升值，为世界经济的稳定发展承担了重要责任。中国稳定的社会政治环境、快速的经济增长、平衡的财政收支、较低的外债水平和庞大的外汇储备，是避免汇率大起大落、维持人民币可信任度的重要基石。

二是国际汇率风险的“避风港”。

当今世界，美元占国际储备货币的比重高达60%以上，而全球范围内的大宗商品交易、资本流动、直接投资也主要使用美元。这就导致美国可以依据自身利益随时调整金融政策，从而引发国际金融市场动荡。随着中国与世界各国经贸往来日益密切，国际上产生了以人民币进行计价结算、规避汇率风险的广泛需求。人民币实现国际化，将成为国际贸易结算与投资支付货币，分散各国的金融风险，让国际金融安全多一分保障。

三、减少美元霸权危害的需要

自布雷顿森林货币体系建立以来，美国作为事实上的全球银行管理者，利用美元为全球实体经济的发展提供了一段时间内较有效的服务，即美元管理机构通过它们的中介，将稀缺社会资源从低效率用途转移到高效率用途，从而导致一种新增财富在高效率实体经济领域被创造出来，全球经济出现了较快的发展。但是，随着美元长时间处于垄断地位，缺乏竞争对手，美元开始堕落成通过霸权方式，即不断通过市场操纵，在不改善资源配置甚至导致资源配置扭曲的情况下获取高额利润。在此过程中，商业银行或金融机构通过提高自身和整体经济的杠杆率，制造泡沫并获得高回报，而将泡沫破灭的风险转嫁给各国财政。欧元、日元等作为世界通用货币尽管也能部分地影响美元霸权获取超额利润，但是这两种货币由于其“先天缺陷”，无法承担起准国际货币的职能抵御美元霸权横行，目前唯有寄希望于人民币国际化。因为只有人民币有条件、有力量让美元霸权不敢放肆地为所欲为，但人民币国际化还有一段很艰难的历程。

四、分享国际货币铸币税的必然结果

随着世界经济一体化的加速发展，对国际化货币的需求量会越来越大，国际货币的铸币税会越来越多。作为一项公共资源，铸币税理应由承担国际责任的国家共享。随着中国逐渐走向世界舞台的中心，中国承担的国际责任越来越重，为其付出的成本也会越来越高，这些成本当然可以由国内百姓承担，但是世界上既然有国际货币铸币税这项公共资源，我们就应分享以减少国家财政的负担。同时，分享国际货币铸币税的过程也是一个更好地承担国际责任的过程，要分享国际货币铸币税，人民币国际化就是必然的选择。

中国不会放弃自己的正当权益，但决不会以牺牲别国利益为代价来发展自己，因此不会在人民币国际化后，利用人民币的循环，获取铸币税以外的不道义收益。

第二十二章　人民币国际化的推进

人民币国际化是一个庞大的系统工程，更是一个水到渠成的过程，在推进人民币国际化的过程中，既要注重路径的选择，又要注重方法的把握，更要注重节奏的掌控。

一、遵循渐进的人民币国际化路径

我国在人民币国际化进程中，应特别注重渐进性、主动性和可控性，注意降低制度变迁成本，具体来讲是两个“三步走”：一是地域方面的“三步走”，即人民币从准周边化到正式周边化，从周边化发展到准区域化；从准区域化发展到正式区域化，从正式区域化发展到准国际化；从准国际化到真正国际化的渐进路径。二是职能方面的“三步走”，第一步是成为周边国家的结算货币；第二步是成为区域性的投资货币；第三步是成为国际储备货币，为全球各国所接受（如图 22-1 所示）。

当前，人民币国际化在跨境贸易人民币结算、与其他国家和地区央行开展货币互换、重启人民币汇率形成机制改革、建设中国香港人民币离岸市场、促进境外人民币交易以及推进跨境直接投资人民币结

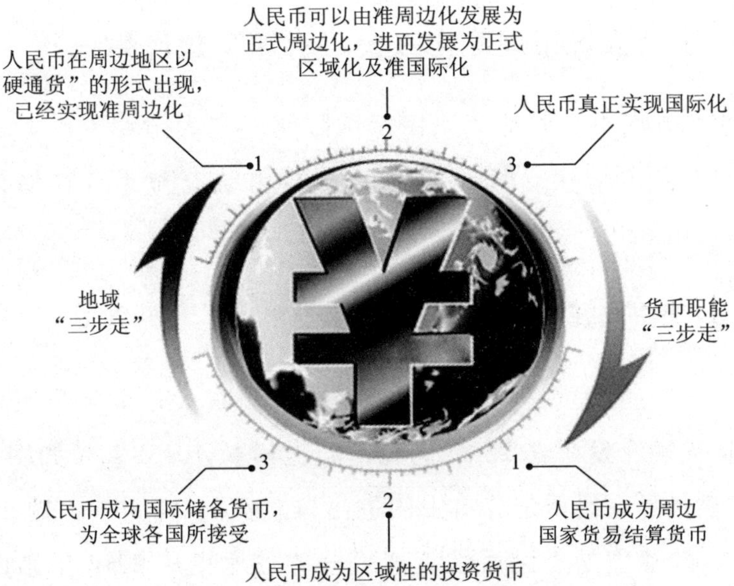

图 22-1 人民币国际化路径

算等方面，都取得了重大进展。比如，人民币跨境结算业务在经常项目、直接投资领域、资本与金融等领域的进展，提升了人民币作为国际货币交易媒介的职能；在人民币跨境结算业务发展的基础上，也逐步形成了人民币离岸中心，已初步形成“人民币在岸市场（上海）—人民币离岸中心（香港）—人民币离岸区域枢纽（其他离岸中心）”三个层次的人民币全球交易网络体系。当前，人民币不仅在一些周边经济体流通，而且在越南、泰国和巴基斯坦等国已经成为支付或结算的币种之一。人民币在周边区域性的经济往来中初步具备了交易媒介、贮藏货币和价值尺度的职能，逐渐成为周边区域性贸易结算的主要货币。据环球同业银行金融电信协会（SWIFT）统计，2015 年第二季度，人民币保持全球第二大贸易融资货币、第五大支付货币、第六大外汇交易货币、第六大国际银行间贷款货币地位，人民币作为国际银行间贷款货币占比已超日元。当然，我们也清醒地认识到，人民币国际化当前仍以一定程度和范围的区域化为主要特征。

二、加大人民币国际化三大“引擎”建设[①]

从战术方面讲，要加大人民币国际化的三大“引擎”建设，即跨境贸易的人民币结算、离岸人民币市场[②]和央行货币互换协议的稳步推进。

（一）加快发展跨境贸易的人民币结算

2015年，跨境贸易人民币结算规模稳步扩大，全年跨境贸易人民币结算业务累计发生7.23万亿元，同比增长10.38%（如图22-2所示）。跨境贸易人民币结算占中国进出口总额的29.36%，较2014年增加4.6%，跨境贸易人民币结算规模全球占比也从2014年第四季度的3.04%提升至2015年第四季度的3.38%。

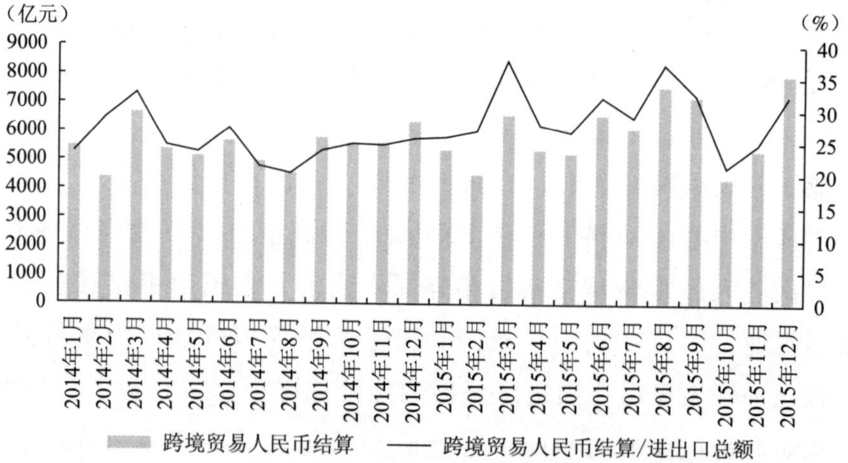

图22-2 跨境贸易人民币结算规模

资料来源：中国人民银行、商务部。

---

① 本部分主要引用2015年和2016年央行人民币国际化报告。

② 人民币离岸业务是指在中国境外经营人民币的存放款业务。离岸市场提供离岸金融业务，交易双方均为非居民的业务称为离岸金融业务。

2015年，以人民币进行结算的跨境货物贸易累计发生6.39万亿元，占跨境贸易人民币结算的88.34%。以人民币进行结算的服务贸易及其他经常项目累计发生8432亿元，占跨境贸易人民币结算的11.66%，(如图22-3和图22-4所示)。

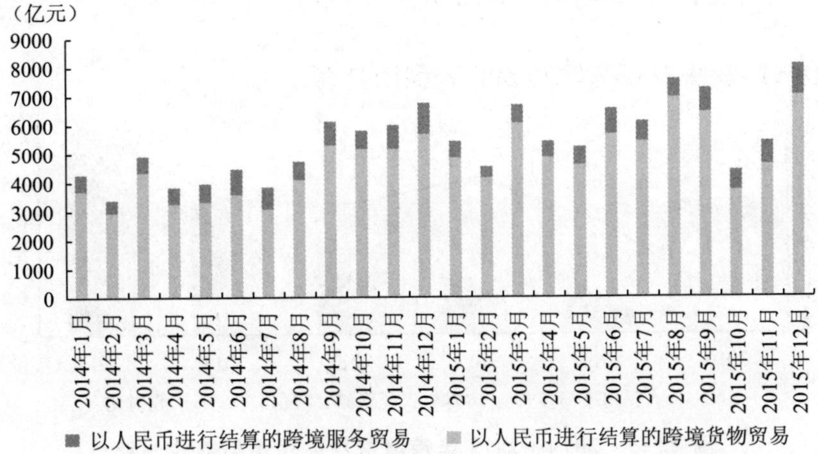

图22-3　以人民币进行结算的货物贸易和服务贸易规模

资料来源：中国人民银行、商务部。

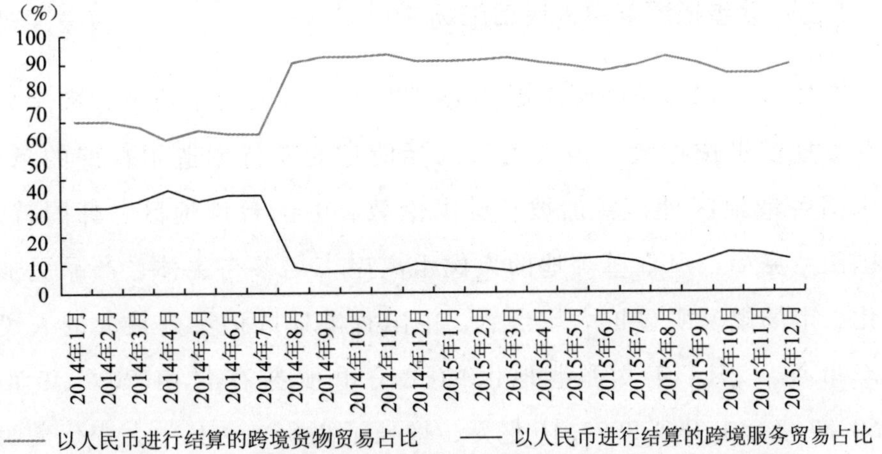

图22-4　以人民币进行结算的货物贸易和服务贸易规模占比

资料来源：中国人民银行、商务部。

2015年底，跨境贸易人民币结算业务实收6.19万亿元，同比增长126.74%；实付5.91万亿元，同比增长54.71%。结算收付比由2014年的1：1.40显著下降至2015年的1：0.96，首次出现人民币国际化以来跨境人民币实收高于实付的局面，反映套利性资本流入下降，人民币的收入与支付更加均衡（如图22-5所示）。

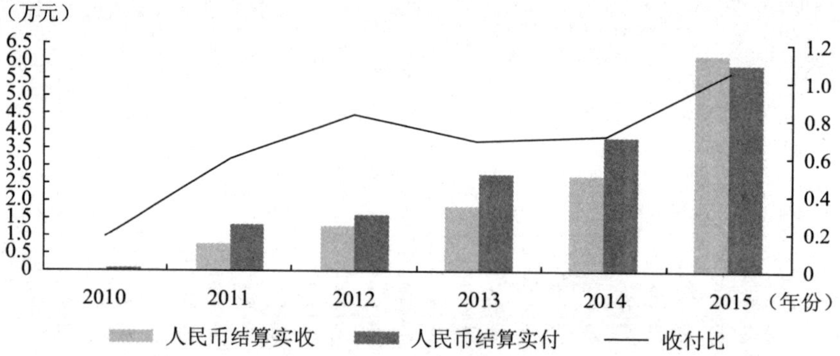

图22-5 2010—2015年跨境贸易人民币结算收付比

资料来源：中国人民银行。

（二）逐步拓展离岸人民币市场

2015年全球多个国际金融中心开展了离岸人民币业务，离岸人民币存款规模迅速扩大，为人民币国际债券的发行创造了良好的条件。除中国香港地区外，新加坡、英国伦敦、中国台湾地区、韩国首尔、德国法兰克福、卢森堡等地的人民币离岸市场参与主体、产品更加多元化，市场规模明显扩大。当然，中国香港地区仍然是最大的人民币离岸市场。2015年，香港地区的人民币债券存量由2014年底的3860.87亿元上升到3971.16亿元，增长了2.85%。其中，变化最明显的是金融债的存量，由2014年的1112.27亿元增加到2015年的1203.24亿元，市场份额提升了5个百分点（如表22-1所示）。

表 22-1 2015 年香港人民币债券产品规模与结构

类别	存量总额（亿元）	占比（%）	债券数	占比（%）
企债	17621.22	44.35	154.0000	43.87
国债	934.00	23.52	37.0000	10.54
金融债	1203.24	30.30	152.0000	43.30
可转债	72.70	1.83	8.0000	2.28
合计	3971.16	100.00	351.0000	100.00

资料来源：Wind 资讯。

（三）不断深化人民币国际合作

2015 年，中国人民银行与白俄罗斯、阿联酋、土耳其、澳大利亚、乌克兰和英国第二次续签协议，与马来西亚第三次续签协议。截至 2016 年 12 月，中国人民银行已与 33 个国家和地区的货币当局签署货币互换协议，货币互换余额为 3.31 万亿元（如图 22-6 所示）。不同于发达经济体间签订的旨在应对危机的货币互换协议，中国人民银行与境外货币当局签订本币互换协议的目的不仅包括维护区域金融稳定，而且包括促进双边贸易和投资。

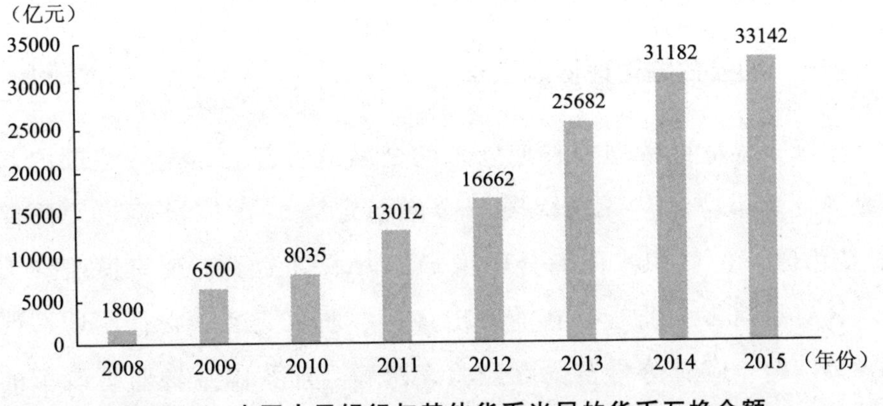

图 22-6 中国人民银行与其他货币当局的货币互换余额

资料来源：中国人民银行。

除了在央行层面签订货币互换协议外，清算行制度也在市场层面为人民币流动性提供了保障。2015 年，中国人民银行分别授权在吉隆坡、曼谷、悉尼、卡塔尔、智利、南非等地建立了人民币清算行，为当地使用人民币提供便利和支持。2015 年 11 月 30 日，美国多位金融及工商界领袖宣布，成立人民币交易和清算工作组，探讨在美国建立人民币交易和清算机制的可能性，以便美国机构使用和接收人民币付款，降低交易成本并提高效率。

三、完善人民币国际化的基础工程

人民币国际化仅从战术上进行推进是远远不够的，关键是还要在战略上下功夫。中国若不能成为政治强国、经济强国和金融强国，上面三方面的努力有如沙上建塔，徒劳无功。要真正使人民币国际化，从根本上讲，要全面落实经济建设、政治建设、文化建设、社会建设、生态文明建设五位一体总体布局，全面深化改革。改革到位以后，人民币想不国际化都不行。从由小到大的逻辑看，首先要加强金融管理体制改革，其次要加强供给侧结构性改革，最后，也是最关键的是要切实落实全面深化改革。

（一）加强金融管理体制改革

国际金融危机重创了长期以来的金融监管理念，全球范围内基本达成了“货币稳定”无法保障“金融稳定”“个体稳健”无法保障“系统稳健”的共识。保障金融稳定的诉求引发了宏观审慎监管大变革。针对目前多头监管存在的政出多门、职权交叉、责任不明、严宽不一等问题，应充分借鉴国际经验，明确当前我国金融监管改革的原则，构建符合中国实际的宏观审慎政策框架，为加强系统性风险管理提供制度保障。简要来讲，有以下几个方面：

第一，在现行金融监管框架当中增加“宏观审慎”维度，并明确宏观审慎政策的具体实施部门。

第二，除了维护货币稳定之外，央行应当被赋予更多的保障金融稳定和加强金融监管的职能。

第三，要从功能和机制上厘清货币政策、宏观审慎、微观审慎和行为监管四者之间的关系，并加强相互之间的协调配合。

第四，要全面提高金融数据的可获得性和准确性，为系统性风险的监测、分析和评估提供全面及时的信息。

第五，要致力于建立有效的危机处置机制并加强金融消费者保护。

（二）加强供给侧结构性改革

实体经济保持中高速可持续发展是人民币国际化的坚实基础。实体经济是一国货币国际化的根基，强大的经济实力、庞大的国际贸易体量、稳定的币值、资本可自由使用、有效的宏观政策等是货币国际化的必要前提。

自2008年国际金融危机以来，国际经济环境变迁使得严重依赖出口和投资驱动的中国传统经济增长模式陷入困境，实体经济面临诸多结构性障碍，风险点不断爆发。自人民币国际化以来，资本流动冲击较以前更复杂、更频繁，加剧了实体经济的波动性。供给侧结构性改革是培育中国经济增长新动力、建立经济可持续发展新结构的必由之路。

一是增加研发投入，加大海外并购，内外并举提升技术水平。供给侧改革一大核心任务是补短板，补短板应该从内外两个方向齐头并进。对内通过加大研发投入，进行制度改革，鼓励企业增强科技和创新能力，提高全要素生产率，增强中国制造的核心竞争力；对外鼓励企业“走出去”，加大对发达国家高端制造业的并购，增加高技术的供给。

二是重视金融结构调整，拓宽融资渠道，降低资金成本，强化金融服务实体经济的功能，防止金融“脱实就虚”，甚至泡沫化。在风险可控的情况下鼓励企业境外融资，利用境外市场利率较低的优势，帮助高负债企业去杠杆，大幅降低资金成本，提高企业的活力和竞争力。加快金融机构国际化步伐，为“走出去”的企业和我国的跨国公司提供全方位金融服务，帮助它们拓展海外市场，增强它们在国际分工中的地位和影响力，使其在贸易活动中有更大的主导权和话语权。

三是金融手段与财政措施协调配合，鼓励民营企业进行直接投资，利用国内外两个市场优化生产要素配置。一方面，加强企业的品牌建设与管理，满足国内对高质量生活用品和奢侈品的消费需求，逐步实现进口替代；另一方面，合理设计外援模式，有效进行PPP模式的海外扩展，帮助企业进行国际产能合作，延长传统优势产品的生命周期，提高全要素经济效率。

中国必须毫不动摇地坚持金融为实体经济服务、人民币国际化为实体经济服务的指导思想。人民币国际化的长足进步，有利于国际社会增加对中国的信心和投资动机，并为中资企业使用人民币对外投资提供便利性和收益稳定性。推进供给侧改革，从长远看有助于解决我国实体经济的风险积聚问题，创新型工业体系的建立将确保经济可持续发展，夯实人民币国际化的物质基础。

（三）切实落实全面深化改革

党的十三大以来，历次党的全国代表大会，都曾提出全面改革、深化改革，我们要按照党的十八届三中全会提出的全面深化改革的新要求，全面发力、多点突破纵深推进，实现重要领域和关键环节改革取得突破进展。

一是“全面”。习近平总书记指出，“全面深化改革，全面者，就是要统筹推进各领域改革，就需要有管总的目标，也要回答推进各领域改革最终是为了什么、要取得什么样的整体结果这个问题。”因此，无论是经济体制，还是政治体制、文化体制、社会体制、生态文明体制、党的建设制度等，都是整个国家体制的不同侧面或不同组成部分，都是党领导下的国家治理体系的一个局部。推动全面深化改革，一方面要加强社会科学研究，更深刻、更精准地把握作为一个整体的国家治理体系的内在结构、内在规律；另一方面要在改革实践中加强各领域改革的联动和集成，实现改革的系统性、整体性、协同性。

二是“深化”。习近平总书记说，“中国改革经过30多年，已进入深水区，好吃的肉都吃掉了，剩下的都是难啃的硬骨头”。因此，现在的改革都面临深层次的利益调整，所谓“深化”就是要看改革是否有利于完善和发展中国特色社会主义制度，是否有利于推进国家治理体系和治理能力现代化。比如，经济体制改革要看是否有利于使市场在资源配置中起决定性作用，有利则是深化，反之则不然；社会体制改革要看是否能更好地保障和改善民生、促进社会公平正义，有利则是深化，反之则不然。

总之，没有这些改革做基础，人民币国际化就是无源之水、无本之木，不可能成功。

第二十三章　人民币国际化的载体——“一带一路”

一、“一带一路”的构想

（一）“一带一路”的提出

2013 年 9 月 7 日，习近平主席在哈萨克斯坦纳扎尔巴耶夫大学发表演讲时表示：为了使各国经济联系更加紧密、相互合作更加深入、发展空间更加广阔，我们可以采用创新的合作模式，共同建设“丝绸之路经济带”，以点带面，从线到片，逐步形成区域大合作。2013 年 10 月 3 日，习近平主席在印度尼西亚国会上发表演讲时表示：中国愿同东盟国家加强海上合作，使用好中国政府设立的中国—东盟海上合作基金，发展好海洋合作伙伴关系，共同建设“21 世纪海上丝绸之路”。

2014 年 5 月 21 日，习近平主席在亚信峰会上做主旨发言时指出：中国将同各国一道，加快推进“丝绸之路经济带”和“21 世纪海上丝绸之路”建设，尽早启动亚洲基础设施投资银行，更加深入参与区域合作进程，推动亚洲发展和安全相互促进、相得益彰。

2017 年 5 月 14 日，习近平主席在“一带一路”首届国际合作高峰论坛开幕式的主旨演讲中明确提出，要将“一带一路”建成和平、繁荣、开放、创新、文明之路。

改革开放 30 多年来，我国对外开放取得了举世瞩目的伟大成就；但受地理区位、资源禀赋、发展基础等因素影响，对外开放总体呈现东快西慢、海强陆弱格局。“一带一路”将构筑新一轮对外开放的“一体两翼”，在提升向东开放水平的同时加快向西开放步伐，助推内陆沿边地区由对外开放的边缘迈向前沿。“一带一路”是“走出去”战略的重大创新，在遵循和平合作、开放包容、互学互鉴、互利共赢的丝路精神基础上，中国将与沿线各国在交通基础设施、贸易与投资、能源合作、区域一体化、人民币国际化等领域深度融合。

初步估算，“一带一路”沿线总人口约 44 亿，经济总量约 21 万亿美元（2016 年），分别约占全球的 63% 和 29%。沿线一些国家，如印度、巴基斯坦、越南、埃及、印度尼西亚、缅甸等都是人口大国，巴基斯坦拥有近 2 亿人口，印度人口已接近中国，市场潜力巨大，而基础设施相对落后。沿线一些国家具有可观的人口红利，一些国家人均月工资只有中国的 1/5 甚至 1/7，如果能把中国的优势与沿线一些国家的优势有机结合，不仅有利于推进中国与沿线国家的共同发展，而且能够拉动世界经济的强劲复苏。

（二）“一带一路”的深远意义

当今的世界大体上可看成一个三元结构的世界（“大三元”）：分别由消费国、生产国和资源国构成。典型的消费国，比如美国，南欧的欧洲各国等；典型的生产国有中国、德国、日本和韩国等；典型的资源国，则有俄罗斯、中东石油国、巴西、澳大利亚和委内瑞拉等国，当然所有国家既是消费国，也是生产国。

由于中国的快速发展超出了美国预期，所以为了应对中国的崛起，美国逆“全球化”而动，想出了排除中国的“小三元”和“中三元”结构。一方面，在美国本土建立“小三元”，因为美国消费和资源这两元都不缺，主要是生产方面空心化很严重，所以奥巴马实行再工业化战略，特朗普则通过实行美国优先和大规模减税来吸引海外实业进入美国本土，都是为了解决这一问题，以便完善“小三元”；另一方面，奥巴马想通过跨太平洋伙伴关系协定（TPP）建立“中三元”，在 TPP 里，澳大利亚、新西兰、智利和秘鲁等主要负责资源出口，越南、马来西亚、墨西哥、日本和新加坡等主要负责生产，美国、加拿大等主要负责金融、消费。总之，就是把中国排斥出去。

当时，为了应对美国主导的 TPP，更重要的是构建人类命运共同体，实现共赢共享，我们倡议中国主导的“一带一路”。即中国对外密切欧亚大陆之间的联系，构建新型“大三元”循环，重塑全球化。把亚欧非世界岛，用高铁连成一体，通过“一带一路”推进并完成亚欧非一体化，进而推进全球化。在“一带一路”中，各国互通有无，中国输出人民币、技术和产能，以资金和技术换取相关国家的资源等，在这些国家得到快速发展的同时，人民币逐渐在境外沉淀下来，中国再发行海外人民币债券，将这些沉淀的离岸人民币回收。由于中国主导的“一带一路”，平等互利、共赢共享，因此得到了沿线国家的广泛认同。

特朗普上任以后，美国立刻退出了 TPP，因为在特朗普看来，TPP 就是在美国身上割肉，用来养活日本、新加坡这样的“小兄弟”，让它们对付中国。作为以“美国优先”为口号的美国总统，不可以加入一个“夺走”美国就业机会的 TPP。

由此，“一带一路”应对美国 TPP 的功能消失，完全成为了一个纯粹关乎人类命运共同体的全球性公共产品。因为美国在 TPP 上的大撤退和政策调整，盟友很失望，其他国家的心理平衡也被打破，越来越多的国家转而希望借助中国的快速发展助力本国经济的腾飞。“一带一路”肩负的构建人类命运共同体、利益共同体的担子更重了。正如习近平主席在“一带一路”首届国际合作高峰论坛上明确提出的，要将“一带一路”建成和平、繁荣、开放、创新、文明之路。不仅沿线国家广泛响应，许多对“一带一路”倡议有疑虑的域外国家也开始积极参与，甚至美国、日本也由起初的反对发展到逐渐参与。毕竟政策沟通、设施联通、贸易畅通、资金融通、民心相通中的每一“通”都蕴藏着巨大商机，每一“通”都通向财富的大门。

二、“一带一路”的内部之“忧”

（一）新疆的民族宗教问题

“一带一路”通过高铁将内陆国家与大型港口相连，促进原来没有接受全球化利益的内陆地区迈向现代化。找到世界经济新的增长点，这是“一带一路”这一公共产品的根本创新，这就意味着中国与周边中亚、南亚、西亚等伊斯兰国家将畅通无阻。交通的畅通，可以促进周边伊斯兰国家的经济发展，提高这些国家广大人民的生活水平。目前，信奉伊斯兰教的人在印度毗邻巴基斯坦地区有2亿人，巴基斯坦有1.8亿人，中国新疆有1400万人，中亚五国有6500万人，阿富汗有2800万人，伊朗有8000万人，土耳其有8000万人，总人数超过6亿人。交通的畅通，意味着可能有数量庞大的信奉伊斯兰教的人彻底跨过原来难以翻越的天险，大规模进入中国新疆地区定居、工作和生活，使得新疆的民族宗教问题更加复杂。为此，需要我们未雨绸缪，打牢依法治疆、团结稳疆、长期建疆的思想基础和政治基础。一方面，必须坚持各宗教一律平等，任何宗教不得超越其他宗教享有特殊地位；

另一方面，坚持法律面前人人平等，无论什么人，属于哪个民族信仰什么宗教，只要触犯法律，是什么性质就按什么性质处理，决不允许有法外之地、法外之人、法外之教。

（二）沿线国家的宗教问题

随着“一带一路”的实施，我们无法回避与沿线其他国家的信教群众，特别是各种各样的伊斯兰社会打交道。企业要在别人的地盘上铺路架桥、建港口、修管道、运物资，就必然要与各自为政的各类地方势力频繁协商，必然要雇用当地劳动力，必然要接触一个个活生生的人，这都需要充分了解宗教社会。宗教涉及道德、团结、尊严、生命等价值，我们不能简单地还原为政治问题或者经济问题，更不能假设当地社会天生追求 GDP。否则，我们不仅不能推进“一带一路”目标的实现，而且还有可能形成新的矛盾。

因此，我们对因“一带一路”将大规模“走出去”的企业和人员加强对宗教的尊重，特别是对伊斯兰社会的各种习俗，以及由此演化成的政治和经济契约形态的了解，特别是在心里不能把落后和恐怖主义与伊斯兰社会相联系，正确处理与他们的关系。

（三）急需的人才问题

“一带一路”只是中国扮演更多国际角色的开始，仅仅靠国际政治、商业、法律、工程技术等人才，无法胜任这些角色，还需要一大批深谙宗教特别是伊斯兰社会生活状况，并且为当地社会所接受的人类学、宗教学、民族学人才，为外派机构和基建项目的开展进行评估、建议、培训、沟通、公关。因此，要鼓励中国学生到国内外大学攻读中亚、西亚、南亚、东南亚研究的学位，在攻读阶段就要到伊斯兰社会中长期生活。同时，也应在国际上引进世界公认的区域问题专家充实高校师资，为中国培养真正熟悉沿线国家社会文化的区域人才。同时，更要为沿线国家培养了解中国社会文化的人才。

“一带一路”最大的特点是以项目为主来推动、来带动。在规则不甚明确的情况下，以项目带动，特别是在中亚、南亚、西亚这些高风险地区，将会面临很多不确定性，需要很强的执行能力才可以收到效果。尽管我们有良好的愿望和能力，然而由于中国向发展中国家输出大规模基础设施常被误认为带有政治性，所以“一带一路”倡议的落实面临很多困难。缅甸、斯里兰卡等一些国家，都曾出于国家安全的担心，叫停了一些中国的大型投资项目。“一带一路”沿线不少国家都有法治缺失的弊端，这导致“一带一路”的项目相对于其他法治比较健全地区的项目面临更大的经济和政治风险。从另一个方面看，适合“一带一路”的人才培养非常关键，没有一大批具有强有力执行能力的综合人才支撑，“一带一路”美好的规划、良好的心愿、完美的策略可能很难落实和实现。

此外，要加强国际反腐合作，让“一带一路”成为廉洁之路。“一带一路”建设中，陆上、海上、天上、网上四位一体的联通，涉及项目数字庞大、资金巨万，唯有一个个项目成为廉洁工程，道路畅通、民富业兴的前景才能如愿，文化交融、和而不同的蓝图才能实现。

三、“一带一路”的外部之“患”

（一）美国利用 TPP 等协定围堵“一带一路”

“一带一路”最初一定程度上是对美国 TPP 的一个回击，TPP 主要目的之一，就是限制中国的对外贸易。如果 TPP 成功，将成为“一带一路”的一个巨大威胁。

TPP 前身是 2005 年 5 月 28 日，文莱、智利、新西兰、新加坡四国协议发起的跨太平洋伙伴协议，成员之间彼此承诺在货物贸易、服务贸易、知识产权以及投资等领域相互给予优惠并加强合作。协议采取开放的态度，欢迎任何 APEC 成员参与，非 APEC 成员也可以参与。该协议的重要目标之一就是建立自由贸易区。

原本很小的经济合作协议，后来成为一个美国、日本、澳大利亚、文莱、加拿大、智利、马来西亚、墨西哥、新西兰、秘鲁、新加坡和越南等 12 个国家参与的大型国际组织，12 个国家加起来所占全球经济的比重达到了 40%。

为什么突然会跳出美国这头“大象”来猛力助推，最终威逼利诱日本也加入？因为奥巴马看到了这个协议背后的战略价值。

自中国加入 WTO 后，对外出口获得了无比广阔的发展空间，尤其在 2004 年以后，对美贸易顺差和总额像雪球一样越滚越大，逐渐成了美国政治中一个争论焦点。

特别是五年、十年的保护期过去后，加入 WTO 前我们曾许下的开放市场等一系列承诺有些还做得不够到位。为此，美国开始实施各种反制措施，一连串的双反调查和关税制裁就是证明。但奥巴马明显觉得还不够，想找一个一劳永逸的手段，于是他选择了 TPP。TPP 相当于经济上的“北约”，军事上的“北约”主要是针对俄罗斯，而经济上的“北约”主要就是针对中国。

然而，特朗普不想延续奥巴马利用 TPP 围堵中国的政策，可能在他看来，TPP 对美国大型跨国企业（如苹果公司等）是一个利好，但对美国中小企业不利，他代表的是美国中下层选民的利益，何况以美国的实力用不着牺牲那么大去搞一个“中三元”，搞好“小三元”足矣，“小三元”对美国人民最有利，因为工业生产和工作岗位都在美国。

美国退出 TPP 并不意味着美国就放弃了经济上针对中国的围堵（其实美国很矛盾，一方面要与中国贸易交往，实现互利共赢，另一方面又要围堵中国，以防自己被超越）。退出 TPP 后，美国一定还将出台别的措施来维护美国在亚太以及国际社会的利益。特朗普已提出要“协商出公平的双边贸易协定”，以美国的实力和手腕，双边贸易协定只会比 TPP 更加有力。当协商出一系列有利于美国的协定后，美国会不会退出 WTO？由于美国与中国之外的主要贸易伙伴都有双边协议，所以美国退出 WTO 对其自身的影响将不会很大，但 WTO 很有可能就会被迅速边缘化。WTO 被边缘化对中国将是一个巨大的考验，因为在“一带一路”还没有切实发挥效用的情况下，我国的外贸还非常依赖 WTO 这一平台。

从另一个角度看，美国回归 TPP 并非不可能。TPP 其他国家一直期待美国回归，美国前商务部长卡洛斯·古铁雷斯曾表示，特朗普决定让美国退出 TPP 是不理性的，“是一时的冲动之举”，他认为美国应该回归 TPP。

对此，我们要有充分的准备。中国政府一直在采取应对之策，一是实行更加积极主动的开放战略，努力构建开放型经济新体制，提高开放型经济水平。二是加快推进高标准自由贸易区建设，中国—东盟自由贸易区升级谈判已经完成，即将发挥其积极效应；中澳、中韩自由贸易协定也已经生效，成为推动经济增长的新动力。三是同各方一道尽早完成区域全面经济伙伴关系协定（RCEP）的谈判，加快中日韩自由贸易区谈判进程。四是继续推进外商投资管理体制改革，大幅减少外资准入限制。五是加强知识产权保护，营造公开透明、高效平等的市场环境，等等。

（二）美国利用地缘政治对“一带一路”的剪切

美国尽管派代表参加了首届“一带一路”国际合作高峰论坛，但其还将会对“一带一路”有所动作，不仅在域外围困，更会在域内做文章。

在西边，针对“丝绸之路经济带”，美国利用被它控制的阿富汗和对中国有“瑜亮情结”的印度，让它们充当美国战略剪刀双刃。2016年8月，美印签署了所谓的《后勤交换协议备忘录》，从已公布的条款可以看出，两国在军事上前所未有地靠近；印度允许美国战机和军舰使用本国军事基地来加油、维修和补给，或在联合演习中使用。从中可以看出，印度已认可了美国战略剪刀一刃的角色，以后一定还会配合美国给中国找茬。

“一带一路”的重镇阿富汗则完全由美国赋予它战略剪刀另一刃的角色。尽管美国曾承诺2017年之前将阿富汗驻军减少到5500人，但为了便于赋予阿富汗战略剪刀刀刃角色，决定变了，近1万人的部队将在9个基地无限期驻留。当中国和巴基斯坦费尽心力让阿富汗敌对双方坐到谈判桌前，和平进程成果显现之际，美国放出塔利班领导人毛拉·奥马尔的死讯，随后塔利班内部的夺权之战让和平倡议化为乌有；当中国与巴基斯坦通过巨大努力使和谈恢复后，美国和阿富汗傀儡政府公然破坏谈判。此外，美国还向阿富汗增派飞机，并扩大了本国军队的权限：它们获准直接参与作战行动。

美国正在不断打磨手中的这把地缘政治剪刀，以便剪断“丝绸之路经济带”上最薄弱最关键的环节——巴基斯坦。

在东边，针对“21世纪海上丝绸之路”，日本和菲律宾甘愿充当美国战略剪刀双刃，美国利用南海仲裁和东海钓鱼岛事件，尽力剪断中国与东亚以及东南亚国家的联系纽带。杜特尔特上台后，菲律宾似乎不愿意充当美国的战略剪刀刃，希望有自己的国家意志，美国要么做通菲律宾的工作，要么另寻刀刃，让我们拭目以待。此外，为了让东边的这把战略剪刀更加有力，美国进一步加强“亚洲再平衡”战略，美国国防部长卡特2016年9月宣布，美国的“亚洲再平衡”战略正进入第三阶段，扬言要将更多最先进的武器装备派往亚太地区，包括

F-35第五代战斗机、P-8型反潜侦察机和升级版的弗吉尼亚级核潜艇，并大力发展新一代战略轰炸机、无人驾驶潜水装置以及太空和网络新技术。特朗普上台后，这一系列军事动作并没有任何的停顿，反而是快速地在韩国部署了萨德反导系统。美国之所以在亚太地区进行如此重的军力部署，目的不言而喻。

当然，最关键的还是“一带一路”必须要抓好落实，取得实实在在的效果，“一带一路”落实到位，美国的围堵剪切措施都将落空。

四、“一带一路”对人民币国际化的影响

“一带一路”对人民币国际化具有重要的助推作用，是人民币国际化的一个重要载体。人民币在“一带一路”沿线国家将会有很好的使用机会，大宗商品贸易、基础设施融资、产业园区建设、跨境电子商务，以及亚投行、丝路基金等多边金融机制，都将成为人民币国际化的重要突破口。

一是有利于建立区域性贸易和投资的结算支付体系。在充足的外汇储备、庞大的外贸规模、相对完善的金融机制的支持下，人民币有能力主导建立区域性贸易结算支付体系。通过推进人民币与沿线国家货币的报价和直接交易，进一步扩大人民币在贸易、投资中的使用范围，降低使用第三国货币对双边贸易往来的不利影响，并通过创新人民币风险规避与资金增值产品，打消沿线国家企业使用人民币的后顾之忧，逐渐使人民币进入沿线国家资产计价和国家储备货币。

二是有利于促进对人民币可自由兑换需求的加大。随着“一带一路”的推进，将会逐渐形成证券市场和个人资本项目的逐步开放，放松对直接投资方面不需要的管制和限制，发挥市场自由机制功能，审慎放开货币市场等短期资本账户等。这些都将有利于境外国家和地区接受和使用人民币，促进人民币国际化。

三是有利于加大资本输出。对于资本输出而言，采用何种币种是一个非常重要的问题。目前以美元为主，今后一个时期，我国可考虑通过适当贴息等优惠政策吸引企业以跨国并购、设立境外产业园区等形式，支持对“一带一路”沿线等国家的直接投资、扩大境外人民币贷款和配套援外规划等措施加大资本输出。在转移产能、扩大市场、抢占渠道和获取高新技术等领域，开展人民币对“一带一路”沿线国家的直接投资，逐步改变当前对外投资中以外币为主的情况。

为此，我们应做好三项基础性工作：

第一，让人民币在基础设施融资中成为关键货币。根据亚洲开发银行的估计，未来10年亚洲基础设施每年资金缺口8000亿美元，东南亚轨道交通项目的投资规模就接近1万亿美元。中国拥有比较高的基础设施建设水平和比较高的储蓄率，有条件成为“一带一路”基础设施融资体系的组织者和重要的资金供应方。应提高人民币在沿线基础设施建设中的参与程度，成为最常用的基础设施投融资货币。在对外援助，对外投资项目贷款当中增加人民币产品，逐渐提高人民币在亚洲基础设施投资银行、金砖国家开发银行、多边机构当中的使用比例。

第二，将“一带一路”产业园区作为人民币国际化的一个重要支撑。中国已经是全球第三大对外投资国，如果中国在“一带一路”沿线经济走廊建设当中，建设具有特色的产业园区，将在“一带一路”国家的投资占比从2015年的13%提高到30%，未来10年的总投资将会超过1.6万亿美元。这样不仅可以帮助“一带一路”国家突破资金的瓶颈，全方位地推动中国与东道国国际产能合作，还可以为人民币国际化确立一个重要的长期支撑点。

为满足园区早期建设和区内企业运营产生的大量投融资需求和贸易结算需求，中资金融机构必然会进入园区，开发相应的人民币金融服务产品，提高人民币在当地的使用份额。伴随园区从起步到高速发展，金融机构逐渐扩宽业务范围，建立人民币离岸市场，形成全球范围人民币交易网络。

第三，要充分挖掘跨境电子商务使用人民币的潜力，强化沿线国家对人民币的民间认同感和接受度。中国政府正在实施“互联网+”战略，改善营商环境，创新贸易方式，推动跨境电子商务。2014 年全国使用跨境电子商务的外贸企业已经超过 1380 万家，跨境电子商务的交易额为 4.2 万亿元人民币，占进出口总额的 15.9%。“一路”沿线华侨聚集，对中华文化有比较高的认同，语言和消费习惯方面的障碍比较小，可以成为跨境电子商务和人民币计价的重要推动区域。

要特别鼓励电商网站和跨境电子支付系统等中国互联网企业从美元标价逐渐转向美元、人民币双标价，使人民币逐渐成为重要的计价货币。国内第三方支付平台与跨境电商结成战略联盟，根据沿线国家的文化传统和支付习惯研发产品，提供服务，共同推进人民币结算向纵深发展。

实施“一带一路”和人民币国际化，是中国在新的历史起点上，更大力度、更高水平的对外开放。最终的成功有赖于国内产业转型、技术进步和制度的进一步创新。在这个过程中，一方面要积极进行国际优质产能合作，另一方面也应当吸取历史上某些发达国家的历史教训，切忌出现盲目性资本外流，丧失本国产业升级的时间窗口，以至于在激烈的国家竞争中功败垂成，所以应当有进一步的制度创新机制，鼓励和满足国内技术和产业创新资本供给。只有这样才能最终为“一带一路”和人民币国际化创造坚实的基础和源源不断的推动力量。

作为人民币国际化的重要载体，“一带一路”承载着中华民族伟大复兴的重要使命，内部和外部都面临着巨大的考验和挑战，需要我们冷静分析，沉着应对。否则一着不慎，尽管不会满盘皆输，但肯定会“伤筋动骨”。

第二十四章　人民币国际化的里程碑——亚投行

一、亚投行的成立标志着新经济时代的到来

亚投行是首个中国倡议设立的多元金融机构，也是由发展中国家倡议成立并吸收发达国家加入，成为标准国际金融机构的成功范例。它的成立标志着中美之间的软实力如同中美经济硬实力一样开始处于同一数量级，开始有得一比了。美国前财政部长拉里·萨默斯认为，由中国主导的亚投行的诞生，标志着美国将失去全球经济掌舵者的重要地位。他说："从布雷顿森林体系建立开始，就没有一项大型国际事务能与此次中国主导建设亚投行相比，美国竟无法说服以英国为首的数十个传统盟友拒绝加入亚投行。"虽然萨默斯的观点有些言过其实，但英国置美国立场于不顾，坚持自己国家的核心利益，是"二战"以来所没有过的。

亚投行现有 57 名创始成员国，被誉为"亚洲的世界银行"，与竞争对手——由日本主导的亚洲开发银行有一些相似之处。亚投行法定资本为 1000 亿美元，中国已承诺至少提供 500 亿美元的初始资金。

尽管中国无意挑战美国全球经济领导者的地位，但美国将亚投行计划看作中美之间竞争力变化的一个标志性事件，因为亚投行极大程

度上影响了美国大洋彼岸的众多盟友。欧洲国家积极加入亚投行，预示着世界上没有任何一个经济体愿意放弃与新兴经济体——中国合作的机会。在美国说服盟友拒绝加入亚投行计划失败后，美国已无奈地认识到世界已经迎来新的经济时代。

二、亚投行的重大作用

（一）促使国际金融机构设立初衷的回归

国际金融机构原本属于一种多边投资或援助安排，即由多个国家政府出资成立，采取多国共治的治理模式，从国际资本市场筹集资金，向有需要的成员发放贷款、提供援助。曾经的国际金融机构都被少数发达国家特别是美国控制，将有限的资源输送给符合自身利益的国家和地区，不仅使更需要帮助的国家不容易得到帮助，而且造成资源在那些受到“照顾”的国家被低效使用，被美国打入另册的国家则根本无法取得任何金融支持。亚投行的成立为国际发展援助注入了新的资源，国际金融机构服务的对象——发展中国家不仅会有更丰富的外部资金来源，还可以面对多元发展模式及理念的选择。亚投行带来的竞争可能会促使现有国际金融机构加快改革步伐，从而顺应新的世界经济格局，回归国际金融机构设立初衷。

（二）促进亚太自贸区建设

2014年，亚太经合组织领导人在北京启动了亚太自由贸易区进程，迈出了历史性的一步。亚太自贸区建设立足全球视野，是时代的必然产物。但错综复杂的外部形势，如多边贸易体制受阻，碎片化现象严重；贸易发展放缓，保护主义抬头；旧规则体制受到挑战，新规则体系步履维艰等，决定了亚太自贸区发展进程非同一般的曲折。而参与国之间经济领域和非经济领域的巨大差异，发展阶段、政治制度、管理水平、商业习惯等的千差万别，也决定了各国利益平衡点的达成异乎寻常的艰难。亚太自贸区建设对于推动更加自由的贸易和投资，促进亚太区域经济一体化，为经济全球化提供范例，从而消除利益格局博弈带来的负面趋势具有积极意义。

亚投行筹建的直接目的是便利亚太国家基础设施建设投融资，因此可以加快该地区欠发达国家基础设施建设，尽快实现区域内互联互通，奠定亚太地区促进要素流动的基础，进而为实现亚太自贸区目标，提供坚实的物质基础。

（三）带动中国标准走向海外

在管理界有这样一句话："三流公司做产品，二流公司做品牌，一流公司做标准。"笔者认为国家也是一样，"三流国家埋头从事产品生产，二流国家精心从事品牌培育，一流国家从容从事标准制定。"其实，一个国家内三种状态都并行存在，但各国在三个方面的侧重点大不相同。中国目前主要处于生产产品为主，努力培育自己品牌的阶段，在产品标准，特别是金融产品标准方面，我们几乎是一片空白。亚投行的成立是一个里程碑式的事件。一方面，亚投行的有关运行标准以中国为主制订，中国第一次在国际金融产品标准方面有了自己的主导权；另一方面，因为亚投行，中国具有显著竞争力的基础设施制造产业有了一个潜力巨大的市场。如果机场、港口、公路和高铁建设能够大面积铺开，不仅为中国创造巨额订单，更重要的是在中国制造和中国建筑走向海外的同时，中国的基础设施等标准也将阔步走向世界。

（四）强化中国规则制定权

金融危机后确定的国际治理改革阻碍重重，美国不仅阻击国际货币体系改革，而且通过各种途径压制中国在亚太地区的贸易竞争力，并在此基础上，试图绕开 WTO 多边机制，通过大量“一对一”的双边谈判重新获得国际贸易等规则制定权。因此，中美两个大国已经开始在国际经济规则制定等方面展开博弈①。

亚投行的建立，将提升中国在亚太地区的经济影响力，从而强化中国在这一地区与美国分享规则制定权的基础。在中国领衔下，发达国家与发展中经济体共同制定投融资规则，由此改变世界银行和亚洲开发银行在发达国家主导下制定国际金融规则的旧有格局。

（五）加速人民币国际化

在亚投行业务开展后，中国可以亚投行信贷为先导，在加强地区基础设施建设的同时，通过促进直接对外投资带动人民币“走出去”，进而促使区域经济体增加人民币储备需求，加速人民币国际化。

三、亚投行与人民币国际化

货币的国际化，核心在于各国愿意持有你的货币。持有是一个主动自愿的过程，是利益考量的结果，这个考量可能是不得不持有的无奈，也可能是安全、方便、获益的情愿。让其他国家持有你的货币，特别是大规模、长期持有，是一个异常艰难的工程。因为长期持有一个国家的货币，便意味着给这个国家上交铸币税，没有特殊的考量一般不会这么做。目前成功的案例主要有两类：一类是贸易逆差，就如现在的美国所为，通过经常项目逆差，让其他国家持有大量的美元，再通过资本项目顺差让货币回流美国。现在这个办法在中国行不通，中国目前还处于制造业为主的阶段，国内拥有海量的产能，经常项目

① 2015 年 1 月 20 日，奥巴马在美国国会发表任内第六份国情咨文，指出，“现在美国公司的出口量比以往任何时候都大。21 世纪，包括小型企业在内的公司越来越多，它们应向美国国外销售商品。与此同时，中国想制定规则，以发展这个世界上经济增长最快的地区，这将会使美国的商业和工人的地位落后。”奥巴马强调：“这是美国不能允许的。”

维持大量顺差都难以消化这些产能，若用这个办法，国内的产能将更加过量，以目前的中国经济结构难以承受。另一类是进行货币贷款，让贷款国家利用所贷款项发展实业，这样货币就逐渐在对方的经济体系里沉淀下来。美国、日本货币国际化开始走的都是这样一条路。

1947 年，美国人提出“马歇尔计划”，用贷款给西欧各国约 130 亿美元。这些美元被用来向美国购买设备、材料、技术等，在西欧国家变成了工程项目，而美元则又回到了美国人自己的腰包里。西欧国家得到了工程项目，但是却欠下了美元债务。因此，纷纷开展外贸出口赚美元还债，这可以说是美元成功国际化的一个神来之笔。

20 世纪七八十年代，日元也开启了国际化的历程。日本学美国开始给东南亚、中国等国家或地区提供大量的日元贷款，中国、东南亚国家购买日本的设备、材料、技术等，建成本国的项目，比如，中国最初的几个三十万吨乙烯工程，宝钢和日立显像管生产线等，都是用日元贷款从日本购买的设备、技术、人工培训。中国得到了工程，欠下了日元债务。

到 20 世纪 90 年代初，日元在国际储备货币中的比例上升到了 9% 左右，若非日本苦于国土面积狭小、资源贫乏，以及政治文明水平低等货币国际化的基本条件缺乏，就日元国际化的战术来讲还是相当成功的。加之当时日本举国沸腾，认为可以“向美国说不”，从而搞得美国人神经高度紧张，对日元国际化极力打压，毫不松手，否则今天日元在国际储备货币中的占比绝不只是 3%。

人民币要实现国际化，美元、日元国际化的经验很值得我们借鉴。也就是说，通过人民币贷款，帮助其他国家发展，这是任何一个发展中国家都愿意接受的事。通过帮助其他国家发展，把中国的产能变成对中国的债务。债务国欠了中国人民币，就得想办法赚人民币并储存人民币，或者到市场上去购买人民币，从而使这些国家主动去持有人民币，习惯使用人民币。

亚投行在推动人民币采用这一模式国际化的过程中，可以发挥巨大的作用。正如上一部分“（五）加速人民币国际化”所述，中国可以亚投行信贷为先导，在沿线地区加强基础设施建设的同时，通过促进直接对外投资带动人民币“走出去”，进而促使区域经济体增加人民币储备需求，加速人民币国际化。

美国人对此洞若观火，毕竟我们在学他，就在亚投行正式开业的那一天，《赫芬顿邮报》发表了一篇名为《人民币来了!》的评论，认为亚投行不管怎么开始，都很快会让亚洲形成一个人民币跨境清算的大市场，人民币将成为与欧元、美元鼎立的货币。正如第二十章“二、货币国际化的基础”所述，目前人民币是唯一能挑战美元霸权的货币，美国对此比谁都清楚，它一定还会想方设法阻击人民币国际化。因此，亚投行未来的路绝对不会一帆风顺，必将面临巨大的挑战，这就能理解为什么亚投行的主要结算货币是美元!

一方面，美元是准国际货币，结算货币用美元，无论在安全性、稳定性，还是通用性上都是最佳选择。目前绝大部分国家还是最愿意接受美元。尽管贷的是美元，这笔钱最终大部分都要用来购买产品，用于受援国购买机械设备发展生产，中国可以要求受援国尽可能购买中国产品，那么货币很快都会回到中国国内。因此，贷款使用的币种不是很重要，还款使用的币种至关重要。中国可以要求受援国偿还人民币，它们肯定乐意，毕竟相对于美元，人民币还是弱一些，借强还弱何乐不为；另一方面，以美元结算也表示了对美元地位的尊重，以及让利于美元的胸怀，使美国也不好过于发难，这是否是吸取了日元国际化的教训则不得而知。

借助亚投行，可以把在美国难以兑现的美元资产，通过中国国内大量成熟产能转换成有需求国家的实物资产，让人民币逐渐在境外沉淀下来，这是踏踏实实的人民币国际化之路。

第二十五章　审慎对待人民币国际化

人民币国际化是大势所趋。中国现在的经济体量、经济地位和人民币在国际货币体系中的地位是不完全相符的，这样一个结构不利于全球金融体系的稳定，不利于分散全球金融的系统性风险。在 21 世纪上半叶的某个时候，人民币成为准国际货币，应该是一个大概率事件。

然而，在欣喜期待人民币国际化的同时，也要清醒地认识到人民币国际化是一个充满荆棘的过程，不能低估它的复杂性。纵观历史，绝大部分国家在货币国际化的过程中，都是历尽艰难、风险不断：美元成为国际货币一路坎坷，若非希特勒发动“二战”为其彻底扫清道路，还不知道会遇到什么障碍，要拖到什么时候；德国马克通过融入欧元开启其国际化征程，欧元推行至今，仍是危机不断，困难重重，前途未卜；日元在开启国际化征程后，日本遭遇了从未有过的压力，近 20 年不得舒缓，务实的日本人为避免与美国人正面对立，主动放弃品牌战略，另辟蹊径，化整为零，以品质优异的零部件垄断潜行全球，获取超额利润，以期达到日元国际化的同等目的。

因此，我们在预期人民币国际化收益的同时，也要充分估计到它面临的巨大挑战，一旦处理不当，受影响的将不仅是人民币，而是整个中国经济的发展，甚至是中国梦的实现。因此，在人民币国际化的过程中，一定要有强烈的风险意识，未雨绸缪，借鉴其他国家货币国际化的成功经验和失败教训，对各种可能出现的风险做好预估和应对方案，把风险控制在可控范围之内，不急于求成，不为了国际化而国际化。

一、充分认识人民币国际化的风险

总体说来，人民币国际化可能面临着以下几个方面的风险：宏观经济政策制定和实施的风险，国内经济受到外部冲击的风险，特里芬难题，等等。

（一）宏观经济政策制定和实施的风险

1. 货币政策有效性减弱

根据克鲁格曼的“三元悖论”，在开放经济中，汇率稳定、资本自由流动、独立的货币政策三者不可调和，一国只能选择其中的两者作为目标，尽管“三元悖论”为政府提供了三种有效的政策组合，但一国货币国际化的前提是该国货币价值稳定和金融市场高度开放，作为准国际货币发行国，资本自由流动和汇率稳定是首选的政策组合，因此，该国货币政策的独立性必定会受到削弱。

根据形势需要，中国实际上实行的是稳定汇率（即使波动也是可控的）、资本管制和独立货币政策的组合。面对世界经济一体化进程加快及跨境资金流动的加速，力图控制资本流动保证本外币协调的做法实行难度越来越大，同时，缓慢、渐进升值的汇率政策导致货币政策不能放开手脚，使其独立性大打折扣。目前看，为实现人民币汇率的稳定，随着中国政府在推进人民币国际化的过程中不断开放资本账户，中国货币政策的有效性就会进一步被削弱，货币政策的目标实现难度更大。

2. 汇率波动的风险

人民币国际化的必然要求是币值的稳定，而这在一定程度上限制了我国汇率政策的操作空间。2005 年汇改以来，中国建立健全了以市场供求为基础的参考一篮子货币进行调节、单一有管理的浮动汇率制度。2012 年 4 月 16 日起，人民币对美元汇率浮动幅度扩大，汇率弹性进一步增强，下阶段人民币国际化也就面临着这样的风险：人民币单边升值的一致性预期越强，资本流动的“羊群效应”越明显，投机性风险就越大。如果将来人民币升值的趋势难以为继或国际投资者预期忽然转向，境外主体大规模抛售打压人民币资产，也将引起“羊群效应”，这对中国汇率的稳定性造成严峻的挑战。另外，汇率的过度波动会直接影响到中国对外贸易和外商直接投资（FDI），给实体经济带来冲击。

（二）国内经济受到外部冲击的风险

1. 国际资本短期进出的风险

随着人民币国际化的推进，资本跨境流动必然增加，并且会随中国利率的变化而变化。国内外利差的变化将会引起逐利性人民币资本在国内与其他地区之间大量流动，由此产生人民币汇率的大幅波动风险。当我国利率高于国际市场利率时，资本的大规模流入会导致国内资产收益率降低，信用体系过度膨胀，此时，若央行提高利率就会增加国内企业负担。

2. 投机风险

人民币国际化步入深水区后，境外投机者可在离岸市场上获得大量的人民币。当人民币汇率产生贬值预期时，国际炒家可能在期货市场做空人民币，并事先囤积大量人民币，然后在国际市场上大规模抛售，通过打压人民币汇率造成贬值，获取巨额利润。人民币实现国际化后，国际游资的投机炒作将会冲击中国金融市场，对金融市场管理的有效性提出巨大挑战。

3. 资本账户开放带来的风险

人民币国际化必然要逐步开放资本账户，实现人民币完全自由兑换，使国内金融体系更加市场化、国际化。资本账户开放过快将导致国内货币政策的失控，最终影响人民币国际化进程，甚至资本在短期内大规模地流进流出也会导致泡沫经济或金融危机的发生，尤其是中国这类金融机构竞争力不强、金融体系脆弱、资本市场深度广度不足、处于转型期的经济体，更容易成为被攻击的对象。

（三）货币替代风险

一般来说，货币替代风险是指国际持币主体在遭遇与该币种相关的风险事件时，由于信心的丧失，在国际市场上大量抛售该货币，转而持有其他稳定货币的风险。随着国际货币竞争越发激烈和货币兑换更加自由，发展中国家面临抵御更具竞争力的外币替代本币的风险，同时本国政府也想通过增强本币国际实力来实现反替代。在拥有美元、欧元、日元等强劲竞争对手的前提下，中国在实现人民币国际化的过程中必将面临货币替代风险。货币替代会扰乱货币发行国的金融秩序，削弱发行国银行的宏观调控能力，并影响宏观调控政策效果，使汇率市场波动性增加，央行对货币供应量控制能力减弱，货币政策中介目标选择难度增大，加剧通货膨胀率水平及发生频率。

二、认真总结美元、日元国际化的成功经验和失败教训

（一）美国、日本货币国际化计划的效果差异

1. “马歇尔计划”巩固了美元国际货币体系的中心地位

“二战”后，世界经济陷入衰退。一方面，欧洲经济萎缩、美元外汇匮乏导致欧洲对美商品需求缩水；另一方面，美国战后内需低迷，增加了美国经济和就业的压力。在这样的背景下，为转移过剩产能和缓解国内经济压力，重新打开欧洲市场，美国提出“马歇尔计划”，向欧洲重建大规模输出美元流动性，美元国际化进程明显加速。

“马歇尔计划”对欧洲开展大规模援助，但对资金用途却做出了严格限制。该计划于 1947 年 7 月正式启动，持续 4 个财政年度，每年给予欧洲国家包括金融、技术、设备等各种形式的援助，其实施大致分为三个阶段：第一阶段，欧洲国家将援助资金大多用于进口急需的生活必需品，稳定社会政治和经济秩序；第二阶段，重点采购工业原料和制品，用于战后工农业体系的重建；第三阶段，大量资金开始用于重建欧洲各国军备。在援助资金的使用和管理上，美国政府作了严格的限定：一是设立主管机构经济合作总署，掌控援助物资的采购权、调拨权，所有资金通常都先交付给欧洲各国政府，由经济合作总署与被援助国共同管理。二是建立对应基金（counterpart fund），将“马歇尔计划”援助资金转换成为由当地货币构成的资金。三是援助资金必须用于购买美国商品并由美国运往欧洲。四是必须保障美国私人投资和开发的权利。

“马歇尔计划”在突破西欧投资限制、转移过剩产能、进一步确立美元霸权地位等方面作用显著。经济方面，作为对“马歇尔计划”的

回报，英法等西欧国家在该计划实施后期，开始允许美国投资其能源资源、金融等原先限制外来投资的领域，并放宽了美国对西欧企业的股权投资限制。受益于此，美国对欧直接投资在20世纪50年代出现加速增长，年均增速高达14.5%。同时，“马歇尔计划”还帮助美国扩大了出口并转移了剩余产能，美国通过“马歇尔计划”援助欧洲的赠款和贷款共计131.5亿美元，其中75%用于购买美国的商品。计划实施期间，欧洲2/3的进口物资来自美国，美国借此转移的过剩产能占其GDP的13%。此外，该计划的实施拉动了美国经济和就业增长，计划实施期间，美国GDP年增长率一度达到15%。

货币方面，“马歇尔计划”以约占欧洲年均GDP 4%的有限援助，成功地帮助欧洲构建了欧洲清算联盟，有效开展了多边清算，促进了区域贸易和信贷。计划实施期间，美国利用赠款及联合国善后救济总署贷款持续向欧洲输出流动性，搭配商品的输出，使美元在全球货币经济活动中进一步占据绝对主导地位。

此外，“马歇尔计划”中美元援款流向欧洲，加之当时苏联和东欧各国出于政治原因将其美元资金转存于苏联设在巴黎和伦敦的国际商业银行，衍生出存放在美国以外的银行、不受美国政府法令限制的美元存款，即“欧洲美元”，“欧洲美元”在美国境外的流通和结算，推动了美元离岸市场的发展。

2.“黑字回流计划”无功而返

“二战”后，日本在美国的扶持下，专注于发展经济。自20世纪60年代开始，日本经济实力与对外贸易日益膨胀，到80年代末90年代初，日本GDP上升为美国的2/3，在世界各国的外汇储备中，日元的比重由1975年的0.5%升至1986年的8%，成为仅次于美元和德国马克的第三大储备货币。美国、欧洲对日本贸易赤字的显著增加，使美欧开始对日元汇率施压。1985 年 9 月，美国、英国、法国、德国和日本五国签订广场协议，迫使日元单边大幅升值，并开始完全自由浮动，此后五年内，日元升值近两倍。为进一步增强经济实力，缓解日元升值压力，日本政府提出实施“黑字回流计划”，通过政府发展援助和商业贷款等渠道，使国际贸易盈余、外汇储备和国内私人资本重新流回发展中国家，同时向海外大量输出流动性，从而达到促进日本对外投资、储备国力于海外等目标，并强化日元国际化成果。

“黑字回流计划”通过扩大对外直接投资加大了本币资本的输出，提升了日元的国际地位，实施时间为 1986 年到 1992 年，计划规模为 645 亿美元。该计划的主要举措包括：一是增强对欧美资本密集型和亚太地区劳动、技术密集型产业的直接投资，在世界范围内扩张产能，并扩大出口贸易市场；二是建立日本海外协力基金（OECF）和日本进出口银行（JEXIM），促进日元输出，并配合世界银行、国际货币基金组织等国际援助性金融机构向发展中国家提供日元贷款；三是推动亚洲其他国家与日本进行日元贸易结算，在进出口信贷方面加强日元结算功能；四是作为常年贸易顺差国，日本积极增加内需，扩大进口，以缓解巨额贸易顺差；五是逐步实行金融自由化，鼓励金融机构海外扩张，配合日元国际化。

日本经济在 20 世纪 90 年代陷入长期低迷，在全球经济体系中的地位随之下降，各国对日元的储备意愿亦显著减弱，日元的国际货币地位日益下降。日元在各国外汇储备中的占比从 20 世纪 80 年代中期的 8%下降到 1997 年的 6%，再到 2011 年的 2.9%；对外贸易方面，1993—2000 年，日元在出口贸易结算方面的比重从 42.8%下降到 36%，2013 年进一步下降到 20.6%；在全球银行对外贷款方面，日元资产 1985 年占到 14%，2000 年则只有 8.7%，2011 年更是低至 3%。“黑字回流计划”最终无疾而终，日元国际化失败。

（二）吸取美日的经验和教训

1. “马歇尔计划”成功的原因和启示

（1）“马歇尔计划”成功的原因

一是观念切合市场需求。“二战”后美国作为当之无愧的经济大国，有实力输出资本与项目，百废待兴的欧洲亟须建设。“马歇尔计划”于1947年7月正式启动，持续了4个财政年度，巩固了欧洲的经济基础，不仅让西欧在战后迅速复苏，还使美国与西欧成为对等的自由贸易伙伴。美国与西欧被援助国双双获益，奠定了西方世界的新格局。

二是美国并不强求归还援助基金，投资、建设与贸易一起启动。“马歇尔计划”的参与国政府大多清楚，它们不必向美国归还这笔对应基金的款项。最终这笔款项余额大多被编入本国的财政预算，然后从此“消失”。不过德国却是一个例外，美国从一开始便规定德国必须在日后归还所有援助款项。但自1951年7月1日之后，德国从“马歇尔计划”中获得的援助共计2.7亿美元，而其最终只向美国进出口银行偿还了其中的1690万美元。

三是资金使用非常有效。“马歇尔计划”要求成立经济合作总署，划归各国的资金由所在国政府和经济合作总署共同管理。每个参与国的首都都会驻有一名经济合作总署的特使，一般由一位有一定声望的美籍商界人士出任，提出建议并监督资金使用效率。经济合作总署不仅与各国政府进行资金分配方面的合作，还组织政府、工商业界以及劳工领袖成立磋商小组，对经济情况进行评估，同时决定援助资金的具体流向。

此举对消化美国产能有利，欧洲人将大多数来自“马歇尔计划”的援助资金用于输入美国生产的商品。截至1951年中，在美国提供的共130亿美元援助资金中，有34亿美元用于输入原材料和半制成品，32亿美元用于购买粮食、饲料以及肥料等，19亿美元用于进口机器、车辆和重型设备等重工业品，还有16亿美元用于输入燃料。

这促进了当地的投资与生产，设立对应基金将“马歇尔计划”的援助资金转换成由当地货币构成的资金。按经济合作总署的章程规定，不少于60%的基金数目应用于制造业投资。德国大多将其用于向私人企业贷款，主要资助德国中小企业，在推动重建进程、增加就业领域起到了重要作用。这笔基金在德国的再工业化过程中也起了核心作用，从1949年到1950年，德国采煤业投资总额的40%由对应基金提供。资金还得到了循环使用，加快资金周转是当时条件下的货币扩张计划。欧洲进口商购买美国商品，以复兴计划的美元支付，但本地商人以当地货币支付货款，逐步支付后，这笔款项随后再投入本国对应基金，以供政府实施其进一步的投资计划。如此，货币得到了不断的循环使用，也提升了当地货币的信用。

（2）“马歇尔计划”的启示

一是培植人民币国际化的坚强内核。“马歇尔计划”之所以能取得巨大的成功，在于美国具有强大的内核。即使欧洲传统强国知道“马歇尔计划”的最终目的是通过美元的渗透，控制欧洲，以便一同对抗苏联，也因其无法离开美国的支援，而不得不妥协。

中国的“一带一路”倡议虽然抱着共同发展的良好心愿，但人民币要国际化也必须使中国的实力强大到“一带一路”沿线国家离不开中国才能实现，做到这一点，必须要深化改革。在本书第二十二章“三、完善人民币国际化的基础工程”中，笔者从加强金融管理体制改革、加强供给侧结构性改革、切实落实全面深化改革等三个方面进行了论述，此处不再重复。

二是以合作共赢理念引导创新合作。“马歇尔计划”尽管主观上有输出过剩产能的意图，但不可否认当时美国的确有让欧洲从“二战”后一片废墟中恢复，达到共赢的理念。这也是“马歇尔计划”之所以能取得巨大成功的一个关键，而日元的国际化就没有奉行这一理念，日本只考虑日元输出国的利益，没有考虑过日元输入国的利益。一有风吹草动，抛下他们独自逃命，如本书第七章“四、东南亚国家深跌难起”所述。

当今，和平与发展成为时代主题，越来越多的国家都将谋发展、促和平作为本国的大政方针，并将合作作为实现目标的主要途径。旧时代那种以自我为中心，以实现自己的利益为主要目标甚至是唯一目标，试图一直掌控主导权的合作模式已经走入死胡同。

党的十八大以来，“合作共赢”已经成为中国的核心理念。无论是构建人类命运共同体，还是构建新型国际关系，抑或是推进“一带一路”建设，都一直秉持合作共赢理念。这也是中国在实现人民币国际化进程中，学习“马歇尔计划”，又可能超越“马歇尔计划”的地方。

中国实施资本输出和企业“走出去”，理念上坚持的必须是共赢思维，而非过剩产能倾销，中国提供资金与技术，以人民币与当地货币进行结算，循环使用，提升双方货币的信用。此外，投资银行或者复兴基金必须有严格的监管，形成在中方掌握主导权的前提下，涵盖各方利益的高效运作方式。

2.“黑字回流计划”无功而返的主要原因和教训

(1)“黑字回流计划”无功而返的主要原因

正如本书第二十章“二、货币国际化的基础”所述，日本的国土面积、资源禀赋、民族性格以及被美国实际掌控的现状，决定了日元国际化是不可能的。日本“黑字回流计划”的失败，也正印证了这一点。但是在20世纪80—90年代，日元国际化道路上碰到的一些问题还是很值得我们借鉴总结的。

一是日元汇率大幅波动不利于别国放心持有。1973年日元开始实行浮动汇率制后，日元兑美元汇率出现较大的反复。1973年初约为1美元=266日元，1978年末急剧升值到1美元兑换195日元，1985年初又逐渐贬值到约1美元兑换258日元。1985年9月广场协议后，日元在一年多的时间里急剧升值了约33%，1987年4月末1美元兑换140日元。此后一直呈现升值的态势，1995年4月为1美元兑换79日元，创出了日元兑美元汇率的最高记录。1995年中期开始，日元汇率由升转跌，1998年6月跌至1美元兑换145日元。自1973年日元实行浮动汇率制以来，其稳定性始终难以得到保证。一种货币的汇率稳定是其成为国际货币的重要条件，因为一国货币不稳定，别国不敢放心持有，严重影响其国际化。

二是日本的贸易结构不利于本币贸易结算。日本的贸易结构长期以来有两大特点：出口对美国市场依赖严重，进口以资源能源类产品为主。对于出口来说，1990年，日本对美国市场的出口占其全部出口额的32%，毫无疑问，全用美元结算。同时作为一个资源能源贫乏的岛国，日本对资源能源进口依赖程度非常高，石油等关键产品几乎完全依靠进口，其中80%以上是以美元进行结算，这又限制了日本通过进口时支付日元作为对外输出日元的能力。

三是日本资本输出结构不利于输出日元。“广场协定”签署之后，随着日元的大幅升值和资本账户的不断开放，日本银行对外贷款和日本居民对外投资迅速增长，日本成为世界上最大的资本输出国，但对于日元国际化的影响甚为有限，其原因有：日本银行以日元计价的对外贷款比重低，到20世纪80年代末仅占全部对外贷款的25%；海外直接投资比重低，1985—1990年，日本居民的海外资产投资翻了四倍多，其中以日元为主的直接投资占比仅为20%，其余均为以投资所在国的本币进行计价和结算的证券类公开市场投资。

（2）“黑字回流计划”可供我们吸取的教训①

一是人民币国际化不宜作为优先目标。在人民币国际化问题上，应采取顺势而为、由市场作为主要推动力的方式逐渐发展，而不应过于凭感情用事由政府强推。日元国际化失败的一个主要因素就是日本政府想通过“黑字回流计划”快速推进，而非顺势而为。对于中国目前所处时点来说，人民币国际化不宜作为国家战略进行强推，否则将影响我国经济和金融的稳定性及安全性，并将面临一系列两难问题：

从外部看，美联储货币政策正常化节奏加快，金融危机后长期保持的零利率政策已经改变。这对包括中国在内的新兴市场国家来说，意味着全球流动性方向的逆转，外部金融条件随之严重收紧。此时，过于强调人民币国际化目标，必然要求资本项目加速开放，这对于中国内部经济和金融稳定是相当不利的。

从内部看，中国正处于艰难的结构调整期，非常需要一个相对宽松的货币政策环境。此时强推人民币国际化，则意味着加快资本项目的开放和保持汇率的相当稳定，货币政策的独立性和有效性将受到严重影响。

在美国处于升息周期，中国为稳定经济和进行结构调整而进一步调降存款准备金率和下调利率水平的背景下，人民币汇率存在较大的贬值压力。如果为了推进人民币国际化，而保持与强势美元之间汇率稳定，则意味着货币当局需要进行大量公开市场干预，抛售美元购入人民币。虽然中国外汇储备存量仍较为充裕，但这一公开市场干预的过程不仅成本过高，且与人民币国际化的方向相反。

二是宏观经济稳定是人民币国际化的基础。日元国际化失败的根本原因在于日本经济泡沫破灭后的持续低迷，使得日元资产失去了对外国投资者的吸引力。事实上，即便在20世纪90年代后期，日本对日

① 参阅了卢季诺发表在经济导刊上的《日元国际化及其对人民币国际化的启示》。

元国际化仍进行了大力支持，但由于整体宏观经济形势疲弱，不管日本政府如何努力，日元国际化仍然出现了大踏步的倒退。当前，中国经济面临人口红利下降、三期叠加等结构性矛盾，以及金融风暴后发达国家的进口需求增长持续疲弱、经济增速水平下降等情况。从日本的教训来看，在这样的宏观环境下强推人民币国际化风险较大，应该待宏观经济环境改善后推行更稳妥。内部宏观环境的改善要靠全面深化改革，在第二十二章“三、完善人民币国际化的基础工程”中，笔者从加强金融管理体制改革、加强供给侧结构性改革、切实落实全面深化改革等三个方面进行了论述，而此处针对日元国际化过程中遇到的经验教训，提出一些具体的改革注意事项。

结构调整优先。日本在资产泡沫破灭后，“保就业”的政策目标使其对国内低效企业采取了长时间容忍措施，造成了经济体系内大量“僵尸企业”的存在，这既导致了日本经济增速水平长期陷入极低水平，银行坏账水平显著上升，同时也挤占了相对高效企业的融资能力。在经济长期处于通缩的区域内，即使政策利率水平已下降至零，但实际利率水平仍居高不下。

中国当前面临可能更为严重的低端产能过剩问题，如果不能通过价格信号进行合理调整、恢复均衡，实际增速在今后几年仍可能低于潜在增长水平。要在未来若干年维护和加强制造业大国地位，有必要通过市场有效淘汰、出清落后产能，而不能“父爱”泛滥，无原则“护犊”，通过输血让“僵尸企业”大量存在，拖累《中国制造 2025》及有关产业升级规划的贯彻落实，进而延迟人民币国际化的进程。

财政改革必行。由于“僵尸企业”和地方政府融资平台对利率的天然敏感性弱，再融资“借新还旧”的需求又极强，其结果将不可避免地导致社会融资成本居高不下，以及中小企业融资难、融资贵等问题。财政改革必须取得突破，以便降低地方政府债对整个经济体系造成的系统性风险。从整体财政改革来讲，包括税制改革和中央与地方政府关系理顺仍是解决地方政府财政和债务问题的核心，应尽快得到根本性解决。相对来说，以人民币国际化为目标的金融改革应是更具有长期意义的改革，其成功与否也有赖于上述两项改革的成败。

三是本币区域化是人民币国际化的重要阶段。日元国际化过程中，长期忽略本币区域化的作用，日本政府试图一步到位地建立起日元在贸易结算、金融交易和国际储备方面的国际地位。实际上无论是其主要贸易伙伴，还是其主要投资地，这些国家都以美元为主要支付和储备货币，日元好不容易占有了一席之地，一有风吹草动，日元就被迅速打回原形。我国应利用好在发展中国家，特别是区域内发展中国家外交、政治和经济贸易领域的影响力，优先推进人民币在区域内的贸易结算和投资结算功能，加大其在区域内国家储备货币中的份额，待条件成熟后再逐渐向域外扩展。

三、充分做好美国阻击人民币国际化的准备

在掌控全球金融秩序近 70 年之后，由欧美主导的国际货币体系迎来了真正的挑战者。从 2014 年 7 月 15 日"金砖五国"在巴西福塔莱萨签署协议，成立金砖国家开发银行（简称金砖银行），到 2015 年 12 月 26 日亚投行正式成立，以美元为中心的国际货币体系正受到巨大冲击。冲击越大，反弹越大，美国当前的综合实力还是其他任何一个国家都无法比拟的。因此，人民币国际化的最大风险应该是美国对人民币阻击的风险。日元本不具有对美元的根本挑战，美国尚且对日元提防打压；欧元本质上不可能替代美元，也被美国弄得疲惫不堪，没有了一点朝气。作为唯一可能与美元并驾齐驱，甚至可以替代美元的人民币，我们可以想象美国对人民币的防范会有多深。

在相当长一段时期内，中国的经济还要爬坡过坎，爬过"中等收

入陷阱”这个坎。当前农业等基础产业在中国经济中还相当薄弱；大量制造业在苦苦支撑；像华为那样能制定全球标准的顶尖企业还不多见。许多在底层制造业中积累的资金，因为无法找到产业升级的突破口，大都跟风进到楼市，助长楼市一轮轮暴涨，非常需要新的增长点。“一带一路”和人民币国际化是一个非常好的增长点，然而，“一带一路”要稳中求进，人民币国际化更要把握好节奏，千万不能被它们的光辉前景冲昏了头脑，自乱方寸。内乱则外患生，正如第七章“五、欧日一样被‘修理’”所述，美国是一个具有深远战略眼光的国家，它一直是谋定而后动。但只要我们踩着稳健的步伐、顺势而为，并充分做好美国阻击人民币国际化的各项准备，备战是为了止战，以美国的理性应该不会贸然出击。同时，我们还要积极加强对美国的宣传、解释工作，让美国人明白，在新的历史条件下，修昔里德陷阱应该是可以避免的，与其强行阻击人民币国际化，弄得两败俱伤，不如审时度势，两国长期友好合作，跨国企业中肯德基和麦当劳、百事可乐和可口可乐的成功模式在国家间也是可行的。只要美国愿意，中美两国完全可以平稳过渡，实现双赢。

正所谓：红日初升，其道大光，任重道远，山高水长。

参考文献

[1] 凯恩．平衡——从古罗马到今日美国的大国兴衰［M］．陈毅平，等，译．北京：中信出版社，2015.

[2]〔美〕巴里·埃森格林．嚣张的特权：美元的兴衰和货币的未来［M］．陈召强，译．北京：中信出版社，2011.

[3] 朱民．结束美元霸权不如约束美元霸权［J］．书摘，2009（7）.

[4] 李慎明．从国际金融危机进一步认清新自由正义的危害［J］．红旗文稿，2010（6）.

[5] 张茉楠．美元霸权税的阴谋［J］．中国经济和信息化，2010（23）.

[6] 张敖．美元霸权的历史演进［J］．金融发展评论，2011（3）.

[7] 鲁世巍．伊拉克战后重审美元霸权［J］．经济前沿，2003（12）.

[8] 亨利·C.K. 刘，林小芳，黄芳．美元霸权与主权信贷的对立［J］．国外理论动态，2007（5）.

[9] 王佳菲. 美元霸权的谋取、运用及后果 [J]. 红旗文稿, 2011 (6).

[10] 金卫星. 马歇尔计划与美元霸权的确立 [J]. 史学集刊, 2008 (6).

[11] 鲁世巍. 美元霸权地位与伊拉克战争 [J]. 外交评论·外交学院学报, 2003 (3).

[12] 陈自由. 欧元崛起撼动美元霸权 [J]. 现代商业银行, 2005 (6).

[13] 乔良. 金融与战争: 美元霸权与中美棋局 (上、下) [J]. 新华月报, 2015 (19).

[14] 徐涛, 侯绍泽. 论美元霸权与当代国际货币秩序 [J]. 上海财经大学学报, 2007 (6).

[15] 马晓辉. 美元霸权对世界经济的影响 [J]. 大众商务 (创业版), 2010 (11).

[16] 张茉楠. 中日货币直通车挑战美元霸权? [J]. 金融经济, 2012 (7).

[17] 殷佳. 论美元霸权及其经济影响 [J]. 当代经济, 2009 (8).

[18] 许馨友, 安烨. 人民币如何打破美元霸权 [J]. 江汉论坛, 2013 (5).

[19] 杨飞, 王振磊. 美元霸权及其长期走势剖析 [J]. 云南财经大学学报 (社会科学版), 2009 (2).

[20] 许少强. 美元霸权: 生存基础、影响和我国的对策 [J]. 复旦学报 (社会科学版), 2005 (4).

[21] 迈克尔·赫德森, 林贤剑, 林小芳. 美元霸权与美国对外战争融资 [J]. 国外理论动态, 2005 (8).

[22] 鲁世巍. 国际货币基金组织与美元霸权 [J]. 国际问题研究,

2005（4）.

［23］李向阳．布雷顿森林体系的演变与美元霸权［J］．世界经济与政治，2005（10）.

［24］健君．美元霸权幕后　博弈金融新秩序［J］．瞭望，2012（23）.

［25］孙鲁军．破解美元霸权神话：读《主权货币结算：终结美元霸权之路》有感［J］．中国金融，2010（12）.

［26］黄河，杨国庆，赵嵘．美元霸权的困境及其走向［J］．现代国际关系，2008（11）.

［27］朱澂．浅析石油与美元霸权关系［J］．北京石油管理干部学院学报，2008（6）.

［28］白钦先，黄鑫．美元霸权和信用评级垄断支撑美国霸权［J］．高校理论战线，2010（12）.

［29］杨绪彪．美元本位制、美元霸权与美国金融危机［J］．经济与管理，2009（1）.

［30］刘冰．亚洲金融危机、美元霸权和美国的金融扩张［J］．中国黄金珠宝，1998（6）.

［31］巴里·艾肯格林：美元霸权三大支柱日渐动摇［J］．求是，2011（8）.

［32］刘刚，张世春．美元霸权衰落与人民币国际化加速［J］．经济问题探索，2012（7）.

［33］程恩富，王中保．美元霸权：美国掠夺他国财富的重要手段［J］．今日中国论坛，2008（1）.

［34］向松祚．“华尔街模式”造就美元霸权和美债陷阱［J］．环球财经，2011（9）.

［35］迈克尔·赫德森，邓郎，刘元琪．美元霸权与中国崛起：兼

论如何应对美国强制人民币升值［J］. 广东商学院学报，2010（4）.

［36］苏小慧．中国外汇储备的风险防范与优化管理：由美元霸权引发的思考［J］. 商场现代化，2012（16）.

［37］向松祚．美元霸权和美元陷阱（之一）最大债权国对债务没发言权［J］. 英才，2013（12）.

［38］金卫星．冷战期间黄金制约下的美元霸权：读《黄金、美元与权力》［J］. 美国研究，2013（4）.

［39］林江，徐世长．美国财政悬崖、美元霸权及其对中国经济的影响［J］. 广东社会科学，2013（2）.

［40］张健．美元的霸权性及其对全球利益博弈的影响［J］. 理论与现代化，2012（3）.

［41］商建初．透视美元贬值［J］. 中央财经大学学报，2007（7）.

［42］倪世雄，潜旭明．霸权之基：美国的国际能源战略［J］. 人民论坛（学术前沿），2012（8）.

［43］本刊特约评论员．全球“去美元化”大幕开启［J］. 金融与经济，2014（9）.

［44］李佳．美元还能嚣张多久？［J］. 商学院，2012（2）.

［45］刘铁娃．试论美国在国际货币基金组织中的制度霸权［J］. 国际论坛，2006（3）.

［46］段军山，刘璐．美元“嚣张的特权”分析及展望［J］. 江淮论坛，2014（1）.

［47］吴锦华．伊拉克战争——美元与欧元的新一轮较量［J］. 北华大学学报（社会科学版），2003（2）.

［48］杨松．人民币与美元博弈的历史及未来展望［J］. 经济视野，2013（20）.

［49］陈亚温，胡勇．论欧元与美元的国际货币竞争［J］. 厦门大

学学报（哲学社会科学版），2003（5）.

[50] 李成军．后危机时代中美经济发展的危与机：评《大博弈·中国之危与机》[J]．法人，2013（1）.

[51] 高文杰．亚洲金融危机成因的综合诠释［J］．天津商业大学学报，2013（6）.

[52] 曹远征．高度警惕亚洲金融危机的重演［J］．国际金融，2013（11）.

[53] 高飞，赵净．亚洲金融危机对“中等收入陷阱”国家的传染性研究：兼论中国未来摆脱“中等收入陷阱”之道［J］．中央财经大学学报，2013（6）.

[54] 张国云．亚洲金融危机警示录［J］．金融管理与研究，2007（12）.

[55] 陈湘源．试析“拉美陷阱”的成因［J］．新华月报，2011（20）.

[56] 牛素娟．“拉美陷阱”的成因、影响及其启示［J］．河北师范大学学报（哲学社会科学版），2006（3）.

[57] 房连泉．庇隆时期的社会政策——兼论阿根廷福利民粹主义传统的影响［J］．国际经济评论，2015（6）.

[58] 刘静波．论美国实力的美元基础［J］．科学决策，2002（7）.

[59] 眭洪宇．布雷顿森林体系中的美元霸权与军事霸权［J］．北京电力高等专科学校学报，2011（23）.

[60] 黑田东彦．日本汇率政策失败所带来的教训［J］．国际经济评论，2004（1-2）：46.

[61] 童展鹏．德日在汇率升值中的经验教训［J］．中国外汇，2008（15）.

[62] 姚洋．“广场协议”25年后看日本经济［J］．金融博览，

2010 (8).

[63] [日] 吉川元忠. 金融战败 [M]. 孙晓燕，等，译. 北京：中国青年出版社，2000.

[64] 麦金农，王宇. 东亚美元本位、浮动恐惧和原罪 [J]. 经济社会体制比较，2003 (3).

[65] 方明. 美国当年对日元国际化的“绞杀” [J]. 当代金融家，2015 (5).

[66] 颜伟. 人民币汇率改革配套政策调整研究 [D]. 中南大学，2010.

[67] 杨帆. 东亚汇率协调机制研究——基于东亚钉住美元制不可持续性的思考 [D]. 天津财经大学硕士学位论文，2010.

[68] 任东波，李忠远. 从“广场协议”到“卢浮宫协议”：美国敲打日本的历史透视与启示 [J]. 当代经济研究，2015 (6).

[69] 黑田东彦，王宇. “尼克松冲击”与“广场协议” [J]. 金融发展研究，2014 (3).

[70] Peter. 孟山都回应阿根廷美联社：草甘膦是安全的除草剂 [J]. 农药市场信息，2014 (3).

[71] 钟金传，吴文良，夏友富. 转基因大豆发展及中国大豆产业对策 [J]. 中国农业大学学报，2005 (4).

[72] 李浩. 基于美国粮食霸权背景下的中国粮食产业安全战略新思维 [J]. 青春岁月，2011 (20).

[73] 顾秀林. 在“绿色革命”和“转基因种子”背后读 W. 恩道尔的《粮食危机：运用粮食武器获取世界霸权》 [J]. 中国禽业导刊，2009 (15).

[74] 季洪曼. 由大豆危机引发的对中国粮食安全问题的思考 [J]. 时代经贸，2009 (C1).

[75] 孟山都：神秘的转基因携手 [J]. 商界，2010（5）.

[76] 美国：谁是老二我就打谁 [J]. 新闻选刊，2010（10）.

[77] 李慎明. 国际金融危机现状、趋势及对策的相关思考 [J]. 中国社会科学文摘，2010（11）.

[78] 兰永海，贾林州，温铁军. 美元“币权”战略与中国之应对 [J]. 世界经济与政治，2012（3）.

[79] 余永定. 人民币国际化的逻辑 [J]. 中国投资，2014（13）.

[80] 余永定. 人民币国际化应服从资本项目自由化 [J]. 中国投资，2014（5）.

[81] 巴里·艾肯格林. 人民币国际化的顺序 [J]. 国际经济评论，2015（4）.

[82] 徐韬. 人民币国际化的收益 [J]. 经济研究参考，2011（6）.

[83] 杰佛里—富兰克，徐奇渊. 人民币国际化的前景 [J]. 国际经济评论，2012（1）.

[84] 何亚非. 美元成长史与人民币国际化 [J]. 党政论坛，2014（12）.

[85] 高材林. 美元国际化及对中国的借鉴 [J]. 上海金融，2008（5）.

[86] 卢季诺. 日元国际化及其对人民币国际化的启示 [J]. 经济导刊，2015（12）.

[87] 姜玮. 日元国际化及其对人民币国际化的启示 [J]. 商情，2015（16）.

[88] 李伟. 日元国际化对人民币国际化的启示 [J]. 吉林金融研究，2013（5）.

[89] 王海峰. 理性认识人民币国际化的风险 [J]. 宏观经济管理，2013（11）.

[90] 华志远，李伟，乔兆颖．人民币国际化风险探析和政策应对[J]．吉林金融研究，2012（4）．

[91] 2015：人民币国际化十大里程碑 [J]．金融世界，2016（2）．

[92] 陈周阳，姜楠．2014 年人民币国际化十大里程碑事件 [J]．金融世界，2015（3）．

[93] 郎咸平：被“深度套牢”的中国经济 [J]．中国市场·智库版（黑版），2010（1）．

[94] 陈俊杰．“一带一路”倡议刍议 [J]．经济论坛，2015（6）．

[95] 王卫星．“一带一路”前瞻——全球视野下的“一带一路”：风险与挑战 [J]．人民论坛（学术前沿），2015（9）．

[96] 蔡春玲，李海樱，徐绍华．“一带一路”研究综述 [J]．昆明理工大学学报（社科版），2015（6）．

[97] 董志敏．“一带一路”与“西进”战略的关系 [J]．边疆经济与文化，2016（2）．

[98] 李庚伦．“一带一路”倡议与中国边疆治理 [J]．云南民族大学学报（哲学社会科学版），2015（5）．

[99] 肖忠意．“一带一路”倡议与伊斯兰金融发展的思考 [J]．经济界，2015（4）．

[100] 时殷弘．“一带一路”：祈愿审慎 [J]．世界经济与政治，2015（7）．

[101] 罗雨泽．“一带一路”：挑战与建议 [J]．新经济导刊，2015（5）．

[102] 林乐芬，王少楠．“一带一路”建设与人民币国际化 [J]．世界经济与政治，2015（11）．

[103] 张蕴岭，潘欣．美国主导泛太平洋伙伴关系协议对中国的影响 [J]．经济研究参考，2012（1）．

[104] 曲凤杰，朱梦曳，牛桐．美国加入 TPP 的动因、挑战和影响：从美国视角分析 [J]. 国际贸易，2012 (9).

[105] 陈思进．美元的前世今生——霸权货币的崛起 [EB/OL]. 新浪博客，2015-03-17.

[106] 蔡雷雷．中国离世界还有多远 [M]. 北京：中国发展出版社，2012.

[107] Bureau of Economic Analysis. Gross Domestic Product [EB/OL]. http://www. bea. gov.

[108] Bureau of Economic Analysis. U. S. International Transactions Accounts Data [EB/OL]. http://www. bea. goviv Boardof Governors of the Federal Reserve System.

POSTSCRIPT 后记一

到东华理工大学工作一晃就是六年，原以为此生就一直在高校工作了，没想到一纸调令，来到了江西省纪委驻省审计厅纪检组工作。感谢组织和领导的关心，新的岗位与省里的综合经济工作贴得更近了（驻江西省审计厅纪检组负责监督省审计厅、省统计局）。

刚到东华理工大学的时候，正是美国次贷危机爆发不久。由于我有西北大学全日制经济学博士、西安交通大学应用经济学博士后的学术经历，校团委几次找我，希望我给同学们讲一讲次贷危机的理论和应对方面的知识。我本来研究的是无形资产和区域经济，但一直以来也确实对美元非常感兴趣，认认真真准备了较长一段时间并开课后，学生反响很好。于是我开始逐渐把美元霸权作为自己的一个研究方向，并作为研究生的一门选修课来讲授。

后来，江西省社会主义学院和江西省委直属工委党校也把我讲的“充分认识美元霸权，审慎应对面临的挑战”作为其主体班的一门课程，特别是在省直工委党校中青班，已连续讲了五年，总计十个班次。据说，在严格按学生评分实行淘汰的聘讲模式下这是很不容易的。每讲一次之后，我就会对讲稿进行一次补充修改，对自己来说，也是一次学习与充实。渐渐地，我便有了把讲稿整理成书的想法，特别是得知许多学生、学员希望得到讲稿时，更加坚定了我的这个想法。

我把整理好的初稿交付中国经济出版社并签订出版合同后两个月，接到了离开东华理工大学的调令，我也就权将这本书作为东华理工大学六年兼做教学研究工作的一个小结。派驻纪检机构实行全覆盖后，综合派驻的工作任务重、压力大，后续的修改完善工作只能利用业余休息时间断断续续地进行，因此拖了很久，感谢编辑的支持与谅解。

书籍相对于讲课稿而言，涉及更多的版权问题。因此，我署的著作方式是编著，而非著，因为书中的许多观点并非原创。尽管相关内容都尽可能注明了出处，但难免会有遗漏，在此特别对那些可能疏于注明内容出处或没有找到出处的参考资料作者深表由衷的歉意和衷心的感谢！对那些已注明内容出处的作者（我都尽可能联系到本人）：乔良将军、卢麒元教授、冷哲教授、张健教授、蔡雷雷教授、卢季诺教授、晏弋博教授、田天博士等，也深表感谢！同时感谢知乎网、中国军事网、天涯网等网站，让我获得了许多宝贵的资料！当然，我对书中引用的观点负责。由于才疏学浅，书中的错误和疏漏在所难免，敬请读者们给予批评指正。

感谢爱人唐祎玲！尽管她在攻读博士，但是家务事和孩子的教育基本都是她在负责，从而使我能有更多的时间用于书稿的修改和完善。感谢硕士生王萍、董信涛、万庭君帮忙查阅相关资料。

笔　者

2016 年 8 月于南昌

POSTSCRIPT 后记二

本稿原只作为对讲课稿的一个梳理，承蒙中国经济出版社的高看，建议对该稿作较大幅度修改，进一步增强可读性，以便让更多的人了解这方面的知识。由于组织和领导的关心，我刚到北京挂职，孤身一人，下班之后正好有比较多的时间，于是欣然同意，认真按要求对书稿进行了相应的调整和增补。为了方便阅读，在提炼出鲜明观点的同时，注重运用鲜活的语言和简明的图表。由于水平所限，效果不是太理想，但反复修改，的确是尽心尽力了，也因此推迟到现在才出版。但愿能为更多的人了解美元霸权等货币知识尽一份绵薄之力。

衷心感谢中国经济出版社霍宏涛博士和姜静女士的大力支持，也衷心感谢现在的同事袁志红同志在校阅阶段提供的帮助。

笔　者

2017 年 9 月于北京